LA DOCTRINE DU MIRACLE CHEZ THOMAS D'AQUIN

Deus in omnibus intime operatur

BIBLIOTHÈQUE THOMISTE
Directeur : L.-J. BATAILLON, O. P.

LVI

LA DOCTRINE DU MIRACLE CHEZ THOMAS D'AQUIN

Deus in omnibus intime operatur

par
François POULIOT

PARIS
LIBRAIRIE PHILOSOPHIQUE J. VRIN
6, Place de la Sorbonne, V^e^
2005

Imprimé en France

ISBN 2-7116-1812-9

www.vrin.fr

> Les Juifs demandent des miracles et les Grecs recherchent la sagesse ; mais nous, nous prêchons un messie crucifié, scandale pour les Juifs, folie pour les païens, mais pour ceux qui sont appelés, tant Juifs que Grecs, il est Christ, puissance de Dieu et sagesse de Dieu. Car ce qui est folie de Dieu est plus sage que les hommes et ce qui est faiblesse de Dieu est plus fort que les hommes. (*1Co* 1, 22-25)

INTRODUCTION

Le renouveau des études bibliques a eu comme effet de repousser dans l'ombre l'apport spéculatif des théologiens médiévaux sur le miracle. On y a même vu une opposition radicale. Rares, en effet, sont les études théologiques consacrées à cette question dans les dernières années. Et si ces études abordent le thème du miracle, c'est souvent pour redonner à l'Écriture une place qu'elle aurait perdue. Pourtant, la période médiévale continue de captiver de nombreux auteurs s'intéressant au merveilleux et au miracle. Plusieurs ouvrages d'histoire, avec un intérêt surtout marqué pour la sociologie et l'histoire des sciences, leur ont été consacrés [1].

OBJECTIF DE L'ÉTUDE ET PRÉCISIONS MÉTHODOLOGIQUES

L'objectif de notre étude est de montrer l'importance de la doctrine des miracles chez Thomas d'Aquin, tant pour sa personne que pour son œuvre et l'héritage qu'il laisse aux générations dont nous sommes. Après avoir fait la recension des écrits pertinents à notre sujet et avoir identifié les principaux passages où la question des miracles est étudiée, la présente étude veut situer, comprendre et expliquer la doctrine de saint Thomas sur le miracle. Nous la situerons dans son contexte, puis explorerons la vision et les présupposés philosophiques qu'elle implique. Nous aborderons ensuite la notion de miracle à la lumière des faits que l'Aquinate considère comme miraculeux, puis le rôle des miracles dans la genèse de la foi sera précisé. Enfin, les critères qui permettent d'établir l'authenticité d'un fait miraculeux seront considérés.

Nous prendrons en compte systématiquement les commentaires bibliques de l'Aquinate, car, selon notre hypothèse, ils nous livrent l'esprit dans lequel sa doctrine des miracles doit être comprise, ce qui n'a pas toujours été fait. La manière habituelle de traiter la question des miracles était, il y a encore quelques années, d'utiliser pour l'essentiel ses œuvres de synthèse en omettant les

1. Voir par exemple P. Gwynne, *Special Divine Action. Key Issues in the Contemporary Debate (1965-1995)*, « Tesi Gregoriana-Serie Teologia », n° 12, Roma, 1996 ; P.-A. Sigal, *L'homme et le miracle dans la France médiévale (XIe-XIIe siècle)*, « Histoire », Paris, 1985 ; K. Thomas, *Religion and the Decline of Magic. Studies in Beliefs in Sixteenth and Seventeenth Century England*, London, 1978 ; B. Ward, *Miracles in the Medieval Mind : Theory, Record and Event, 1000-1215*, Philadelphia, 1982.

commentaires bibliques, sinon pour en saupoudrer ici et là quelques références. Pas de mention de la place des miracles dans l'histoire du salut, pas d'étude détaillée des miracles bibliques les plus importants, pas de développement sur l'activité thaumaturgique du Christ présentée dans la *tertia pars* de la *Somme théologique* ou du rôle très particulier de l'humanité du Christ. Le miracle demeurait pour l'essentiel un problème de spéculation métaphysique sans beaucoup de lien avec l'Écriture. Il faut pourtant se rappeler que Thomas passa toute sa vie à commenter l'Écriture. Son titre officiel comme professeur à l'Université de Paris, quand il y fut appelé en 1256, était *Magister in Sacra Pagina*[1]. Le premier de ses ouvrages qui nous sont parvenus, avant même son commentaire sur les *Sentences* et son *De ente et essentia* (1252-1256), n'est-il pas un commentaire sur le livre d'*Isaïe* composé avant 1252 ? Et son dernier ouvrage, composé pendant sa dernière maladie et interrompu par la mort, ne fut-il pas son commentaire sur les *Psaumes* à l'automne 1273 ?

Tout au long de l'exposé, nous utiliserons le langage et les exemples de saint Thomas. Notre objectif n'est pas ici de reprendre le débat sur l'interprétation qu'il faut donner aux récits de miracles et aux faits extraordinaires relatés par l'Écriture, ni d'examiner la doctrine de notre auteur à la lumière de la science contemporaine. Nous postulons que pour l'essentiel la position du Docteur angélique est encore valable et digne de respect.

RECENSION DES ÉCRITS ET ÉTAT DE LA QUESTION

Dans les dernières décennies, rares furent les monographies publiées sur la doctrine du miracle chez saint Thomas. Pour une synthèse de l'ensemble de la doctrine, il faut remonter au livre déjà ancien de A. van Hove intitulé *La doctrine du miracle chez Saint Thomas et son accord avec les principes de la recherche scientifique*[2]. L'auteur veut exposer du point de vue historique et d'une manière aussi complète et aussi objective que possible les idées du Docteur angélique concernant le miracle[3]. Elles font l'objet des chapitres un, deux, quatre et cinq (définition et notion du miracle, métaphysique du miracle, place des miracles dans l'apologétique thomiste, discernement des miracles). Le deuxième objectif, selon le titre même de l'ouvrage, concerne la valeur de cette doctrine du miracle en regard des principes généraux et de la méthode de la science moderne[4]. Les chapitres trois et six (possibilité du miracle et exigences scientifiques, discernement et exigences scientifiques) sont ici concernés. Ces derniers ont beaucoup vieilli et portent la marque, malgré les intentions contraires de l'auteur, d'une certaine apologétique. Seuls les quatre premiers chapitres évoqués ici intéressent notre enquête.

1. Cf. J.-P. Torrell, *Initiation à saint Thomas. Sa personne et son œuvre*, « Vestigia », n° 3, Fribourg-Paris, Université de Fribourg-Le Cerf, 1993, p. 79 *sq.* Pour la liste et la datation des commentaires bibliques, voir p. 493-498.

2. A. van Hove, *La doctrine du miracle chez Saint Thomas et son accord avec les principes de la recherche scientifique*, Louvain, 1927.

3. Cf. *ibid.*, p. IX et 384.

4. Cf. *ibid.*, p. XII et 384.

Dans un premier chapitre, Van Hove met bien en lumière, à partir d'un texte fondamental de la *Somme théologique* [1], la notion thomasienne du miracle comme fait exceptionnel, opposé aux puissances naturelles de la créature, accompli par Dieu. Il met aussi bien en évidence l'évolution qui s'est opérée d'Augustin à saint Thomas, de la prépondérance de la dimension subjective du miracle (le miracle comme étonnement) à celle de la conception plus métaphysique des scolastiques (le miracle en termes de causes) [2]. En effet, sous l'influence d'Aristote, les scolastiques donnent la préséance à une conception métaphysique du miracle s'exprimant en termes de nature, de puissances passive et active, de causes matérielle, formelle, efficiente et finale.

Le deuxième chapitre approfondit cet aspect métaphysique du miracle. Loin de nier l'ordre naturel existant entre les êtres individuels, le miracle n'est compréhensible que par rapport à un ordre naturel solidement établi. Les êtres « naturels » apparaissent comme des centres d'activités en rapport dynamique les uns avec les autres. À cet ordre des causes secondes s'ajoute le lien à Dieu conçu comme cause première. Dans un tel contexte, le miracle se définit comme une réalité produite immédiatement par Dieu, cause première, en dehors du cours habituel de toutes les natures.

Pour essayer d'expliciter davantage le lien qui unit les causes secondes à Dieu, comme nous le verrons un peu plus loin, le Docteur angélique utilise le concept aristotélicien d'instrument. Les causes secondes sont des instruments entre les mains de Dieu. Pour les créatures dotées de raison, on parlera plus exactement de coopération. Or, dans ce deuxième chapitre, Van Hove refuse la causalité instrumentale au sens fort tel que l'entendent les thomistes. À la suite de Billot [3], Van Hove est d'accord pour supprimer la causalité physique de toute opération spécifiquement divine, et par conséquent dans tout l'ordre surnaturel. Il ne retient qu'une causalité instrumentale dispositive, que ce soit dans le cas des miracles ou des sacrements [4].

> Dans l'opération miraculeuse, [écrit-il,] la motion divine n'atteint que l'esprit du thaumaturge, et l'élève de façon à ce qu'il pose un acte qui ait comme conséquence l'effet miraculeux opéré par la puissance divine [5].
>
> Le thaumaturge est dit coopérer à l'action divine, non en tant que celle-ci transforme physiquement la créature, mais en tant qu'elle est un commandement. Dès lors, la motion divine qui est communiquée au thaumaturge paraît avoir pour terme immédiat non le changement miraculeux lui-même, mais le commandement comme tel, c'est-à-dire une désignation efficace du sujet à transformer [...]. Le nom de causalité dispositive d'ordre intentionnel, bien qu'ayant un sens

1. *Miraculum autem dicitur quasi admiratione plenum, quod scilicet habet causam simpliciter et omnibus occultam. Haec autem est Deus*, *ST* 1a q. 105 a. 7.

2. Cf. A. van Hove, *op. cit.*, p. 26-55.

3. Cf. L. Billot, *De Verbo incarnato*, Roma, 51912, p. 255-256 et *De Ecclesiae Sacramentis*, vol. 1, Rome, 51914, p. 63.

4. Cf. A. van Hove, *op. cit.*, p. 148-159 et spécialement la p. 155.

5. *Ibid.*, p. 151.

> technique ignoré de S. Thomas, nous semble le mieux convenir au rôle joué de la sorte par les thaumaturges [1].

Il abolit par le fait même la différence, pourtant si nette chez saint Thomas, entre le miracle réalisé par la prière (*impetrando*) et celui où le thaumaturge agit par autorité (*ex potestate*), cette dernière situation trouvant sa réalisation parfaite et indépassable dans le Christ. Van Hove va même jusqu'à affirmer que « le Christ ne veut pas le miracle lui-même, mais il veut que la puissance divine fasse un miracle, et c'est par cet acte de volonté qu'il est cause instrumentale du miracle » [2]. Tout se réduit à une influence qui ne participe en rien de la vertu divine. La doctrine thomasienne est ramenée par là à ce qu'enseignaient déjà Alexandre de Halès [3], Bonaventure [4] et Albert le Grand [5] sur le rôle de la prière comme cause dispositive du miracle.

Après un quatrième chapitre qui traite de la valeur probante du miracle et du rapport à l'acte de foi, le cinquième chapitre aborde le problème du discernement du miracle en insistant sur le rôle des créatures sensibles et spirituelles. Ici encore van Hove se singularise. Selon notre auteur, « une des conclusions principales, qui se dégagent de l'examen des écrits de saint Thomas, est qu'il faut renoncer à trouver chez celui-ci une solution définitivement achevée du problème du discernement du miracle » [6]. Il parle même du silence de saint Thomas à ce sujet [7], ce qui nous semble nettement exagéré. Il est vrai cependant que l'Aquinate n'a pas rédigé un traité détaillé sur le sujet. Deux raisons sont données : la première soutient que « le discernement du caractère miraculeux d'un phénomène était pour S. Thomas une affaire de sens commun, à la portée de tout le monde, et qui ne nécessite nullement des recherches scientifiques profondes » ; la seconde, étant, « que de son temps le problème ne se posait pas, et il ne se posait pas parce que l'ensemble de la doctrine du miracle dépendait d'une tradition séculaire qui n'exigeait guère que le problème se posât » [8]. Il est vrai qu'Augustin lui-même n'a pas écrit de traité du discernement des miracles au sens moderne du mot. Augustin n'est cependant pas dupe de la difficulté à bien juger du caractère et de l'origine d'un fait merveilleux [9].

Quelques années plus tard, dans une étude trop peu connue [10], Th. Tschipke mettait en lumière l'importance des miracles dans l'évolution de la christologie et de la théologie sacramentaire de l'Aquinate. Quand le Christ touche un lépreux ou un aveugle pour les guérir, il pose un acte qui engage à la fois son humanité et sa

1. Cf. A. van Hove, *op. cit.*, p. 153.
2. *Ibid.*, p. 151.
3. Cf. *Summa theol.* p. 2 q. 85 m. 3 ; q. 42 m. 4 a. 2 ; m. 6 a. 3 ; p. 2 q. 42 a. 2 et m. 6 a. 3.
4. Cf. *In 4Sent.* d. 5 a. 3 q. 1 et d. 43 a. 1 q. 6 ad 6m.
5. Cf. *In 2Sent.* d. 18 a. 2 coll. ad 1m et 2m.
6. A. van Hove, *op. cit.*, p. 310.
7. Cf. *ibid.*, p. 314.
8. *Ibid.*, p. 312.
9. Sur l'attitude d'Augustin sur le discernement des miracles, van Hove renvoie aux textes suivants : *Lib. de div. quaest.* q. 79, n° 4 (*PL* 40,92) ; *Civ. Dei* 10, c. 9 (*PL* 41,286) ; c. 12 (*PL* 41,291) ; c. 16 (*PL* 41,291-295) ; 22, c. 10 (*PL* 41,772) ; *En. In Ioa.* tr. 13, n° 17 (*PL* 35,1501) ; *Contra Faust.* 12, c. 45 (*PL* 42,279).
10. Th. Tschipke, *Die Menschen Christi als Heilsorgan der Gottheit unter besonderer Berücksichtigung der Lehre des hl. Thomas von Aquin*, Freiburg im Breisgau, 1940.

divinité dans une même puissance de salut[1]. Le fait de toucher relève en propre du pouvoir humain, celui de guérir, du pouvoir divin. Un tel acte représente, il faut bien le noter, un véritable test pour la foi au Christ homme et Dieu et au rôle unique de l'humanité du Christ dans la réalisation du salut. En effet, les miracles réalisés par le Christ nous invitent à reconnaître que le Christ ne réalise pas ses miracles à la manière des prophètes de l'Ancien Testament et de ses disciples : il les accomplit par un pouvoir propre, stable et plénier qu'il possède en vertu de l'union hypostatique et de son rôle comme tête de l'Église (ce que Thomas appelle « grâce capitale »)[2].

Saint Thomas s'inspire visiblement en cette matière des Pères grecs qu'il cite à ce sujet dès la rédaction de sa *Catena aurea* (1262-1268). Les Pères grecs avaient, à l'occasion de leur réflexion sur les miracles, développé une pensée originale pour dire à quel point l'humanité du Christ est unie à sa divinité dans l'œuvre de salut[3]. Le Pseudo-Denys parlait du miracle comme acte théandrique[4]; Jean Damascène employait l'expression d'instrument de la divinité pour parler de l'humanité du Christ[5]; Cyrille[6] d'Alexandrie parlait

1. Cf. *ST* 3a q. 19 a. 1 ad 5m.

2. « [die Wundermacht] kam dem Gottmenschen im Gegensatz zu den rein mensclichen Wundertätern wahrhaft [...] zu. Jedoch nicht so, als ob seine Menschheit für sich genommen im Besitz dieser Macht gestanden und diese in ihr als solcher zustandhaft geruht hätte. Seiner Menschheit wohnte einzig auf Grund ihrer personalen Einheit mit dem Worte die Wundermacht inne. Der Gottmensch brauchte um sie nicht erst zu beten. Wann er nur wollte, stand sie ihm zu Gebote », Th. Tschipke, *Die Menschheit Christi...*, p. 171. Les pages 114-194 traitent en profondeur des miracles et de l'évolution de la doctrine christologique et sacramentaire de l'Aquinate. À ce sujet, voir aussi *ST* 3a q. 43 a. 4.

3. L'importance des Pères grecs chez saint Thomas avait déjà été soulignée à l'époque de Tschipke par J. Backes, *Die Christologie des heiligen Thomas und die griechischen Kirchenväter*, Paderborn, 1931.

4. Le passage qui lie de la façon la plus explicite action théandrique et miracles chez Pseudo-Denys se trouve dans sa 4e lettre : *Super hominem operatur ea quae sunt hominis; et hoc monstrat Virgo supernaturaliter concipiens et aqua instabilis materialium et terrenorum pedum sustinens gravitatem* Lettre 4 (*PG* 3,1072B). Le texte grec se trouve aussi dans l'édition critique de G. Heil et A.M. Ritter, *Corpus dionysiacum*, vol. 2, G. Heil et A. M. Ritter (éd.), « Patristische Texte und Studien », n° 36, Berlin-New York, 1991, p. 160-161. Ce passage est cité par saint Thomas en plusieurs endroits, notamment *In 3Sent.* d. 3 q. 2 a. 2 s.c.; d. 16 q. 2 a. 2 s.c.; *Comp. theol.*, n° 212; *ST* 3a q. 19 a. 1 ad 1m. Dans d'autres passages, Thomas ne parle que de l'action théandrique sans la lier au miracle : par exemple *In 3Sent.* d. 18 a. 1 ad 1m.

5. Saint Thomas s'inspire de deux passages du *De fide orthodoxa*: *Instrumentum enim caro deitatis extitit* (chap. 59, p. 239) et *caro autem deitati Verbi agenti* (chap. 63, p. 258) cités ici d'après le texte édité par E.M. Buytaert, « Franciscan Institute Publications. Text Series », n° 8, St. Bonaventure (N.Y.)-Louvain-Paderborn, 1955. Voir par exemple *In 3Sent.* d. 18 a. 1 ad 1m; a. 6 sol. 1; d. 19 a. 1 ad 1m; *In 4Sent.* d. 43 q. 1 a. 2 sol. 1; *Comp. theol.*, n° 220; *ST* 3a q. 2 a. 6 ad 4m.

6. Cyrille est cité abondamment dans la *Catena aurea* de saint Thomas (1262-1268), surtout dans la partie qui concerne l'évangile de Luc (e.g. *Cat. aur. In Lc* 4,7, n° 2). En christologie, nous le retrouvons notamment dans la *ST* 3a q. 43 a. 4 : *non accipiebat alienam virtutem, sed cum esset naturaliter Deus, propriam virtutem super infirmos ostendebat. Et propter hoc innumerabilia miracula faciebat*, citation de Cyrille tirée de son commentaire *In Luc.*, super VI, 19 (*PG* 72,588); q. 44 a. 3 ad 2m : *Quamvis ut Deus potuisset omnes verbo pellere morbos, tangit tamen omnes ostendens propriam carnem efficacem ad praestanda remedia*, citation de Cyrille tirée encore de son *In Luc.*, super IV, 40 (*PG* 72,552); q. 79 q. 1 : *Vivificativum Dei Verbum, uniens seipsum propriae carni, fecit ipsam vivificativam* [...], tirée de son *In Luc.*, super XXII, 19 (*PG* 72,92).

du rôle vivifiant de la chair du Christ, tout comme Théophylacte[1]. L'expression « instrument de la divinité » du Damascène sera la préférée de saint Thomas. Il sera d'ailleurs le premier scolastique latin à la reprendre et à l'utiliser[2].

Cependant l'Aquinate ajoute et précise ce rôle d'instrument pour tenir compte du cas exceptionnel du Christ. L'humanité du Christ n'est pas un instrument comme le serait un instrument entre les mains du charpentier. Ce serait retomber dans l'erreur de Nestorius. Dans la *Somme* il écrit :

> Il est bien certain que tout instrument n'est pas uni dans l'être à l'hypostase de celui qui s'en sert, ainsi la hache ou le glaive. Mais rien n'empêche que ce qui se trouve élevé jusqu'à l'unité de l'hypostase se comporte à la manière d'un instrument, comme le corps de l'homme ou ses membres. Nestorius prétendait que la nature humaine est assumée par le Verbe à la manière d'un instrument qui ne participerait pas à l'unité de l'hypostase. Et c'est pourquoi il n'admettait pas que l'homme, dans le Christ, soit vraiment le Fils de Dieu, mais seulement son instrument[3].

Saint Thomas dira que l'humanité du Christ est l'instrument propre et conjoint de la divinité. Nous verrons plus loin ce que cela signifie plus exactement.

Une telle conception du rôle de l'humanité du Christ devait entraîner des conséquences importantes dans d'autres secteurs de la théologie. Toutes n'ont pas été clairement exprimées du premier coup par l'Aquinate. Dans son commentaire sur les *Sentences*, le rôle de l'humanité du Christ n'est pas parfaitement cohérent : il tient parfois de la causalité physique, tantôt de la causalité morale. Il est clair que son rôle dépasse la simple causalité dispositive et morale dans le cas des miracles[4] et dans le cas de la résurrection des morts[5], mais de nombreux textes rappellent que l'humanité du Christ ne joue qu'un rôle de cause morale et méritoire dans la production de la grâce[6]. En certains textes, cependant, l'Aquinate

Les expressions typiques du Damascène et de Cyrille se retrouvent parfois dans le même passage : cf. par exemple *In Iohannem* 6, lect. 6, n° 7.

1. Voir par exemple *ST* 3a q. 48 a. 6 obj. 2.
2. Cf. Th. Tschipke, *op. cit.*, p. 143.
3. *ST* 3a q. 2 a. 6 ad 4m.
4. *caro dicitur deificata, non quia sit facta ipsa Divinitas, sed quia facta est Dei caro, et etiam quia abundantius dona Divinitatis participat ex hoc quod est unita Divinitati, et quia est quasi instrumentum per quod divina virtus nostram salutem operatur. Tangendo enim leprosum carne sanavit per Divinitatis virtutem, et moriendo carne mortem vicit per virtutem Divinitatis. Virtus autem agendis aliquo modo est in instrumento, quo mediante aliquid agit, In 3Sent.* d. 5 q. 1 a. 2 ad 6m.
5. *Et dicendum quod, sicut Damascenus in 3. lib. Dicit, humanitas Christi est quasi Divinitatis organum, sicut corpus animae : unde effectus aliquis potest attribui humanitati Christi dupliciter. Uno modo secundum se, sicut attribuitur ei tangere leprosum et huiusmodi ; alio modo in quantum est instrumentum Divinitatis : sicut attribuitur humanitati Christi sua resurrectione nostram causare, sicut tactu suo leprosum mundare. Et quia instrumentum non agit nisi in virtute principalis agentis, inde est quod dicitur Christus resuscitaturus corpora non virtute humanitatis sed Divinitatis; quamvis sua resurrectio sit nostrae resurrectionis causa per modum quo tactus leprosi est causa mundationis, In 4Sent.* d. 48 q. 2 *expos. tract.* (le texte se trouve dans l'édition de R. Busa (éd.), *S. Thomae Aquinatis Opera omnia ut sunt in Indice Thomistico...*, vol. 1, Stuttgart-Bad Cannstatt, 1980, p. 673 *sq.*). Dans la même édition on peut voir aussi la d. 43 q. 1 a. 2 sol. 1.
6. *ab eo inquantum Deus est nobis omnis spiritualis gratia, In 3Sent.* d. 13 q. 2 a. 1 ; *in operatione qua producit animam rationalem, natura non est medium, nisi quantum ad dispositionem. Similiter dico quod Deus immediate informat mentem nostram quantum ad ipsam perfectionem gratiae, tamen potest ibi cadere medium disponens; et sic gratia fluit a Deo mediante Christo homine. Ipse enim*

s'appuie sur les miracles pour affirmer les particularités du rôle joué par l'humanité du Christ dans le pardon du péché, ce qu'il appelle le pouvoir d'excellence du Christ[1], mais ici encore il faut y voir une causalité dispositive[2].

Ce n'est qu'un peu plus tard que Thomas aura la hardiesse d'appliquer à la grâce et aux sacrements les découvertes christologiques faites lors de l'étude des miracles. Dans le *De ver.* q. 27 a. 4, il parle de l'humanité du Christ dans la production de la grâce comme d'un instrument et établit un parallèle avec le rôle de cette humanité comme instrument dans la production des miracles. Le texte ne précise pas davantage l'originalité de cette causalité. Dans la réponse à la dix-neuvième objection, il ramène la causalité instrumentale des apôtres dans la production des miracles à leur rôle d'intercesseur. Il s'agit dans le cas précis du miracle où les apôtres chassent les mauvais esprits par la prière, non par un pouvoir propre (*propria virtute*)[3]. Un peu plus loin, à la question 29, est affirmée la différence essentielle qui existe entre les ministres des sacrements et le Christ : alors que les ministres ne sont que cause dispositive de la grâce, le Christ, lui, cause de son propre pouvoir (*ex propria virtute*) l'effet des sacrements[4]. L'insistance à faire de l'humanité du Christ une simple cause dispositive n'apparaît plus dans la réponse. L'espace est créé pour comprendre le rapport de causalité qu'entretient l'humanité du Christ avec sa divinité en terme de causalité instrumentale intimement liée à la production de la grâce[5]. Dans la *Somme contre les Gentils* (4, 41), l'humanité du Christ est qualifiée pour la première fois d'instrument propre et conjoint de la

disposuit totum humanum genus ad gratiae susceptionem; et hoc tripliciter [...] *quia secundum quod credimus ipsum Deum et hominem, justificamur* [...] *inquantum scilicet obstaculum removet, pro peccatis totius humani generis satisfaciendo* [...] *quia ex hoc ipso quod naturam humanam assumpsit, humana natura est magis Deo accepta, In 3Sent.* d. 13 q. 2 ad 3m.

1. *potestas quam Christus, secundum quod homo, habuit suscitandi corpora, non est potestas tantum ministerii, sicut et Petrus mortuos suscitavit; neque est iterum potestas auctoritatis, quia solius Dei est; sed est potestas cujusdam excellentiae quae ei competit ex unione ad Deum, ut scilicet imperio, non prece, mortuos suscitaret. Et similiter habuit potestatem excellentiae in remittendo peccata, In 4Sent.* d. 5 q. 1 a. 1 ad 3m.

2. *Et hoc modo cooperari Deo in interiori emundatione, ut quidam dicunt, disponendo, potuit homini conferri sine sacramentis, sicut sacramenta praebendo facit. Et hoc modo cooperari pertinet ad potestatem excellentiae in Christo, In 4Sent.* d. 5 q. 1 a. 3

3. *Dicendum, quod potestas illa data est apostolis ad expellendum daemones a corporibus [...] nec iterum datum est eis ut propria virtute daemones expellerent, sed per invocationem nominis Christi impetrando per orationem [...], De ver.* q. 27 a. 3 ad 19m, éd. Léon., vol. 22, p. 800, lignes 459-465.

4. *Dicendum quod alii ministri Ecclesiae non disponunt nec operantur ad spiritualem vitam quasi ex proprie virtute, sed virtute aliena; Christus autem virtute propria. Et inde est quod Christus poterat per se ipsum effectum sacramentorum praebere, quia tota efficacia sacramentorum in eo originaliter erat; non autem hoc possunt alii qui sunt Ecclesiae ministri, De ver.* q. 29 a. 4 ad 2m, éd. Léon., vol. 22, p. 859, lignes 234-242.

5. *Dicendum est ergo quod nec sacramentum nec aliqua creatura potest gratiam dare per modum per se agentis, quia hoc solius virtutis divinae est, ut ex praecedenti articulo patet; sed sacramenta ad gratiam operantur instrumentaliter : quod sic patet. Damascenus in III libro dicit quod humana natura in Christo erat velut quoddam organum divinitatis; et ideo humana natura aliquid communicabat in operatione virtutis divinae, sicut quod Christus tangendo leprosum mundavit; sic enim ipse tactus Christi causabat instrumentaliter salutem leprosi, De ver.* q. 27 a. 4, éd. Léon., vol. 22, p. 805, lignes 305-316. La causalité instrumentale de l'humanité du Christ est aussi affirmée à l'article 3 ad 7m. À ce sujet, voir Tschipke, *Die Menschheit...*, p. 144 et 118-131.

divinité : « [...] la nature humaine a été assumée dans le Christ au point d'accomplir, à titre d'instrument, les opérations propres à Dieu seul, comme d'effacer les péchés, d'illuminer les esprits par la grâce, d'introduire dans le plein épanouissement de la vie éternelle. La nature humaine du Christ est donc par rapport à Dieu comme un instrument propre et conjoint, telle la main par rapport à l'âme » [1]. Le point est alors définitivement acquis et on le retrouvera dans les ouvrages subséquents, notamment dans la *Somme de théologie* [2].

L'étude de Tschipke nous rappelle aussi qu'il ne faut pas opposer l'activité de Dieu à celle de la créature. Si la créature est entre les mains de Dieu un instrument (ou un coopérateur), cela ne signifie pas qu'elle n'a aucune consistance propre, mais bien que Dieu et elle peuvent s'unir d'une façon originale et concourir à produire l'effet. La notion de vertu instrumentale essaie de dire cette collaboration : la vertu instrumentale n'est pas une vertu entrant en compétition avec la vertu de l'agent principal, mais elle est cette vertu même en tant que participée par l'instrument. Il s'agit d'une seule et même chose vue sous des angles différents [3].

En 1959, L. Monden publiait en français *Le miracle, signe de salut*, traduction revue et augmentée de l'original néerlandais. Sa présentation du miracle se veut volontairement dégagée d'un cadre trop rigide et d'un ordre d'exposition rigoureux. La première partie de l'ouvrage concerne la dogmatique du miracle, c'est-à-dire la nature et le sens du miracle. Elle nous intéresse davantage. La seconde concerne l'apologétique et vise à « établir la réalité historique des faits et montrer comment les discerner comme signes divins » [4].

Le premier chapitre rappelle l'enseignement du Concile Vatican I tandis que le deuxième traite du sens du miracle comme œuvre de l'amour rédempteur de Dieu [5]. Ce lien est si fort que « dans l'hypothèse d'une ordonnance purement naturelle de l'univers, le miracle n'aurait en bonne théologie aucune raison d'être. Cette ordonnance en effet s'exprime en effet précisément dans la constance et la

1. *Sed humana natura in Christo assumpta est ut instrumentaliter operetur ea quae sunt operationes propriae solius Dei, sicut est mundare peccata, illuminare mentes per gratiam, et introducere in perfectionem vitae aeternae. Comparatur igitur humana natura Christi ad Deum sicut instrumentum proprium et coniunctum, ut manus ad animam*, *SCG* 4, 41.

2. *Principalis autem causa efficiens gratiae est ipse Deus, ad quem comparatur humanitas Christi sicut instrumentum coniunctum : sacramentum autem sicut instrumentum separatum. Et ideo oportet, quod virtus salutifera a Divinitate Christi per eius humanitatem in ipsa sacramenta derivetur*, *ST* 3a q. 62 a. 5.

3. *Instrumentum ...non operatur nisi in quantum est motum a principali agente, quod per se operatur, et ideo virtus principalis agentis habet permanens et completum esse in natura : virtus autem instrumentalis habet esse transiens ab uno in aliud et incompletum : sicut et motus est actus imperfectus ab agente in patiens*, *ST* 3a q. 62 a. 4; *Causa vero instrumentalis non agit per virtutem suae formae, sed solum per motum quo movetur a principali agente*, *De ver.* q. 27 a. 4; *De pot.* 3,7; *ST* 3a q. 62 a. 1; *Sicut motus eo quod est actus imperfectus, non proprie est in aliquo genere, sed reducitur ad genus actus perfecti, sicut alteratio ad qualitatem; ita virtus instrumentalis non est, proprie loquendo, in aliquo genere, sed reducitur ad genus et speciem virtutis perfectae*, *ST* 3a q. 62 a. 4 ad 2m. Cf. Tschipke, *Die Menschheit...*, p. 139-143.

4. L. Monden, *Le miracle, signe de salut*, [s.l.], « Museum Lessianum. Section théologique », n° 54, 1960, p. 15.

5. « Mais le nœud du message chrétien est précisément cette certitude que Dieu prononça une parole nouvelle ; l'homme, qu'il avait fait roi de la création, il l'appelle à une intimité insoupçonnée, imméritée, par-delà tout espoir : nous lui avons donné le nom de grâce », *ibid.*, p. 30.

régularité du cours des choses. Toute modification que Dieu y apporterait, serait dès lors retouche aux malfaçons ou aux déficiences [...] ou bien serait-ce démonstration capricieuse de force [...] »[1]. Il souligne à juste titre la continuité du miracle avec l'Incarnation[2].

Le troisième chapitre porte sur la structure du miracle comme signe. L'insistance porte sur le sens de l'événement[3], sens qui ne peut être connu qu'en tenant compte du contexte où il se produit[4]. Le miracle n'est pas vu, ici, comme une infraction aux lois de la nature ou encore un fait qui permet de déduire scientifiquement ou métaphysiquement la nature de la cause. La question métaphysique ne semble pas l'intéresser[5]. Cette insistance, comme l'avait déjà remarqué Dhanis, semble reléguer loin dans l'ombre la transcendance physique du miracle pour ne conserver que la transcendance séméiologique[6].

Il insiste pourtant à plusieurs occasions pour dire que tout ne se réduit pas au sens que l'homme donne au miracle. Dieu parle à travers le miracle[7]. Ce n'est qu'après coup que l'homme peut saisir ce que Dieu disait en ce signe: « Le miracle n'est pas simple intervention de la puissance divine, transformée après coup en symbole par un acte-signe humain. Son intentionnalité est celle d'un acte-signe fait par Dieu, mais qui doit se réaliser sous la forme d'une intervention transcendante, car elle symbolise le surnaturel dans la nature sensible comme telle »[8]. À la suite de la critique de Dhanis, il revient sur la question et soutient même pouvoir distinguer le merveilleux du miraculeux en tenant compte de cet aspect objectif du miracle[9].

1. *Ibid.*, p. 29.

2. « [Le miracle] se situe dans le prolongement direct de l'Incarnation comme manifestation sensible de l'amour rédempteur de Dieu », *ibid.*, p. 31.

3. Cf. *ibid.*, p. 56-58 et particulièrement la note 2 à la p. 57.

4. « Un seul moyen nous reste pour déterminer la nature de l'intervention divine: partir de la structure de signe qui définit le miracle. Cette structure est établie théologiquement et donnera lieu à des déductions de même type [...] cette signification ultérieure doit provenir d'une intention divine participée », *ibid.*, p. 57.

5. « Une fois donc le prodige discerné de ce point de vue comme signe divin, s'il se présente à l'examen scientifique comme étant en contradiction avec les lois scientifiques les mieux établies, l'hypothèse d'une intervention strictement transcendante de la causalité divine acquiert une certaine probabilité. Toutefois, de notre pénétration scientifique des phénomènes à leur structure profonde, la marge reste trop considérable pour permettre de déterminer au plan métaphysique, avec une certitude même morale, le mode précis de l'intervention divine qui se révèle dans le prodige. Rien ne s'opposerait, p. ex. à ce que l'on reprenne sous une forme plus moderne l'explication augustinienne des *semina seminum*, *ibid.*, p. 305 note 1.

6. Cf. E. Dhanis, « Qu'est-ce qu'un miracle? », Gr., 40 (1959), p. 201-241, notamment note 28, p. 217.

7. « Dieu agit [...] sur la nature, de manière à suggérer un au-delà à la signification courante du signe, par une manifestation inhabituelle; le caractère tout autre et le contexte religieux qui l'entoure, constitueront, au cœur même du naturel, une référence au surnaturel », L. Moden, *op. cit.*, p. 44.

8. *Ibid.*, p. 45.

9. « L'expérience du merveilleux en effet fait totalement abstraction de la valeur objective de signe de l'objet ou de l'événement vécu comme merveilleux; c'est précisément le sujet qui, dans son expérience, fait de cet objet ou événement le symbole de son étonnement religieux. Le miracle chrétien au contraire comporte comme donnée essentielle le fait de ne pas symboliser seulement une expérience religieuse humaine, mais une intention divine. [...] Toute description de l'expérience

C'est dans ce contexte qu'il aborde la position de l'Aquinate. Il est somme toute très critique vis-à-vis celui-ci. Il l'accuse d'avoir négligé la dimension de signe dans le miracle et d'être le représentant achevé d'une conception étriquée du miracle où sa « définition ne tient compte que du caractère de puissance; le fait d'être signe semble un accessoire ajouté du dehors; certain d'abord que le miracle est causé par Dieu, nous en faisons un signe par raisonnement. La connaissance biblique d'une intervention que Dieu même veut significative, est pratiquement abandonnée »[1]. En fait, ses reproches concernent quelques définitions du miracle tirées des œuvres de saint Thomas. Il doit cependant constater que cette dimension de signe n'est pas absente chez Thomas[2]. Il s'étonne aussi de voir l'Incarnation et l'Eucharistie comptés parmi les miracles, interprétant la tradition théologique comme un appui à la conception du miracle comme réalité sensible[3]. Il déplore enfin, à la suite de van Hove, le désintérêt de Thomas par rapport au discernement des miracles et y voit banalement la cause dans la conformité à l'époque[4]. Avec saint Thomas cependant, il accepte la notion d'instrument pour qualifier le rôle de la nature par rapport à Dieu dans le miracle[5].

Le quatrième chapitre présente une série de critères pour discerner les miracles: les caractères négatifs qui empêchent de reconnaître un événement comme miracle : l'inconvenance (contexte malsain et immoral, exaltation, charlatanisme, occasion de profit ou d'orgueil, sans relation intime avec le religieux), le manque de discrétion, le caractère gratuit; les caractères positifs militant en faveur de l'authenticité du miracle: thaumaturge imprégné de la révélation chrétienne, sainteté personnelle, témoignage d'une mission divine, contexte de prière, doctrine vraie, fait prodigieux en relation avec la signification salutaire qu'il exprime. Suivent les chapitres cinquième (considérations générales sur la naissance de la foi et sa croissance), sixième (aspect biblique mêlé de patristique) et septième (le miracle hors de l'Église et le pseudo-miracle diabolique) pour clore la première partie de l'ouvrage.

La seconde partie de l'ouvrage a moins d'intérêt pour nous. Elle traite de l'apologétique du miracle en se demandant si les miracles se produisent réellement et si l'on peut les discerner avec certitude comme des signes divins? Un

chrétienne du miracle qui laisserait de côté cet aspect objectif, nous semble inacceptable en théologie catholique », *ibid.*, p. 306 note 1.

1. *Ibid.*, p. 50. À la p. 49 il écrit : « La question n'est plus tellement : quel est le dessein de Dieu dans le miracle, et comment l'homme peut-il répondre à ce dessein par toute son existence religieuse ? Mais plutôt : quelle est la nature exacte de l'intervention divine que révèle le fait miraculeux ? ».

2. *Ibid.*, à la p. 49, il mentionne *ST* 2a2ae q. 178 q. 1 ad 1m.

3. « des mystères de foi comme l'Incarnation et la Transsubstantiation, qui ne tombent pas sous les sens et ne répondent pas à la notion du miracle-signe sont toutefois considérés comme tels, uniquement parce qu'ils supposent la puissance de Dieu qui dépasse tout pouvoir créé », *ibid.*, p. 50.

4. « Saint Thomas ne semble s'être guère préoccupé de savoir comment discerner cette intervention de Dieu. Il n'y a rien là qui doive nous étonner : le problème pour lui ne se posait pas, puisque de son temps on acceptait unanimement cette intervention transcendante dans certains faits », *ibid.*, p. 50-51.

5. *Ibid.*, p. 57-58 et p. 305 note 1.

intérêt particulier est manifesté envers le rôle de la science pour confirmer l'existence des faits et leur caractère exceptionnel[1].

En 1968, un petit livre de V. Boublik sur le miracle reprend à nouveaux frais l'examen du problème philosophique des miracles[2]. L'auteur présente le miracle comme une œuvre qui est réalisée au-delà de toutes les forces créées (*praeter naturam*) par Dieu, auteur de tout ce qui est, et qui s'insère dans l'ordre du monde voulu de toute éternité par Dieu. L'unité du dessein de Dieu et de sa réalisation qu'est le monde est première. Si le miracle dépassse l'ordre du monde, c'est au sens qu'il dépasse chacune des natures créées. La manière de produire le miracle (Dieu réalise le miracle immédiatement sans les causes naturelles)[3] importe davantage que le type d'effets produits. De plus, Boublik limite le miracle aux réalités visibles et exclut l'Incarnation, la Résurrection et l'Eucharistie des véritables miracles, n'y voyant qu'une concession linguistique à la terminologie de l'époque[4].

Béla Weissmahr, dans une thèse de doctorat publiée en 1973, aborde la question du miracle et de l'évolution en concentrant ses efforts sur le problème de l'intervention immédiate de Dieu dans le monde que posent ces deux situations[5]. Elles sont traitées de façon propre par l'auteur qui se réclame de la philosophie transcendentale[6], notamment en ce qui a trait à la connaissance que nous avons de Dieu[7] et de son activité[8]. La notion d'autotranscendance (*Selbstüberbietung*) mise de l'avant par Rahner est la clef de voûte de sa doctrine des rapports entre Dieu et le monde. Les citations de Rahner qui suivent en donnent un aperçu : « Es soll der Begriff des göttlichen Wirkens als aktives, dauerndes Tragen der Weltwirklichkeit derart entwickelt werden, daß eben dieses Wirken erscheint als die aktive Ermöglichung der aktiven Selbsttranszendenz des endlichen Seienden durch sich selbst, und zwar so, dab, weil dieser Begriff allgemein gilt, er auch von

1. *Ibid.*, p. 283-309.

2. V. Boublik, *L'azione divina « praeter ordinem naturae » secondo S. Tommaso d'Aquino*, « Cathedra sancti Thomae Pontificae Lateranense », n° 7, Roma, 1968.

3. « il termine miraculum indica gli effetti visibili realizzati dall'azione propria di Dio, senza la collaborazione delle cause create », *ibid.*, p. 45.

4. « La terminologia dell'Aquinate dipende dalla teologia scolastica del miracolo e anche la sua dottrina sull'Incarnazione come miracolo sente l'influsso dei predecessori (particolarmente di Alberto Magno) che non hanno realizzato, nella teologia del miracolo, una netta distinzione tra i "segni" miracolosi e segni misteriosi », *ibid.*, p. 72.

5. B. Weissmahr, *Gottes Wirken in der Welt. Ein Diskussionsbeitrag zur Frage der Evolution und des Wunders*, « Frankfurter Theologische Studien », n° 15, Frankfurt am Main, 1973, p. 72 et 166. Voir aussi « Bemerkungen zur Frage der Möglichkeit eines nicht durch Geschöpfe vermittelten göttlichen Wirkens in der Welt », *ZKTh* 96 (1974), p. 426-430 et « Kann Gott die Auferstehung durch innerweltliche Kräfte bewirkt haben ? », *ZKTh* 100 (1978), p. 441-469.

6. Les positions de Weissmahr doivent beaucoup à la réflexion de K. Rahner sur les deux sujets abordés : l'évolution et le miracle. La réflexion de ce dernier s'est exprimée notamment en deux écrits importants : *Die Hominisation als theologische Frage*, dans P. Overhage et K. Rahner, *Das Problem der Hominisation. Über den biologischen Ursprung des Menschen*, « Quaestiones Disputatae », n° 12/13, Freiburg, 1965³, p. 13-90 et dans sa synthèse théologique *Traité fondamental de la foi. Introduction au concept du christianisme*, trad. par G. Jarczyk, Paris, 1983, p. 104-107. L'original allemand de ce dernier ouvrage fut publié en 1976, quelques années après la thèse de Weissmahr.

7. B. Weissmahr, *Gottes Wirken...*, p. 76-88.

8. *Ibid.*, p. 142-143, note 290.

der "Erschaffung der geistigen Seele" gilt »[1]. Dans son *Traité fondamental de la foi*[2], la portée du principe est encore plus générale : « le concept d'une autotranscendance active (où le « soi » et la « transcendance » sont à prendre au sérieux à égalité) est un concept nécessaire au penser, pour peu que doive être sauvé le phénomène du devenir. Ce concept d'autotranscendance inclut également la transcendance dans ce qui est substantiellement nouveau, le saut vers ce qui est supérieur *par essence*. À l'exclure, en effet, l'on viderait le concept d'autotranscendance, l'on ne pourrait plus prendre au sérieux et honorer tout uniment des phénomèmes déterminés [...] comme [...] l'engendrement par les parents d'un homme nouveau [...] ». Un peu plus tôt, il se fait le disciple de Thomas d'Aquin au sujet de l'action de Dieu à travers les causes secondes et aborde la question du miracle[3].

Weissmahr mentionne à quelques reprises Thomas d'Aquin et donne même un court aperçu de sa doctrine, mais il y accorde somme toute peu d'importance[4]. Il refuse en fait la conception du miracle comme intervention immédiate de Dieu. Elle lui apparaît métaphysiquement intenable et pratiquement d'aucune utilité pour distinguer les miracles des faits simplement extraordinaires ou naturels[5]. L'auteur veut ainsi éviter de ramener la causalité propre de Dieu à la causalité des causes secondes[6] et sauvegarder par rapport à la science expérimentale la transcendance de Dieu et l'originalité de la connaissance métaphysique[7]. Dieu ne se situe pas quelque part dans la chaîne causale. Il est en amont de la créature en ce sens qu'il la crée et la dote de capacités propres donnant naissance à des actions. Du côté de Dieu toute son activité se résume à son activité créatrice. Il n'agit qu'à travers la causalité propre des causes secondes qu'il a lui même créées et dotées d'activités propres[8].

1. *Das Problem der Hominisation...*, p. 61.
2. p. 212-213.
3. Cf. p. 104-107.
4. Cf. *ibid.*, p. 11-17.
5. Cf. *ibid.*, p. 72, 144 et 166.
6. Cf. *ibid.*, p. 57-58.
7. *Würde Gott, die Erstursache, innerhalb der Welt eine partikulare Wirkung ohne Zweitursachen hervorbringen, dann wäre er – auch wenn man das nicht wahrhaben will und mit verbalen Lösungen verdeckt – zugleich auch die Zweitursache dieser Wirkung. Ohne Zweitursachen in der Welt wirken, würde für Gott notwendigerweise ein Wirken als Zweitursache bedeuten. Es ist also unmöglich, daß Gott innerhalb der Welt jemals ohne Vermittlung, d.h. ohne die von ihm herstammende Eigenaktivität der Zweitursachen, eine Wirkung hervorbringt, ibid.*, p. 70.
8. *Gott kann innerhalb der Welt niemals wirken, ohne dass seine Tätigkeit auf der Ebene der Welt von der Eigenaktivität geschöpflicher Wirkursachen vermittelt wäre. Gott kann das nicht, und zwar nicht aus Ohnmacht, sondern weil das in sich widersprüchlich ist, ibid.*, p. 71; *Gott wirkt nicht auf zwei wesentlich verschiedene Weisen in der Welt. Es gibt kein göttliches Wirken in der Welt ohne Zweitursachen, das als "unmittelbares" oder "besonderes" vom "gewöhnlichen", durch Zweitursachen sich vollziehenden göttlichen Wirken in der Welt eindeutig abgehoben werden könnte. Die Meinung, Gott greife in gewissen Fällen ohne Vermittlung geschöpflicher Ursachen in die Welt ein, ist unmetaphysisch und führt zur Leugnung der Transzendenz Gottes, ibid.*, p. 144; *Alles was sich in der Welt ereignet, muss auf innerweltliche, geschöpfliche Kräfte zurückgeführt werden können [...]. Ein Wirken Gottes in der Welt ohne, und deshalb anstelle einer geschöpflichen Ursache, d.h. ein göttliches Handeln innerhalb der Welt, das nicht durch die (letztlich freilich von Gott herstammende) Eigenwirksamkeit des Geschöpfes vermittelt wäre, ist undenkbar, da dies [...] ein Wirken Gottes als Zweitursache bedeuten und damit aus Gott wenigstens in diesen Fällen einen*

Pour expliquer le caractère tout à fait nouveau des miracles et de l'évolution il n'est pas nécessaire de postuler une action immédiate de Dieu. Il suffit de postuler que Dieu crée et soutient continument des êtres capables d'autodétermination et d'autodépassement (*Selbstüberbietung*). Chaque être devient une source active d'être où les barrières des espèces et de la forme ne tiennent plus[1]. Weissmahr va jusqu'à remettre en question le principe aristotélicien qui veut qu'un être passe de la puissance à l'acte que sous l'influence d'un être déjà en acte. Selon lui, la pensée aristotélicienne fait des êtres naturels des êtres essentiellement passifs dans des interactions conçues d'abord et avant tout selon le modèle de la causalité mécanique[2]. Une activité dans le monde ne peut se réaliser que si elle émane d'un être ayant la capacité propre de produire cette action et c'est pourquoi il refuse la notion si importante chez saint Thomas de causalité instrumentale des êtres créés[3]. Malgré les précautions prises[4] la créature se voit attribuer des prérogatives créatrices[5]. Au sujet de la survenue de l'âme humaine, il affirme la capacité des

innerweltlichen Faktor neben anderen innerweltlichen Faktoren machen würde. Gott kann also in der Welt gar nicht anders tätig sein als durch Vermittlung von geschöpflichem Wirken, ibid., p. 187. La même position est soutenue dans *Philosophische Gotteslehre*, « Grundkurs Philosophie », n° 5, Stuttgart-Berlin-Köln-Mainz, 1983, p. 142-148.

1. *Wenn nämlich durch eigene Aktivität überhaupt ein Mehr an Sein [...] erwirkt werden kann, wenn also "Selbstüberbietung" genau das bedeutet, was man in scholastischer Begrifflichkeit als "selbsterwirktes Überschreiten einer Wesensgrenze" oder als "Hervorbringen von auf höhere, d. h. unabhängigere Weise Subsistierendem" genannt werden müßte, so kann [...] eine wirkliche Entwicklung der konkreten Materie zum endlichen Geist keine Unmöglichkeit sein*, B. Weissmahr, « Bemerkungen... », p. 429.

2. *[...] das Prinzip* "nihil reducitur de potentia in actum nisi per aliquod ens in actu" *stets als widersprüchlich erweist, wenn man behauptet, das* "ens actu", *wodurch die Potenz zum Akt wird, könne nur ein Akt sein, der sich von der Potenz als anderes Seiendes unterscheidet. Es zeigte sich immer wieder, dass es in jeder Vollkommenheitszunahme auch Selbstvervollkommnung geben muss, d.h. das "ens actu", wodurch eine Potenz zum Akt wird, bedeutet auch (nicht : nur) den Akt dieser Potenz selber, ibid.*, p. 132. En fait, il semble confondre concepts et réalité : la puissance ne devient pas acte, mais l'être en puissance devient être en acte. Les doctrines de la puissance et de l'acte chez Aristote (aux p. 128-133) comme celle de l'individuation (cf. p. 122-124) lui semblent étrangères. Voir aussi sa critique de la notion de substance aristotélicienne dans son article « Kann Gott die Auferstehung... », p. 458-462.

3. La cause seconde agit en dépendance de Dieu, mais à cause de ce rapport même, elle agit de son propre pouvoir : *Sie [die Zweitursache] übt ihre Ursächlichkeit zwar in tranzendentaler Abhängigkeit von Gott, aber eben deshalb auf ihrer Ebene "aus eigener Kraft" aus, während die Instrumentalursache [...] sich gerade darin von der Hauptursache unterscheidet, daß sie keine eigene, der Wirkung angemessene Ursächlichkeit auszuüben vermag. Aus diesen Gründen ist es ratsam, sich an die bisherige philosophische Tradition zu halten und das Gott-Geschöpf Verhältnis nur mit den Begriffen der Erst – und Zweitursache zu beschreiben, nicht aber als Beziehung von Haupt – und Instrumentalursache darzustellen*, B. Weissmahr, « Bemerkungen... », p. 430.

4. *[...] das neue, das innerhalb der Welt entsteht, ist ganz von Gott und ganz vom Geschöpf selbst [...]. Es gibt eine vollkommene (obwohl im selben Sinn nicht umkehrbare) Identität zwischen dem Wirken des Geschöpfes und Gottes. Zugleich gibt es aber auch eine vollkommene (und ebenso unumkehrbare) Verschiedenheit zwischen dem göttlichen und geschöpflichen Wirken, und diese Verschiedenheit ist ebenso wichtig wie die Identität. Indem nämlich Gott in der Welt wirkt, bringt er nie etwas anderes hervor, als was das Geschöpf hervorbringt, er bringt es aber völlig anders hervor*, B. Weissmahr, *Gottes Wirken...*, p. 140-141.

5. *Was in der Welt überhaupt geschehen kann, ist identisch mit dem, was die innerweltlichen Ursachen selber kraft der ihnen eigenen Ursächlichkeit hervorbringen können [...]. Betrachtet man hingegen die innerweltliche Ursächlichkeit ihrer Ganzheit nach, so kann sie jeweils "mehr"*

réalités matérielles de s'auto-transcender pour permettre l'apparition de cette âme[1] ou à tout le moins leur rôle comme intermédiaire dans la création de l'âme humaine[2]. En fait, le seul être, hormis Dieu lui même, à posséder radicalement cette capacité d'auto-transcendance est le Christ, étant à la fois homme et Dieu dans l'unité hypostatique. Il est ainsi une source inépuisable d'activités, notamment d'activités dépassant les seules forces naturelles comme les miracles. Mais cela ne vaut pour aucune autre créature.

L'identification concrète des miracles ne le préoccupe guère, le miracle ne différant pas structurellement d'autres événements jugés comme providentiels par quelqu'un. Ils ne sont que plus intenses[3]. Il n'accorde aussi que peu d'importance au contexte religieux dans lequel se produit le miracle. La signification transcendantale de l'événement, son sens dans le dialogue entre l'homme et Dieu est de loin le facteur le plus important[4], mais ce rapport est relativisé, selon nous, par l'incapacité d'atteindre conceptuellement la vérité. Seules demeurent la saisie pratique de la réalité et l'ouverture à toujours rechercher la réalité et à l'approcher de mieux en mieux sans jamais la saisir[5]. La distinction entre conception conceptuelle et conception métaphysique est utilisée pour donner une place à la connaissance implicite de l'activité de Dieu en toute activité des êtres créés[6]. Remonter à Dieu ne peut se faire que par la réflexion transcendantale dans un dialogue entre l'homme et Dieu. De l'effet observé le scientifique ne peut remonter qu'aux causes naturelles qui doivent lui suffire à expliquer le phénomène. Tous ces éléments apparaissent dans la définition du miracle qu'il donne[7].

hervorbringen, als was der naturwissenschaftlichen Erkenntnis zugänglich ist. Dieses "Mehr" ist jedoch nicht quantitativ, sondern qualitativ zu verstehen. Es bedeute neue Seinsvollkommenheit, es ist etwas Ursprüngliches. Durch dieses auch von der Welt her Ursprüngliche kann sich dann auch die göttliche Freiheit in der Welt kundtun. Das ist aber nur der metaphysischen, letztlich nur der persönlichen Erkenntnis zugänglich, ibid., p. 108; *[...] das Geschöpf selbst [vermag] unerwartetes, schöpferisch Ursprüngliches hervorzubringen [...], ibid.*, p. 189; *Die Identität von göttlichem und geschöpflichem Wirken in der Welt bedeutet nicht, dass man zwischen göttlichem und geschöpflichen Wirken nicht mehr unterscheiden könnte und müsste. Und die Verschiedenheit des göttlichen und geschöpflichen Handelns in der Welt darf niemals zur unmetaphysischen Annahme führen, daß es sich um zwei einander ausschliessende Tätigkeiten handle. Je inniger ihre Einheit ist, desto mehr kommt auch ihre jeweilige Eigenheit zur Geltung, ibid.*, p. 191.

1. *Daraus ergebe sich, dass eine Entwicklung des Materiellen zum Geist hin und die Selbsttranszendenz des Materiellen in den Geist philosophisch und christlich eine legitime Vorstellung ist, ibid.*, p. 36.

2. Cf. *Ibid.*, p. 38.

3. *Ibid.*, p. 183. En cela il rejoint l'attitude de saint Augustin, voyant en toute réalité une source d'étonnement possible.

4. *Ibid.*, p. 181-185.

5. *[...] dass das Geschöpf selbst unerwartetes, schöpferisch Ursprüngliches hervorzubringen vermag, liefert uns keine konkrete Normen, um gleichsam a priori bestimmen zu können, was innerweltlich überhaupt möglich ist und was nicht, ibid.*, p. 189. Voir aussi p. 176-181.

6. *Es kann sich in der Welt nichts ereignen, was nicht von weltimmanenten Ursachen herstammen würde und somit nicht auf sie zurückgeführt werden könnte [...]. Die weltimmanente Erklärung eines Ereignisses, insofern sie ganzheitliche Erklärung sein soll, erkennt die Zweitursachen als solche, worin dann natürlich die Erkenntnis des Erstursache als solche impliziert, ibid.*, p. 107. Voir aussi la note 249.

7. *Wunder ist ein außergewöhnliches, unser Vorverständnis in bezug auf das innerweltlich Mögliche gleichsam sprengendes Ereignis, durch welches der transzendente Gott mittels der*

Weissmahr n'exclut cependant pas complètement l'action immédiate de Dieu, mais la limite à des situations précises. Ainsi, le monde pris comme un tout a un rapport immédiat avec Dieu, alors que le rapport de chaque être individuel avec Dieu est médiatisé par ce monde[1]. La rencontre de l'homme avec Dieu peut aussi être considérée en un certain sens comme immédiate parce que mettant en rapport des êtres spirituels libres[2].

Gilles Berceville, dans une thèse présentée en 1998[3], aborde de façon originale la place des miracles chez l'Aquinate. Pour ce faire, il utilise parallèlement des textes tirés de la *Somme de théologie* avec d'autres provenant des commentaires bibliques. Il arrive à « montrer que d'une lecture complète de la *Somme*, en parallèle avec celle des commentaires bibliques, on peut dégager une théologie du miracle riche, équilibrée, fondée en tradition et vraiment évangélique »[4].

Sa thèse se veut d'abord et avant tout une exploration de l'évangélisme thomasien conçu comme bonne nouvelle de la liaison de l'homme avec Dieu[5]. Cette recherche occupe tout le premier volume. Les miracles servent à illustrer l'intérêt de cette dimension évangélique pour comprendre la théologie de saint

eigenen, zum Hervorbringen auch von Neuem und Unvorhergesehenem fähigen Kräfte des Geschöpfes, d.h., weltimmanent wirkend, auf unerwartete Weise innerweltliche Rettung oder irdisches Heil dem Menschen schenkt und somit seine persönliche, auf unbedingtes Heil ausgerichtete Liebe in der Welt zeichenhaft zum Ausdruck bringt, ibid., p. 175.

1. *Nur die Welt als ganze steht in einem nur unmittelbaren, d.h. durch kein anderes Geschöpf vermittelten Verhältnis zu Gott. Das innerweltlich Seiende hat zu Gott, insofern es etwas Ursprüngliches bedeutet, ein unmittelbares (ein nur durch es selbst vermitteltes) Verhältnis; insofern es jedoch auf anderes innerweltlich Seiendes und schließlich auf die Welt als ganze zurückführbar ist, ein durch das von ihm verschiedene innerweltlich Seiende und letztlich durch die Welt als ganze vermitteltes Verhältnis, ibid.*, p. 144.

2. *[...] das freie Handeln Gottes in der Welt bezieht sich letztlich nur auf Personen und nicht auf Dinge [...] ein freies Verhalten Gottes in bezug auf bloß Dinge wäre überhaupt nicht zu verstehen. Mann könnte es nur als nachträgliche Korrektur seines Werkes auffassen, dies widerspricht jedoch der schöpferischen Allmacht Gottes, ibid.*, p. 173. Voir aussi p. 187. Pour une critique de la position de Weissmahr, voir R. Kocher, *Herausgeforderter Vorsehungsglaube. Die Lehre von der Vorsehung im Horizont der gegenwärtigen Theologie*, St. Ottilien, 1993, p. 214-256.

3. G. Berceville, *L'étonnante alliance. Évangile et miracles dans la Somme de théologie et les Commentaires du Nouveau Testament de saint Thomas d'Aquin*. Thèse présentée pour l'obtention du doctorat d'histoire des religions à l'Université de Paris-Sorbonne et pour l'obtention du doctorat en théologie à l'Institut catholique de Paris, 2 volumes, septembre 1998.

4. *Ibid.*, vol. 1, p. 54.

5. « Le premier but de ce travail était de préciser comment Thomas conçut et approcha l'Évangile à partir de la définition qu'il a donnée lui-même du mot dans son commentaire de l'Épitre aux Romains *Conjunctio hominis ad Deum*: "la liaison de l'homme avec Dieu" [...]. Thomas énonce les trois formes principales que revêt cette Alliance. Celle-ci atteint sa perfection dans la Personne du Christ. De lui découle la vie de grâce pour les croyants. Le but de l'Évangile enfin est la Vision béatifique, rassemblant tous les élus dans le Royaume, à la fin des temps », *ibid.*, vol. 2, p. 269. Les éléments essentiels de sa conception de l'évangélisme thomasien (la conjonction de la nature divine à la vie divine, l'importance de l'humanité du Christ, la référence fondatrice et structurante du discours théologique à l'expérience de l'Esprit, l'importance de l'expérience originelle des Apôtres et leur médiation) seront repris dans l'avant-propos du *Commentaire de l'épître aux Romains*, trad. et annotation par J.-É. Stroobant de Saint-Éloy, Paris, 1999, p. 7-17.

Thomas[1]. Le deuxième volume y est consacré. Dans celui-ci, après la présentation des aspects philosophiques du miracle, l'auteur fait le point :

> Nous avons essayé de montrer [...] comment l'œuvre du miracle s'inscrivait chez Thomas dans l'« Évangile de Dieu », à savoir la « liaison de l'homme avec Dieu » s'accomplissant par la grâce et pour la gloire, ou encore, la prédestination et l'acheminement de l'homme à la Vision et à la résurrection. L'événement du miracle est une sollicitation divine adressée à l'homme pour qu'il s'engage librement dans un renouvellement complet de son existence, jusqu'en vie éternelle, en se confiant à la toute-puissante bonté de son Créateur et Sauveur[2].

Le miracle est donc situé au cœur de ce retour de l'homme à Dieu et il trouve ainsi son sens. « C'est en définitive pour que l'homme croie en ce qui est le plus difficile à croire, à savoir l'Incarnation, que Dieu déploie visiblement sa toute-puissance dans ses miracles »[3].

L'auteur met aussi en lumière le caractère miraculeux de l'Incarnation[4], la naissance virginale[5], la mort-résurrection-ascension de Jésus[6], le sacrement de l'autel[7]. Ils sont bel et bien pour Thomas des miracles au sens strict. Il s'oppose ainsi à la vision de V. Boublik à ce sujet. Déjà au XIIIe siècle cette question posait problème chez les théologiens. Alexandre de Halès et Bonaventure considéraient d'ailleurs l'Incarnation plutôt comme une des merveilles de Dieu[8], mais non comme un miracle au sens où Thomas l'entendra.

Le caractère de l'événement ne suffit cependant pas à définir un miracle. Il montre bien que le miracle est au sens strict « ce que Dieu accomplit sans les causes secondes ordonnées naturellement au même effet »[9]. Le miracle a Dieu comme cause principale et une créature comme cause instrumentale. Au grand scandale de penseurs comme Weissmahr, Dieu se substitue momentanément à la cause seconde. Chez saint Thomas l'Incarnation est donc un miracle où le suppôt divin assume la nature humaine à la place du suppôt humain. Elle est le plus grand miracle et la source de tous les miracles[10]. Dans la résurrection, le fait miraculeux n'est pas la glorification du corps (qui est une conséquence de la grâce intérieure), mais le retour à la vie du corps qui avait cessé d'être vivant aboutit à un effet qu'une cause créée pourrait produire à titre de cause principale.

Notons enfin le long développement sur la signification à donner au mot *admiratio* chez saint Thomas. À travers l'étude de différents passages tirées de notre

1. « La seconde partie de cette thèse devait montrer à partir du thème particulier du miracle l'intérêt du cadre dressé dans la première partie pour mettre en lumière l'évangélisme de Thomas », *ibid.*, vol. 2, p. 273.

2. *Ibid.*, vol. 2, p. 159.

3. *Ibid.*, p. 217.

4. *Ibid.*, p. 160 *sq.*

5. *Ibid.*, p. 221-233.

6. *Ibid.*, p. 233-249.

7. *Ibid.*, p. 249 *sq.*

8. *Ibid.*, p. 167 *sq.*

9. *Ibid.*, p. 84.

10. Il s'appuie notamment sur *In 4Sent.* d. 11 q. 1 a. 3 (où il est dit que l'Incarnation est plus grande que la Transsubstantiation), *SCG* 4, 27, *De pot.* 6, *Comp. theol.*, n° 211 et *ST* 3a q. 1 a. 1.

auteur, notamment du commentaire sur Jean, il en dégage cinq dont les plus obvies sont étonnement, admiration, auxquels il ajoute effroi, perplexité, révérence[1].

En 1970, L.S. O'Breartuin publiait une partie de sa thèse sur la théologie des miracles[2]. Dans ces cent pages, il présente tout d'abord une brève analyse des principaux passages où saint Thomas traite du miracle[3], puis une synthèse sur la notion du miracle[4]. Mais là ne réside point la nouveauté. On la retrouve dans les deux chapitres qui suivent au sujet de la notion de signe[5]. Le signe est défini comme « an evident object wich takes the place of a less obvious one and, being its substitute, is measured by it and related to it; whose function is to manifest the substituted object to a faculty of knowledge »[6]. Une distinction est faite entre signe naturel et signe conventionnel selon la ressemblance entre le signe et ce à quoi il réfère (comme la fumée pour le feu) ou le caractère arbitraire du lien qui existe entre les deux[7] (comme les caractères d'écriture et le concept exprimé).

Le miracle appartient à ce monde du signe[8]. Le plus souvent, comme dans le cas des guérisons, il est un signe naturel de l'intervention salvifique de Dieu[9]; dans d'autres cas, il est un signe conventionnel confirmant telle ou telle vérité comme dans le cas où le miracle témoigne de ce que le Fils est dans le Père et ce que le Père est dans le Fils (*Jn* 10, 38)[10]. Ainsi comme signe du salut, le miracle trouve pleinement sa place dans l'histoire du salut. Il n'est pas un corps étranger, une exception à l'ordre voulu de toute éternité par Dieu, mais un moyen de mener à Dieu[11].

Le petit livre de R. Latourelle sur le miracle représente à notre connaissance la meilleure introduction à la théologie du miracle[12]. Tous les aspects y sont abordés de façon brève, mais suggestive. L'auteur invite, comme l'indique le titre, à passer

1. Cf. *ibid.*, vol. 1, p. 17-29.

2. L.S. O'Breartuin, *The Theology of Miracles. The Finality of Miracles according to St. Thomas*, Teresianum, Roma, 1970.

3. *Ibid.*, p. 9-40.

4. *Ibid.*, p. 40-51.

5. *Ibid.*, p. 51-77.

6. *Ibid.*, p. 68.

7. « Natural signs are distinguished from conventional signs since in the former there is a certain likeness between the sign and what is signified whereas the latter are qualified *ex institutione*, by a certain arbitrariness. The relation between the sign and signification in one case really exists; in the other it depends on the mind », *ibid.*, p. 62.

8. Cf. *ibid.*, p. 78-102. L'auteur reprend entre autres la définition du miracle comme *signum expressum et evidens veritatis divinae*, *De pot.* q. 6 a. 5.

9. Cf. *ibid.*, p. 81.

10. Cf. *ibid.*, p. 95. « The miracle is a very appropriate symbol of a higher order in God's hands; that is, a conventional sign that has a certain natural aptitude to signify...In all his texts dealing with the finality of miracles we find that they are ordained to bring man to the supernatural order. The miracle thus can be considered a fitting symbol of grace – of God's invitation to man », *ibid.*, p. 101-102.

11. « Thus miracles have a natural place in this wonderful plan; they are no longer to be considered as upsetting God's original plan, but as intergral parts with a proper finality – that of leading man to God the author of salvation », *ibid.*, p. 102.

12. R. Latourelle, *Du prodige au miracle*, Montréal, 1995. Mentionnons aussi son étude plus développée parue quelques années auparavant : *Miracles de Jésus et théologie du miracle*, Paris-Montréal, 1986.

d'une conception du miracle comme événement hors de l'ordinaire à celle de signe du salut survenu en Jésus Christ : « Le miracle est d'abord un signe divin, inscrit dans l'univers, pour nous sensibiliser au signe de la présence du salut en Jésus Christ » [1] ou encore comme il le dit dans une phrase choc : « Le miracle n'est que l'Évangile de la grâce et du salut en visibilité : homme nouveau, monde nouveau » [2].

L'insistance d'une certaine apologétique à faire du miracle une infraction aux lois de la nature a vidé le miracle de sa sève évangélique tout en fournissant des armes à ses adversaires. Pour répondre à ceux qui nient ou critiquent le miracle chrétien, il concentre son travail sur les miracles du Christ « car les miracles d'aujourd'hui ne prennent leur sens que si on les relie aux miracles fondateurs de Jésus » [3]. Toute la première section de l'ouvrage est d'ailleurs consacrée au problème de l'historicité de ces miracles. La seconde aborde la notion du miracle, ses fonctions dans l'économie du salut (établir un lien de communication entre Dieu et l'homme, révéler, attester, libérer et promouvoir), son discernement et son rôle actuel dans l'Église en parlant de Lourdes.

Certaines vues de l'auteur méritent d'être soulignées. La théologie médiévale est marquée par une prépondérance de l'aspect métaphysique du miracle [4]. La dimension de signe se fait plus discrète. Saint Thomas est un exemple de cette théologie qui, sans méconnaître les aspects psychologique et intentionnel du miracle, accorde beaucoup d'attention à l'aspect métaphysique. Mais, comme il l'écrit « il y a plus dans sa doctrine du miracle que dans sa définition » où domine l'aspect métaphysique. Le caractère de signe qui témoigne en faveur de la divinité du Christ, de son Incarnation et de sa mission de salut va de soi pour lui.

Cette primauté du miracle comme signe transparaît dans la définition qu'il en donne : « Le miracle est un prodige religieux, exprimant dans l'ordre cosmique (l'homme et son univers) une intervention spéciale et gratuite du Dieu de puissance et d'amour, qui s'adresse aux hommes, un signe de la présence dans le monde du salut » [5]. Cette définition a cependant le désavantage de réduire le miracle à un fait sensible et d'écarter comme miracles, malgré l'enseignement de saint Thomas, des réalités comme l'Incarnation et l'Eucharistie [6]. Dans la foulée de L. Monden et M. Blondel [7], il fait de cette dimension l'élément formel du miracle, contrairement à l'Aquinate qui retient la causalité immédiate de Dieu agissant

1. Cf. *ibid.*, p. 221.
2. Cf. p. 118.
3. Cf. p. 222.
4. Cf. *ibid.*, p. 136-138.
5. Cf. *ibid.*, p. 147.
6. Cf. *ibid.*, p. 148.
7. Au sujet de M. Blondel, il nous faut mentionner deux ouvrages : 1) ses *Lettres sur les exigences de la pensée contemporaine en matière d'apologétique et sur la méthode de la philosophie dans l'étude du problème religieux*, parues dans les *Annales de philosophie chrétienne* (1895-1896), reprises dans *Les premiers écrits de Maurice Blondel*, vol. 2, Paris, 1956, p. 5-95 ; 2) sa note à l'art. « Miracle », dans A. Lalande, *Dictionnaire technique et critique de la philosophie*, Paris, [10]1968, p. 628-631 d'où cette citation fameuse est tirée : « [Le miracle] est le truchement de cette divine *philanthropia* dont parle S. Paul, et qui, s'humanisant dans son langage et dans ses condescendances, fait transparaître par des signes anormaux sa bonté anormale ».

à la place de la nature[1]. On peut comprendre aisément que ce même aspect sera primordial dans le discernement des miracles : il ne faudra jamais séparer l'événement historiquement attesté du sens exprimé par le contexte religieux où il s'insère[2], car « Le miracle [...est] l'un des deux éléments constitutifs d'une révélation qui s'accomplit par les voies de l'histoire, de la chair et du langage de Jésus. Dans cette économie, les œuvres et les paroles, les miracles et le message sont indissolublement liés : les miracles opérant sur le registre du visible corporel la libération intérieure proclamée par le message »[3].

LES PRINCIPAUX LIEUX OÙ EST ABORDÉE LA QUESTION DES MIRACLES

Saint Thomas aborde la question des miracles de manière spéculative dans divers ouvrages de synthèse : dans le commentaire des *Sentences* au sujet de la formation d'Ève[4], au sujet de l'Incarnation[5], au sujet de la justification[6] ; dans les questions disputées *De potentia* où toute une question porte sur les miracles (q. 6) ; dans la *Somme contre les Gentils*[7] ; dans la *Somme de théologie*[8] ; dans le *Compendium de théologie*[9] ; dans son opuscule *De rationibus fidei*[10].

Notre Docteur y fait une très large place à la réflexion philosophique. Un lecteur non averti du projet théologique de l'Aquinate pourrait même se demander en quoi la doctrine exposée est spécifiquement chrétienne, c'est-à-dire en quoi elle dépend des paroles et des actes de Jésus Christ lui-même. Des lieux classiques comme les questions 103 à 105 de la première partie de la *Somme de théologie* ou les questions 97 à 102 de la troisième partie de la *Somme contre les Gentils* citent à profusion les autorités que sont Platon, Aristote, Cicéron et Boèce pour traiter de la providence, du gouvernement divin, de l'ordre de la nature et des dérogations à cet ordre que sont les miracles. Quelques passages de théologiens sont cités, le Pseudo-Denys l'Aéropagite et Augustin par exemple, et un certain nombre de citations sont tirées de l'Écriture, avant tout de l'Ancien Testament, pour appuyer cette vision philosophique et religieuse[11]. Le lecteur se trouve dans une autre

1. Latourelle écrit à ce sujet : « Le mot capital, ici, est *signe*. Car le miracle, comme totalité, est un *prodige signifiant*, une *action-signe*. Cet aspect intentionnel, séméiologique du miracle en constitue l'élément formel. Il s'agit d'un signe interpellant et interpersonnel, porteur d'une intention divine, et adressé à l'homme comme un langage divin, comme une parole concrète et pressante de Dieu pour lui faire comprendre que le salut est arrivé », *op. cit.*, p. 153.

2. Cf. *ibid.*, p. 177-178.

3. *Ibid.*, p. 221.

4. *In 2Sent.* d. 18 q. 1 a. 3.

5. *In 3Sent.* d. 13 q. 12 a. 2

6. *In 4Sent.* d. 17 q. 1 a. 5 qla 1

7. *Somme contre les Gentils*, 3,98-103

8. *Somme de théologie,* 1a q. 105 a. 6 ; q. 106 a. 3 ; q. 110 a. 4 ; q. 114 a. 4.

9. *Compendium de théologie,* 1,136.

10. *De rationibus fidei,* chap. 7.

11. Un deuxième indice de l'orientation philosophique et religieuse de ces passages est l'usage prépondérant du vocable « Dieu », quelques fois de celui de « Seigneur », jamais de celui de « Jésus », « Jésus Christ » ou « Christ ». Une seule fois dans le texte de la *Somme* y a-t-il allusion à Jésus (par une citation de *Jn* 14,12 en 1a q. 105 a. 8) et une fois dans le passage de la *Somme contre les Gentils* (par une citation de *Mt* 26,53 à la question 98). Il y a bien une citation de *1Co* 8,6 où Dieu est appelé Père

atmosphère que celle de l'enseignement du Christ sur la confiance à mettre en un Dieu qui s'occupe des oiseaux du ciel et des lys des champs[1] ! Il vaut la peine de noter cependant qu'il y a pour saint Thomas un lien fondamental entre le vocable « Dieu » et son activité providentielle. Tous ceux qui parlent de Dieu, qu'ils soient chrétiens ou non, croyant à la création ou non, entendent appeler Dieu l'être à qui incombe le gouvernement de toutes choses. Dieu peut donc être connu et nommé comme providence universelle sans pour autant être connu par la foi chrétienne. Ce lien est si fondamental que l'oubli ou la négation de cette providence est incompatible avec le culte de Dieu[2].

Le climat théologique change dans le traité sur le don des miracles[3], doctrine très liée à ce qu'en dit l'apôtre Paul en *1Co* 12. Les citations bibliques prédominent sur celles tirées des philosophes et, bien que les vocables « Dieu », « Seigneur » soient plus fréquents, le terme « Christ » apparaît. Le changement est encore plus notable dans la troisième partie de la *Somme* lorsque Thomas traite des miracles du Christ[4]. Le vocable « Christ » y est très présent et le nom de Jésus apparaît, par exemple aux articles 1 et 3 de la question 43. À vrai dire, toute cette section sur les *acta et passa* de Jésus est bien particulière, car, tout en traitant de manière systématique la signification des faits et gestes du Christ, elle se veut très proche du genre commentaire biblique.

Cette approche biblique représente la seconde façon d'aborder le miracle chez l'Aquinate. Elle se retrouve essentiellement dans ses commentaires de l'Écriture. Si ses commentaires sur *Isaïe*, *Jérémie* et les *Lamentations* nous apportent peu de choses au sujet des miracles, il n'en va pas de même de ses commentaires sur le Nouveau Testament, particulièrement les commentaires sur l'évangile de *Jean* : *Jn* 4 (la foi de la Samaritaine), *Jn* 6 (miracle et action intérieure de Dieu), *Jn* 11 (la résurrection de Lazare), *Jn* 20 (l'apparition du Christ ressuscité au Cénacle), *Jn* 21 (l'attitude des apôtres Jean et Pierre). Dans le corpus paulinien, mentionnons *1Co* 12 (le don des miracles dans l'économie du salut) et *1Co* 15 (le corps ressuscité). Le commentaire sur *Job* représente un cas particulier à mi-chemin entre le traité systématique et le commentaire du Nouveau testament; ce commentaire portant sur un livre de l'Ancien testament, il se fait discret sur le Christ.

(« Nous n'avons qu'un Dieu, le Père, et un seul Seigneur »), mais l'interprétation se veut générale quand il ajoute : « [...] ces deux titres concernent le gouvernement : au Seigneur en effet appartient le gouvernement de ses sujets; et le nom de Dieu se réfère étymologiquement à sa providence [...] », *ST* 1a q. 103 a. 3.

1. *Mt* 12,19-34 et par.

2. « [...] nous croyons que la disposition de la nature entière, ainsi que les actes humains, tout est soumis à la divine Providence. Enlevez cette croyance, et le culte de la divinité disparaît tout entier », *De rationibus fidei* 7, éd. Léon., vol. 40, 1969, p. 65-66.

3. *ST* 2a2ae q. 178.

4. *ST* 3a q. 43-45.

CHAPITRE PREMIER

LES CONFLITS AUTOUR D'ARISTOTE ET LA QUESTION DES MIRACLES

THOMAS ET LES ARISTOTÉLICIENS RADICAUX

Bien qu'initié très jeune à l'œuvre d'Aristote lors de ses études à Naples (1239-1244), puis à Paris et Cologne sous la direction d'Albert le Grand (1245-1252), Thomas ne rédigera que tardivement ses commentaires sur les œuvres du Stagirite. Et il le fera dans un contexte de crise entre l'évêque de Paris, Étienne Tempier, et les philosophes de la faculté des arts. Quatre commentaires datent, en effet, de la période précédant immédiatement la condamnation de 1270[1] alors que huit autres sont rédigés après cette date pendant les trois ans qui lui restent à vivre (1270-mars 1274) et quelques années avant la retentissante condamnation de 1277[2].

Un tel labeur en si peu de temps par un homme qui n'avait aucune obligation à enseigner ces ouvrages ne peut s'expliquer que par des raisons d'une extrême urgence. Les traductions nouvelles de Moerbeke mises à sa disponibilité (surtout à partir de 1271)[3] lui en donnent l'occasion, mais elles n'expliquent pas son labeur intense. Celui-ci n'est compréhensible que si l'on saisit l'importance de l'enjeu, qui est ni plus ni moins de sauver Aristote[4]. Sauver Aristote de l'interprétation de

1. Selon la chronologie présentée par J.-P. Torrell dans son *Initiation à saint Thomas d'Aquin. Sa personne et son œuvre*, « Vestigia », n° 3, Fribourg-Paris, 1993, p. 498-503, il faut nommer : *In De anima* (1267-1268), *In De sensu et sensato* (1268-1269), *In Phys.* (1268-1269), *In Met.* (avant 1270).

2. *In Per.*, *In Post.*, *In Ethic.*, *Tabula Libri Ethicorum*, *In Pol.*, *In Met.*, *In De caelo*, *In De gen. et cor.* Les dates sont tirées de J.-P. Torrell, *op. cit.*, p. 498-503.

3. J.-P. Torrell, *op. cit.*, p. 327-345. Les premières traductions de Moerbeke sont utilisées par saint Thomas dans la *Somme contre les Gentils* (c. 1263-1264). Sur toute cette question, voir R.-A. Gauthier, *Introduction* à la *Somme contre les Gentils*, [s.l.], « Philosophie européenne », Mame, Éditions Universitaires, 1993, p. 84-92. Là se trouvent les principaux renvois aux différentes préfaces des œuvres de l'Aquinate où le P. Gauthier revient sur le rôle de Moerbeke.

4. Sur les nombreuses péripéties de l'introduction d'Aristote à l'Université de Paris au XIIIe siècle, on consultera l'ouvrage classique de M. Grabmann, *I divieti ecclesiastici di Aristotele sotto Innocenzo III e Gregorio IX*, Roma, 1941. Pour une relecture plus récente de ces événements,

certains philosophes de la faculté des arts, tels Siger de Brabant et Boèce de Dacie; sauver Aristote de la réaction de certains théologiens néo-augustiniens dont le plus vigoureux fut Bonaventure [1]; sauver Aristote comme maître à penser [2].

Boèce de Dacie, Siger de Brabant et les autres aristotéliciens radicaux du XIIIe siècle [3] ont choisi Aristote comme maître et veulent avant tout exposer et expliquer fidèlement sa doctrine. Voilà la philosophie, voilà leur mission! Cette appartenance à la tradition est sans compromis : plutôt Aristote que la vérité quand il s'agit de philosophie! [4] Derrière cette attitude, on peut y voir la volonté de

voir L. Bianchi, *Censure et liberté intellectuelle à l'université de Paris (XIIIe-XIVe siècles)*, Paris, 1999, p. 89-127.

1. Ses interventions les plus retentissantes furent ses prédications de carême en 1267 (*Collationes de decem praeceptis*, dans *Opera omnia*, P.P. Collegii s. Bonaventurae (éd.), Claras Aquas, 10 vol., 1882-1902, vol. 5, p. 507-532) et 1268 (*Collationes de donis Spiritus Sancti*, dans *Opera omnia*, vol. 5, p. 457-503), puis sa prédication de Pâques 1272 (*Collationes in Hexäemeron*, dans *Opera omnia*, vol. 5, p. 329-454 : *Collatio III*, n° 2-9, p. 343-345; *Collatio VI*, n° 1-10, p. 360-362; *Collatio VII*, n° 1-2, p. 365; *Collatio XIX*, n° 6-15, p. 421-422). Sur les rapports entre Bonaventure et la doctrine d'Aristote, voir J.G. Bougerol, « Dossier pour l'étude des rapports entre s. Bonaventure et Aristote », *AHDLMA*, 40 (1973), p. 135-222 et K. Flasch, *Aufklärung im Mittelalter? Die Verurteilung von 1277. Das Dokument des Bischofs von Paris übersetzt und erklärt von K. Flasch*, « Excerpta classica », n° 6, Mainz, 1989, p. 41-53.

2. Plusieurs soutiennent, en effet, que la condamnation de 1277 visait, au moins indirectement, la doctrine de saint Thomas. À ce sujet, voir R. Hissette, « L'implication de Thomas d'Aquin dans les censures parisiennes de 1277 », *RThAM*, 64, p. 3-31; R. Wielockx, Autour du procès de Thomas d'Aquin, dans A. Zimmermann (éd.), *Thomas von Aquin. Werk und Wirkung im Licht neuerer Forschungen*, Berlin-New York, 1988, p. 413-438; J.F. Wippel, « Thomas Aquinas and the Condamnation of 1277 », *MSM*, 72, 1995, p. 233-272.

3. Ces auteurs sont unis, à tort ou à raison, sous le patronage du grand commentateur arabe que fut Averroès (1126-1198) et sont souvent appelés « averroïstes ». Thomas d'Aquin a popularisé cette appellation en l'utilisant dans son *De unitate intellectu* (1270). Dans son ouvrage de pionnier sur l'averroïsme latin (*Siger de Brabant et l'averroïsme latin au XIIIe siècle*, « Les Philosophes belges », n° 6-7, Louvain, 1911 [2]), le P. Mandonnet attribuait quatre théories fondamentales hétérodoxes par rapport à la foi chrétienne à ces averroïstes : l'éternité du monde, l'unité numérique de l'intelligence humaine, la négation du libre arbitre et la négation de la providence divine dans l'ordre de la contingence. Steenberghen parle plutôt d'aristotéliciens radicaux et conteste, avec d'autres, l'interprétation de Mandonnet. Sur l'averroïsme, on pourra lire : B. Nardi, « Note per una storia dell'averroismo latino », *Rivista di storia dell filosofia*, 2 (1947), p. 134-140 et 197-220; 3 (1948), p. 120-122; 4 (1949), p. 1-12; R. Imbach, « L'averroïsme latin du XIIIe siècle », *Gli studi di filosofia medievale fra otto e novecento. Contributo a un bilancio storiografico. Atti del convegno internazionale Roma, 21-23 settembre 1989*, a cura di R. Imbach e A. Maieru, « Storia e Letteratura », n° 179, Roma, 1991, p. 191-208; R.-A. Gauthier, « Notes sur les débuts (1225-1240) du premier "averroïsme" », *RSPhTh*, 66 (1982), p. 321-374; F. Niewöhner et L. Sturlese, *Averroismus im Mittelalterund in der Renaissance*, Zürich, 1994; F. van Steenberghen, *Siger de Brabant d'après ses œuvres inédites*, 2 vol., « Les Philosophes belges », n° 12-13, Louvain, 1931-1942; *Id.*, *La philosophie au XIIIe siècle*, « Philosophes médiévaux », n° 9, Louvain, 1966; *Id.*, *Thomas Aquinas and Radical Aristotelianism*, Washington, 1980; Z. Kuksewicz, *De Siger de Brabant à Jacques de Plaisance. La théorie de l'intellect chez les averroïstes latins des XIIIe et XIVe siècles* (Institut de philosophie et de sociologie de l'académie polonaise des sciences), Wroclaw-Varsovie-Cracovie, 1968.

4. *Quaerimus enim hic solum intentionem philosophorum et praecipue Aristotelis, etsi forte Philosophus senserit aliter quam veritas se habeat et sapientia, quae per revelationem de anima sint tradita, quae per rationes naturales concludi non possunt. Sed nihil ad nos nunc de Dei miraculis, cum de naturalibus naturaliter disseramus* (p. 83-84) *quaerendo intentionem philosophorum in hoc magis quam veritatem, cum philosophice procedamus*, Siger de Brabant, *De anima intellectiva*, VII, p. 101, dans Siger de Brabant, *Quaetiones in tertium de anima, De anima intellectiva, De aeternitate*

distinguer les différents domaines de la raison et de la foi. Mais il y a plus. Comme le dit Gilson au sujet de Siger de Brabant :

> Le monde où se meut Siger [...] peut donc être décrit comme un ordre naturel, sur la nature duquel, dans l'immense majorité des cas, raison et foi se trouvent spontanément d'accord, bien que, dans un petit nombre de cas, elles ne le soient plus. En pareils cas, que peut faire le philosophe ? La nature reste pour lui la nature, et puisque la philosophie n'est que la description de l'ordre naturel par la raison naturelle, sa philosophie n'a ni obligation, ni même possibilité de changer. Ce qui se passe pour lui est simplement que Dieu a fait un miracle, que la Révélation nous l'enseigne, et que nous devons accepter par la foi, comme un fait certain, que Dieu a librement substitué sur ce point, à l'ordre naturel qui devrait exister, mais n'existe pas, un ordre surnaturel qui, naturellement parlant, ne devrait pas exister, et qui pourtant existe. Le problème ne se pose pas pour l'averroïste chrétien entre le faux et le vrai, mais entre le naturel et le miraculeux. On comprend dès lors ce que l'averroïste reproche à ses adversaires chrétiens : c'est de chercher des explications naturelles de faits que le philosophe ne peut tenir pour réels qu'à titre de miracles[1].

Nous avons un exemple frappant de cette attitude dans le commentaire de Siger de Brabant sur le *De causis*, une œuvre de maturité (1275-1276)[2]. Il reproche violemment à certains hommes vulgaires et sans cervelle de vouloir expliquer par la raison naturelle le miracle des accidents eucharistiques existant sans leur sujet propre (b). Il rejette le fondement philosophique invoqué, à savoir

mundi, édition critique et notes par B. Bazan, « Philosophes médiévaux », n° 13, Louvain, 1972. Siger de Brabant semble s'inspirer de certains passages d'Albert le Grand. Dans son traité *In De gen. et cor.* I, tr. 1, c. 22, ad t. c. 14, Borgnet (éd.), vol. 4, p. 363, celui-ci écrit : « *Dico quod nihil ad me de Dei miraculis, cum ego de naturalibus disseram* ». Des paroles semblables se retrouvent dans *In De caelo et mundo*, lib. I, tract. 4, c. 10. Saint Albert reprend en fait les paroles de saint Bernard : « *Et quid ad me de miraculis Dei, qui de naturalibus dissero ?* » que l'on retrouve dans les *Sermones super Cantica Canticorum 5*, dans *Sancti Bernardi Opera*, Editiones Cistercienses, Roma, 1957, vol. 1, p. 22.

1. É. Gilson, *Dante et la philosophie*, Paris, Vrin, 1939, p. 313-314.

2. a) *Quidam homines vulgares et populares opinati sunt, sicut recitat Averroes super nono Metaphysicae, quod causa prima omnia faceret immediate, quod esset agere causam primariam sine secundaria. Et hi, sicut dicit, non habentes cerebrum ad bonum naturale tollunt ab entibus proprias operationes[...]. Et secundum sic dicentes entia causata omnia essent frustra. Frustra enim est quod natum est includere finem aliquem, illum non attingens. Fines autem entium causatorum sunt operationes eorum, ut sensus sentire et intellectus intelligere [...]. Et ideo dicendum quod causa primaria effectum causae secundariae non potest producere sine causa secundaria. Et causa huius est quia causa secundaria aliquando formam quae est operationis principium non accipit a primaria, sed tantum applicationem ad opus et ad materiam; et tunc non oportet quod causa primaria possit effectum producere sine causa secundaria, cum tunc in primaria non sit actu nec virtute forma, quae est operationis principium, a qua procedit effectus causae secundariae [...].*

b) *Unde sophistice quidam arguunt credentes naturali ratione ostendere et demonstrare quod causa prima possit facere quod accidens existat sine subiecto illius accidentis, propter hoc quod causa prima est causa omnium causarum mediarum accidentis inter ipsam et accidens, et ideo sola facere possit quod existat accidens, quamquam accidenti nulla existat aliarum causarum accidentis; et cum substantia sit aliqua causa accidentis, poterit facere ut sine substantia subsistat accidens.*

c) *Ratio, ut manifeste apparet, deficit secundum ea quae prius dicta sunt. Ut tamen sane intelligatur, sciendum est quod primariam causam posse facere accidens existere sine subiecto illius accidentis confitemur. Hoc tamen non est propter istam rationem : est enim oratio conclusa peior seipsa non conclusa*, *Quaestiones super Librum de Causis*, q. 2, Marlasca (éd.), p. 40-41.

que la cause première peut faire de façon immédiate, sans les causes secondes, ce que font normalement ces causes secondes (a)[1]. Cela dépasse la raison et c'est à la foi qu'il faut s'en remettre (c)[2]. Thomas d'Aquin soutenait, en se fondant sur un passage du *De causis*, pareille doctrine et il ne fait pas de doute qu'il appartient à ces *quidam* évoqués par Siger de Brabant[3]. L'accident n'est plus ce qui, effectivement, existe en un sujet, mais ce qui a l'aptitude à exister en un sujet[4].

De la même manière Siger de Brabant, dans son commentaire du *De causis*, rejette de manière ferme et constante la causalité immédiate de la cause première dans la production de toute réalité nouvelle en notre monde, qu'elle concerne l'intelligence, la volonté ou quelque autre chose. Toute nouveauté se ramène à l'action ordinaire des causes secondes, des sphères célestes et des intelligences qui les animent. Parler d'action immédiate de Dieu ici serait, pour Siger de Brabant, parler de miracles et de prodiges[5]. Saint Thomas est ici encore visé, car

1. Pour une compréhension nuancée de la pensée de Siger de Brabant sur le rapport entre cause première et causes secondes, on lira avec profit R. Hissette, *Enquête sur les 219 articles condamnés à Paris le 7 mars 1270*, « Philosophes médiévaux », n° 22, Louvain-Paris, 1977, p. 168-169.

2. Nous retrouvons, à la même époque, une semblable opposition chez Boèce de Dacie dans ses *Quaestiones super librum Topicorum*, III, q. 6, dans *Boethii Daci Opera*, vol. 6, partie 1, N. Green-Pedersen et J. Pinborg (éd.), Hauniae, 1976, p. 176-178 : *Accidentis esse est inesse. Ergo eius separari est eius non esse. Cuius autem separari est eius non esse, non potest separari [...]. Et hoc est concedendum. Omne enim illud ens, quod non est talis naturae, quod in se habet suam fixionem, sed ab alio est dependens in suo esse, non potest separari ad illo, a quo dependet. Accidens autem in se suam fixionem non habet, sed in esse figitur per suum subiectum. Quare separari non potest. Illud enim non potest separari, cuius separari est suum corrumpi* et chez l'anonyme publié par A. Zimmermann : *Ein Kommentar zur Physik des Aristoteles aus der Pariser Artistenfakültät um 1273*, édition et introduction par A. Zimmermann, Berlin, 1968, p. 11-15, 21, 24, 25. Pour ces textes, voir l'article de R. Imbach, « Le traité de l'Eucharistie de Thomas d'Aquin et les averroïstes », *RSPhTh*, 77 (1993), p. 185-192.

3. Dès le commentaire sur les *Sentences* Thomas écrivait : *Dicendum ad primam quaestionem, quod sicut dicitur prima propositione libri de causis « causa prima est vehementioris impressionis supra causatum causae secundae quam ipsa causa secunda ». Unde quando causa secunda removet influentiam suam a causato, adhuc potest remanere influentia causae primae in causatum illud ; sicut remoto rationali, remanet vivum, quo remoto remanet esse. Cum ergo causa prima accidentium et omnium existentium Deus sit ; causa autem secunda accidentium sit substantia, quia accidentia ex principiis substantiae causantur ; poterit Deus accidentia in esse conservare remota tamen causa secunda, scilicet substantia. Et ideo absque omni dubitatione dicendum est quod deus potest facere accidens esse sine subiecto*, *In 4Sent.* d. 2 q. 1 a. 1, n° 22-23. Voir les textes parallèles en *Quodl.* 9 q. 3 ; *SCG* 4, 65 ; *ST* 3a q. 77 a. 1.

4. *Non ergo definitio substantiae est ens per se sine subjecto, nec definitio accidentis ens in subjecto ; sed quidditati seu essentiae substantiae competit habere esse non in subjecto ; quidditati autem sive essentiae accidentis competit habere esse in subjecto*, *ST* 3a q. 77 a. 1 ad 2m. Au sujet de saint Thomas et des critiques qu'elle suscitera chez Siger de Brabant et Dietrich von Freiberg, voir R. Imbach, « Metaphysik, Theologie und Politik. Zur Diskussion zwischen Nikolaus von Straßburg und Dietrich von Freiberg über die Abtrennbarkeit der Akzidentien », *ThPh*, 61 (1986), p. 359-395 et K. Flasch, *Einleitung*, dans *Dietrich von Freiberg, Opera omnia*, vol. 1, Hamburg, 1977, p. XIX-XXV.

5. *Dicendum est secundum Aristotelem quod omne factum novum hic inferius sive sit novum velle, sive novum intelligere, sive quid aliud, tandem reducitur in orbem et motorem orbis sicut in suam causam [...]. Quod autem dicimus omnia quae fiunt hic inferius reduci in causam primam et nihil esse novum nec in anima nec in voluntate nec in aliis a causa prima immediate, intelligendum est secundum communem usum et naturale fieri factionis ipsarum rerum, non intendente miracula et prodigia Dei omnipotentis immediate a Deo causata*, *Q. super librum de causis* 25, 101-102.

l'immédiateté de l'action de Dieu en toutes choses, qu'il s'agisse de choses ordinaires ou de miracles, est une thèse enseignée par lui [1].

Les recherches subséquentes ont permis de mieux faire la part entre le travail de commentateur de la doctrine d'Aristote et la position personnelle de ces auteurs, et ainsi à les innocenter en grande partie des reproches d'hérésie qu'on leur faisait. Mais, à la lumière des deux exemples donnés plus haut, il est difficile de souscrire sans nuance à la position de certains qui voient dans le commentaire du *De causis* de Siger de Brabant, une doctrine toujours orthodoxe et souvent voisine de celle de saint Thomas. La méfiance de l'évêque Tempier, exprimée dans les condamnations de 1270 et 1277 à Paris, avait peut-être quelque fondement [2] !

LES CONDAMNATIONS DE 1270 ET 1277

En effet, deux condamnations célèbres marqueront la vie universitaire à Paris dans la seconde moitié du XIIIe siècle : celle du 10 décembre 1270 et celle du 7 mars 1277.

La condamnation du 10 décembre 1270

La condamnation du 10 décembre 1270 est une ébauche de ce qui suivra en 1277. Des 13 articles condamnés, les 4 derniers sont étroitement liés au problème des miracles. En niant la connaissance des singuliers par Dieu (thèses 10 et 11) les auteurs visés rendent impossibles les miracles qui concernent d'abord et avant tout des faits singuliers [3]. La conséquence est la même quand ils nient l'activité providentielle de Dieu (thèse 12) [4]. Enfin, la dernière thèse condamnée (thèse 13) nie le miracle de la résurrection [5].

1. Voir *ST* 1a, q. 105 et par.

2. « La doctrine proposée dans les *Quaestiones* est toujours orthodoxe (du moins aux yeux du théologien du XXe siècle) et souvent voisine de celle de S. Thomas ; mais on peut y relever toute une série de thèses qui seront condamnées (à tort) par Étienne Tempier, le 7 mars 1277 : Siger restait donc suspect d'hérésie aux yeux des théologiens conservateurs qui ont mené l'enquête en vue de la condamnation » F. van Steenberghen, *Maître Siger de Brabant*, « Philosophes médiévaux », n° 21, Louvain-Paris, 1977, p. 134 ; voir aussi p. 206 et 229-257. Pour un jugement favorable envers Siger de Brabant, le plus étudié des « averroïstes », voir C. Baeumker, « Zur Beurteilung Sigers von Brabant », *PhJ*, 24 (1911), p. 177-202 et « Um Siger von Brabant », *PhJ*, 24 (1911), p. 369-381 et 517-519 ; B. Bazan, dans ses éditions critiques de Siger de Brabant, *Quaetiones in tertium de anima, De anima intellectiva, De aeternitate mundi*, « Philosophes médiévaux », n° 13, Louvain, 1972 et *Écrits de logique, de morale et de physique*, « Philosophes médiévaux », n° 14, Louvain, 1974 ; R. Hissette, *op. cit.*, p. 313-318.

3. *Quod deus non cognoscit singularia* (thèse 10) ; *Quod deus non cognoscit alia a se* (thèse 11) *Chartularium Universitatis Parisiensis (CUP)*, H. Denifle et E. Chatelain (éd.), vol. 1, 432, Paris, 1889-1897, p. 487. Sur la condamnation, voir J. F. Wippel, « The Condamnation of 1270 and 1277 at Paris », *JMRS*, 7 (1977), p. 169-201 ; F. van Steenberghen, *Maître Siger...*, p. 74-79.

4. *Quod humani actus non reguntur providentia Dei* (thèse 12) *CUP* 1, 432, p. 487.

5. *Quod Deus non potest dare immortalitatem vel incorrupcionem rei corruptibili vel mortali* (thèse 13) *CUP* 1, 432, p. 487. Notons que la cinquième thèse (*Quod mundus est eternus*), qui soutient l'éternité du monde, partage avec la douzième thèse la conception erronée que Dieu ne peut produire quelque chose de nouveau. On pourrait donc allonger à cinq la liste d'articles qui concernent notre sujet.

La condamnation du 7 mars 1277

La condamnation du 7 mars 1277 développe celle de 1270 et compte 219 articles[1]. Parmi ceux-ci plusieurs sont liés de près ou de loin à la doctrine du miracle. Un premier concerne la connaissance qu'a Dieu du monde (Dieu ne connaît pas le monde : thèses 3, 56, 149). Un deuxième se rapporte à la théorie de l'éternité du monde. En effet, Aristote enseignait que la cause première du mouvement est immobile et éternelle, que l'ordre des causes est par conséquent éternel, que le monde lui-même est éternel. Dieu, cause immobile du mouvement, ne peut donc produire notre monde *de novo*, ni produire en ce monde des effets *de novo*, car il serait alors lui-même soumis au changement[2]. Mais affirmer l'éternité du monde, c'est nier le dogme chrétien de la création qui affirme et la dépendance du monde par rapport à Dieu et son commencement. Toute une série de thèses sont ainsi incriminées (*e.g.* 4, 5, 57, 70, 72, 80, 87, 89, 90, 98, 99). Et affirmer que Dieu ne peut produire en notre monde des effets nouveaux (*e.g.* 39, 48 [*Quod Deus non potest esse causa novi facti, nec potest aliquid de novo producere*], 50, 51, 52, 147), c'est nier entre autres la création des âmes (31, 109, 111, 125), l'Eucharistie (138-141), la Résurrection (12, 17, 18, 25), le miracle de Josué en *Jos* 10, 12-14 (100), pour ne nommer que ceux explicitement mentionnés dans la condamnation. En toute logique la négation pourrait s'étendre à bien d'autres réalités de foi comme l'Incarnation, l'action de l'Esprit en notre monde, le don de la grâce dans les sacrements, etc.

Un troisième problème concerne les intermédiaires entre Dieu et les réalités. Que l'action de Dieu soit éternelle ou pas, nouvelle ou pas, demeure le problème de la hiérarchie des causes. Quelle est la relation entre Dieu, la première Intelligence, les autres intelligences, les corps célestes et les causes particulières inférieures ? Selon la doctrine néo-platonicienne de l'émanation, Dieu n'agit pas immédiatement sur toutes choses, mais seulement par des intermédiaires (190 : *Quod causa prima est causa omnium remotissima*), car du premier agent unique ne peut procéder une multitude d'effets[3]. Les conséquences de cette doctrine sont nombreuses : la création se fait par des intermédiaires (22, 30, 33, 38, 43, 44, 47, 54, 60, 61, 64, 65, 67, 84, 93, 106, 133, 156, 195) ; Dieu ne peut causer l'effet d'une cause seconde sans la cause seconde elle-même (35, 63, 198), ce qui implique, par exemple, que les accidents eucharistiques ne peuvent subsister sans leur substance propre (138-141). L'avantage d'une telle doctrine est de rendre

1. Nous citons selon la numérotation de Denifle et Chatelain, *op. cit.*, 473, p. 543-555. Sur l'histoire et le contenu de cette condamnation, voir R. Hissette, *op. cit.* et D. Piché, *La condamnation parisienne de 1277*, Paris, Vrin, 1999.

2. L'expression *omne agens aliquid faciens formans de novo est transmutatum* est attribuée à Aristote par Siger de Brabant, mais nous n'avons pu la trouver telle quelle chez le Stagirite aux lieux indiqués (*Physique* 8, 1 (251a 16-23) ; 8, 6 (260a 11-19) par B. Bazan dans Siger de Brabant, *Quaestiones in tertium de anima...*, p. 6. Dans le texte latin d'Aristote qu'utilise saint Thomas, nous trouvons : *quoniam alia quidem ab immobili moventur perpetuo, unde semper mutantur ; alia vero ab eo quod movetur at mutatur, quare et ipsa necessarium est mutari, In Phys.* 8, lect. 13 (correspond à *Physique* 8, 6 (260a 11-19).

3. Le principe *ab uno non procedit nisi unum* est déjà énoncé par Aristote dans *De la génération et de la corruption* 2, 5 (332a 27-29).

plus intelligible la contingence constatée en notre monde : « c'est en raison de ces causes intermédiaires, dont les dernières, les corps célestes, sont rendues *impedibiles* du fait de l'indisposition de la matière, que l'exercice de la causalité créatrice du Premier, *causa omnium remotissima*, est conciliable avec une certaine contingence *in inferioribus* »[1].

Enfin, un troisième problème sous-jacent à plusieurs thèses est celui de la liberté de Dieu. Les auteurs visés soutiennent que tout ce que Dieu fait est nécessaire (53, 58, 59, 68). Siger de Brabant, par exemple, admet la création comme relation de dépendance totale des effets par rapport à leur cause[2], mais il ne parle pas de création comme acte libre de la part de Dieu. Au contraire, la création est dite nécessaire : nécessaire, en raison de la cause elle-même, Dieu, qui est parfaitement suffisante et pleinement efficace pour causer l'effet[3] ; nécessaire, en raison des effets produits (substances séparées, sphères célestes, espèces du monde sublunaire) qui ne peuvent pas ne pas exister[4]. Il n'hésite pas à metttre en évidence les difficultés à soutenir une création libre[5]. Comme le dit F. van Steenberghen : « Il semble que Siger n'a jamais envisagé le caractère facultatif de la création »[6]. Pour le dire avec un commentateur anonyme de la *Physique* d'Aristote, la contingence, produit de l'interaction des causes dont l'action peut être contrecarrée par une autre, n'existe que pour les êtres soumis à la génération et à la corruption[7].

Les artiens visés

Les condamnations de 1270 et 1277 voulaient d'abord et avant tout proscrire les thèses que diffusaient certains professeurs de la faculté des arts de Paris. Le travail de R. Hissette a permis de mieux comprendre le sens que donnaient les censeurs à ces propositions, le caractère orthodoxe ou hétérodoxe de celles-ci et la source de chacun de ces articles. Siger de Brabant est l'auteur qui revient le plus souvent : il est incriminé, à tout le moins de façon probable, à 44 reprises ; Boèce de Dacie, à 16 reprises ; d'autres auteurs dont le nom ne nous est pas parvenu complètent la liste[8]. Mais c'est Aristote qui se tient derrière eux et qui est, par le

1. R. Hissette, *op. cit.*, p. 44. L'auteur renvoie à Siger de Brabant, *De necessitate et contingentia causarum*, dont le texte se trouve dans J.J. Duin, *La doctrine de la providence dans les écrits de Siger de Brabant*, « Philosophes médiévaux », n° 3, Louvain, 1954, p. 19-24.

2. Par exemple dans *Quaestiones super librum de causis*, édition critique et notes par A. Marlasca, « Philosophes médiévaux », n° 12, Louvain-Paris, 1972, au numéro 20, p. 83-89.

3. *qua posita, simul et ponitur causatum eius primum*, dans *De necessitate*, cité dans J.J. Duin, *op. cit.*, p. 20, ligne 31.

4. *Impossibilia*, I, p. 73, lignes 74-75 ; *De anima intellectiva*, p. 70, ligne 14 ; *In tertium*, 2, p. 6-7, lignes 64-85 ; *Metaph.* III, 19, p. 154-156.

5. *Metaph.*, III, 19, p. 154-156, dans Siger de Brabant. *Questions sur la Métaphysique*, édition critique et notes par C.A. Graiff, « Philosophes médiévaux », n° 1, Louvain, 1948.

6. F. van Steenberghen, *Maître Siger...*, p. 307.

7. *Questions sur la physique d'Aristote*, Ph. Delhaye (éd.), « Les Philosophes Belges », n° 15, Louvain, 1941, II, n° 16-19, p. 106-115;, n° 23-24, p. 120-122. L'attribution à Siger de ce commentaire (anonyme dans le manuscrit) avait été proposée par Grabmann et Delhaye, puis démontrée fausse par A. Zimmermann dans sa thèse *Die Quaestionen des Siger von Brabant zur Physik des Aristoteles*, Phil. Diss., Köln, 1956. À ce sujet voir F. van Steenberghen, *Maître Siger...*, p. 202.

8. R. Hissette, *op. cit.*, p. 313-318.

fait même, accusé d'hérésie! Dans la longue saga qui marque l'entrée de la doctrine aristotélicienne en Occident, la condamnation de 1277 est la plus rude doctrinalement.

THOMAS, INTERPRÈTE D'ARISTOTE

À la différence de Siger de Brabant et des autres artiens, Thomas avait un culte de la tradition, qu'elle soit philosophique ou théologique, culte qui ne l'a jamais rendu prisonnier de celle-ci. Il faisait de la vérité le but de toute sa recherche en philosophie[1]. Quelques années avant sa mort, il avait donné aux problèmes relatifs à l'unité numérique de l'intelligence humaine et à l'éternité du monde des réfutations spécifiques dans les traités *De unitate intellectus contra Averroistas* (1270) et *De aeternitate mundi* (1271), mais il n'était plus là lors de la condamnation de 1277. Si Thomas avait vécu quelques années de plus, peut-être aurions-nous eu droit à des traités sur la liberté et la providence? Le fait est que notre auteur disposait alors d'une connaissance approfondie des divers traités d'Aristote et que la situation appelait une réponse. Il n'était pas dupe de certaines lacunes dans la doctrine d'Aristote. Il pouvait constater, par exemple, qu'Aristote enseignait l'éternité du monde et que le mot même de providence (*pronoia)* n'apparaissait nulle part dans les œuvres du Stagirite, alors qu'il est déjà connu et employé par Socrate et Platon[2]. Mais, plutôt que d'interpréter ce conflit entre Aristote et certains théologiens comme un conflit entre la raison et la foi, Thomas y voyait plutôt un conflit d'interprétation au sujet de la pensée du Stagirite. Il restait convaincu qu'Aristote ne contredisait pas les données de la foi et qu'il était, au contraire, d'une aide précieuse pour surmonter les difficultés relatives à la providence et aux miracles.

Dieu, cause efficiente créatrice (Dieu créateur)

Le premier et le plus fondamental des obstacles à surmonter dans l'interprétation d'Aristote est la question de la causalité efficiente créatrice. Chez Aristote, il ne fait pas de doute que l'existence du mouvement postule un premier moteur parfaitement immobile comme source du mouvement. Or, la seule façon, selon le Stagirite, pour un moteur d'être cause du mouvement sans être mû lui-même, c'est de mouvoir les réalités en tant que fin désirée et poursuivie par ces mêmes réalités[3]. La relation de causalité entre Dieu et le monde ne comprend donc chez lui que cette relation de causalité finale[4]. Si l'on cherche chez lui une cause qui se

1. *Studium philosophiae non est ad hoc quod sciatur quid homines senserint, sed qualiter se habeat veritas rerum*, *In De caelo*, 1, lect. 22, n° 8 ; voir aussi *In Met.* 2, lect. 1 ; 3, lect. 1 ; *In De anima* 1, lect. 2 ; *In Ethic.* 1, lect. 11.

2. Par exemple, chez Platon, *Timée* 30 C et 44C.

3. *Movet autem sicut appetibile et intelligibile. Haec enim sola movent non mota*, *Métaphysique* 12,7, le texte latin est tiré du commentaire de saint Thomas *In Met.* 12, lect. 7, n° 1067 (*in text.*), p. 590.

4. Il est connu qu'Aristote rejette la théorie des Idées de Platon qui jouaient le rôle de causalité exemplaire. Mais de l'avis de nombreux commentateurs anciens et modernes, la causalité efficiente est aussi à mettre de côté en ce qui a trait à la doctrine d'Aristote. Voir W.D. Ross, *Aristotle's*

rapproche de ce que l'on entend habituellement par cause efficiente, cause *a quo* du mouvement des êtres matériels, au sens de cause physique qui produit le mouvement dans l'espace, c'est à la première sphère céleste qu'il faut l'attribuer dans le système d'Aristote. C'est elle qui entraîne toutes les autres et explique ainsi les mouvements que nous observons [1]. Ainsi le premier moteur meut à titre d'objet aimé, et ce qui est mû par lui meut tout le reste [2].

Cependant, un bon nombre de commentateurs, dont saint Thomas, prétendent trouver chez Aristote un lien de causalité efficiente entre Dieu et les êtres [3]. D'abord, selon les principes mêmes d'Aristote exprimés dans sa *Physique*, rien n'interdit qu'une même cause soit tout à la fois cause finale, cause efficiente et cause formelle [4]. Rien n'empêche, en effet, de distinguer en raison de l'unique causalité de Dieu plusieurs causalités dont certaines précèdent les autres dans notre intelligence [5].

Quant au problème très particulier du premier moteur, le Stagirite laisse entrevoir dans le 12e livre de la *Métaphysique*, en examinant le *nous* d'Anaxagore, la possibilité, pour le premier principe, d'être à la fois cause finale et cause efficiente [6].

Mais si Dieu est cause efficiente, il ne pourra s'agir d'un Dieu qui soit seulement cause du mouvement local observé dans le monde à la manière des autres causes efficientes (ce serait retourner au Démiurge organisant une matière éternelle), mais il devra s'agir d'un Dieu qui soit vraiment source de tout ce qui est, substance ou mouvement, d'un Dieu qui soit la cause productrice de tout ce qui est. Comment savoir alors si Aristote a enseigné que Dieu est cause efficiente en ce sens ? Selon saint Thomas, le critère est de savoir si la réflexion a pu s'élever à la considération de l'être en tant qu'être. Si tel est le cas, la question de la causa-

Metaphysics, 2 vol., Oxford, 1958 et J. Owens, *The Doctrine of Being in the Aristotelian Metaphysics. A Study in the Greek Background of Mediaeval Thought*, Toronto, 1978 [3], p. 468.

1. Ce même Ross soutient, par ailleurs, qu'Aristote échoue à expliquer l'origine du mouvement, n'expliquant pas comment une activité non physique de désir peut produire le mouvement dans l'espace : W.D. Ross, *op. cit.*, p. CLIII. Sur la doctrine d'Aristote sur les corps célestes telle que comprise par Thomas d'Aquin, voir T. Litt, *Les corps célestes dans l'univers de saint Thomas d'Aquin*, « Philosophes médiévaux », n° 7, Louvain-Paris, 1963.

2. *Métaphysique* 12,7 (1072 b 3).

3. On trouvera chez Ross et Owens, aux lieux cités ci-haut, des textes et des références aux auteurs qui voient chez Aristote un lien de causalité efficiente.

4. [...] *secundum ipsum[Aristotelem], forma et agens et finis incidunt in idem, ut in 2 Phys. dicit, et ita videtur tantum dua principia posuisse*, *In 2Sent.*, d. 1, exp. text. ; *Ad aliud dicendum quod secundum ipsum primum principium agens et ultimis finis reducuntur in idem numero, ut patet in 12 Metaph., ubi ponit quod primum principium movens movet ut desideratum ab omnibus*, *In 2Sent.*, d. 1, exp. text.

5. *Dicendum quod cum Deus sit causa efficiens, exemplaris et finalis omnium rerum, et materia prima sit ab ipso, sequitur quod principium omnium rerum sit unum secundum rem. Nihil tamen prohibet in eo considerari multa secundum rationem, quorum quaedam prius cadunt in intellectu nostro quam alia*, *ST* 1a q. 44 a. 4 ad 4m.

6. « Anaxagore reconnaît le Bien comme le principe moteur, car, dans le système, l'Intelligence meut ; mais elle meut en vue d'une fin qui doit, par suite, être quelque chose de différent d'elle-même, à moins qu'Anaxagore n'admette notre identification de la cause efficiente et de la cause finale, puisque, pour nous, la médecine est, en quelque façon, la santé », *Métaphysique* 12,10 (1075 b 9-10) ; voir aussi *Physique* 2,7 (198 a 21).

lité efficiente a pu se poser de façon radicale. Or, Thomas ne doute aucunement qu'Aristote y soit arrivé et, qu'en conséquence, il ait pu en arriver à une doctrine de la causalité efficiente radicale qui concerne la production de l'être en tant « qu'être, c'est-à-dire à une doctrine de la création » [1].

Dans son commentaire sur la *Physique* – pour ne considérer que les écrits tardifs du Docteur angélique – Thomas parle de Platon et d'Aristote comme couronnant la lente progression des philosophes dans la saisie de l'être comme être. Les anciens naturalistes ne purent parvenir, en effet, à la cause première de l'être et ne considérèrent les changements que selon les accidents. Plus tard en vinrent d'autres qui postulèrent l'existence de changements selon la substance des choses. Il fallut cependant attendre Platon et Aristote pour que les philosophes posent la question de l'être en tant qu'être et reconnaissent une source de tout l'être [2]. Un peu plus loin, Thomas insiste pour dire qu'Aristote, même s'il enseigne l'éternité du monde, est arrivé à Dieu qui cause le mouvement comme cause finale et à un Dieu qui crée tout ce qui est [3].

Dieu, cause efficiente motrice de tous les êtres (Dieu provident)

Dieu est donc cause de l'être et du mouvement de tous les êtres parce qu'il les pose dans l'être comme cause créatrice et les attire vers lui comme cause finale. Telle est la lecture d'Aristote que fait saint Thomas. Mais ce même Dieu d'Aristote est-il aussi, selon Thomas, la cause qui ordonne et dirige le mouvement de tous les êtres dans leur existence singulière ? Un Dieu qui, une fois l'être posé, a encore un rôle de direction non pas seulement générale et éternelle, mais aussi singulière et temporelle ? Un Dieu, en un mot, qui est providence ?

La réponse est affirmative. Dans son commentaire du XIIe livre de la *Métaphysique*, le Docteur angélique attribue une telle doctrine à Aristote. Il le fait en commentant le passage où Aristote parle de Dieu en utilisant les images d'un général d'armée, d'une maison bien ordonné, d'un gouvernant unique [4]. Dans son

1. L'article de base où les principaux textes de saint Thomas sont exposés est celui de M. F. Johnson, « Did St. Thomas attribute a Doctrine of Creation to Aristotle ? », *NSchol.*, 63 (1989), p. 129-155. Voir aussi L. Dewan, « St. Thomas, Aristotle and Creation », *Dionysius*, 15 (1991), p. 81-90 et Ch. H. Kahn, *The Place of the Prime Mover in Aristotle's Teleology*, dans A. Gotthelf (éd.), *Aristotle on Nature and Living Things*, Pittsburgh, 1985, p. 183-205.

2. [...] *quia antiqui naturales non potuerunt pervenire ad causam primam totius esse, sed considerabant causas particularium mutationum. Quorum primi consideraverunt causas solarum mutationum accidentalium, ponentes omne fieri esse alterari : sequentes vero pervenerunt ad cognitionem mutationum substantialium : postremi vero, ut Plato et Aristoteles, pervenerunt ad cognoscendum principium totius esse*, *In Phys.* 8, lect. 2, n° 5. Voir textes parallèles en *De pot.* q. 3 a. 5 in c. et *ST* 1a q. 44 a. 2.

3. *Ex quo patet quod quamvis Aristoteles poneret mundum eternum, non tamen credidit quod Deus non sit causa essendi ipsi mundo, sed causa motus eius tantum, ut quidam dixerunt*, *In Phys.* 8, lect. 3, n° 6 ; *Est autem attendendum quod Aristoteles hic ponit Deum esse factorem caelestium corporum, et non solum causam per modum finis, ut quidam dixerunt*, *In De caelo* 1, lect. 8, n° 14.

4. *Métaphysique* 12,10 (1075 a 14 ; 1075 a 18 ; 1076 a 4). Saint Thomas écrit : *Sed pluralitas principatuum non est bonum. Sicut non esset bonum quod essent diversae familiae in una domo, quae invicem non communicarent. Unde relinquitur quod totum universum est sicut unus principatus et unum regnum. Et ita oportet quod ordinetur ab uno gubernatore. Et hoc est quod [Aristoteles] concludit, quod est unus princeps totius universi, scilicet primum movens, et primum intelligibile, et*

traité sur les substances séparées, il retrouve la même doctrine chez Aristote : Dieu est roi et maître de toutes les créatures, il les soumet toutes à son pouvoir, les supérieures comme les inférieures[1].

Dieu est souverainement libre

Une telle interprétation de la pensée d'Aristote présuppose chez la cause première une connaissance des singuliers, de même qu'une volonté qui crée et gouverne. Elle présuppose en fait une souveraine liberté sur l'ensemble des êtres et de leur destinée. Mais peut-on parler dans le cas du Dieu d'Aristote d'un Dieu libre, d'un Dieu doué d'une intelligence de toutes les réalités, mêmes singulières, et de volonté, capable de créer et de gouverner ses créatures librement, sans être soumis à la nécessité ?

En effet, s'il est une thèse célèbre attribuée à Aristote, c'est bien celle qui dit que Dieu est la pensée de la pensée[2]. Aristote enseigne avec constance, dans la *Métaphysique*[3] comme ailleurs dans son traité *Du ciel*[4], l'*Éthique à Nicomaque*[5] et la *Politique*[6] que l'activité divine en est une de connaissance. Selon l'interprétation commune, il s'agit de la connaissance qu'il a de lui-même, non d'une quelconque connaissance des êtres singuliers hors de lui. Cela suffit d'ailleurs à un Dieu qui exerce son unique causalité sur l'univers comme cause finale[7].

Dieu connaît les singuliers

Notons d'abord que la position d'Aristote n'est peut-être pas si unilatérale. En effet, Aristote, dans sa *Métaphysique*, critique Empédocle et lui reproche d'exclure une part de la réalité du savoir de Dieu, à savoir la haine. En faisant ainsi, Aristote semble bien soutenir que la connaissance de Dieu ne se limite pas à la seule connaissance de soi[8]. Il y a aussi sa conception de la connaissance comme

primum bonum, quod supra dixit Deum, qui est benedictus in saecula saeculorum, *In Met.* 12, lect. 12, n° 2663.

1. *[Aristoteles] ponit enim unum bonum separatum omnibus providentem, sicut unum imperatorem vel dominum sub quo sunt diversi rerum ordines : ita scilicet quod superiores ordines rerum perfecte providentiae ordinem consequuntur, unde nullus defectus in eis invenitur, inferiora vero entium quae minus perfecte providentiae ordinem recipere possunt multis defectibus subiacent [...]*, *De subst. sep.* 3, éd. Léon., vol. 40, p. D 47, lignes 61-68.

2. *Métaphysique* 12,9 (1074 b 34).

3. *Métaphysique*. 12,9 (1074 b 34).

4. *Du ciel* (292 a 22 ; b 24).

5. *Éthique à Nicomaque* (1158 b 35 ; 1159 a 4 ; 1178 b 10).

6. *La Politique* (1325 b 28).

7. Comme l'écrit W.D. Ross : « If Metaphysics lambda tells us anything, il tells us that God's thought is a thinking on thought and nothing else, and that God moves the world only *hos orekton*. These views are difficult enough to understand, but there is no escaping the fact that they are Aristotle's views », dans *Mind*, N.S. XXIII (1914), p. 291, cité dans J. Owens, *op. cit.* p. 453, note 63.

8. « Il en résulte que, pour Empédocle, Dieu, souverainement heureux, est moins sage que les autres êtres, car il ne connaît pas tous les éléments, puisqu'il n'a pas en lui la haine; or il n'y a connaissance que du semblable par le semblable. C'est par la terre, dit Empédocle, que nous voyons la terre, par l'eau, l'eau, par l'éther, le divin éther, et par le feu, le feu dévorant, par l'amour, l'amour, et la haine, par la triste haine », *Métaphysique* 2,4 (1000 b 3) ; cf. le lieu parallèle au traité *De l'âme* 1,2 (410 b 4).

présence des formes en l'âme, et non de la substance entière, forme et matière, qui lui permet d'en arriver à concevoir l'âme comme étant d'une certaine façon toutes choses [1]. Ne pourrait-on pas étendre ce principe général à ce qui est éminemment plus élevé dans la hiérarchie, que ce soit les esprits purs ou Dieu lui-même [2]?

Thomas, en tout cas, prétend trouver chez Aristote la doctrine de la connaissance des singuliers par Dieu. Dans son petit traité sur les anges, il repousse la « folie » de ceux qui soutiennent que Dieu ignore tout ce qui n'est pas lui [3]. Aristote a prouvé dans son traité *De l'âme* et sa *Métaphysique* qu'il est impossible que nous sachions quelque chose que Dieu puisse ignorer :

> De même que si Dieu se connaît il faut qu'il se connaisse parfaitement; surtout parce que son intelligence est sa substance, il est nécessaire que tout ce qui est dans sa substance lui soit connu. Mais dès que la substance d'une chose parfaite est connue, il est nécessaire que sa vertu soit parfaitement connue : Dieu connaît donc parfaitement sa vertu. Il faut encore qu'il sache jusqu'où va sa puissance. Or, sa puissance s'étend à tout ce qu'il y a dans les créatures, de quelque façon que ce soit [...]. Il faut donc que Dieu ait la connaissance de tout ce qu'il y a dans les créatures, de quelque façon qu'il y soit [4].

La démonstration d'Aristote au 12e livre de la *Métaphysique* ne voulait « pas ôter à Dieu entièrement la connaissance des autres choses, mais seulement montrer qu'il ne les connaît que comme ses créatures [...]. Il voit tout en se considérant lui-même, en tant que son être est le principe et l'origine de tout ce qui existe, et son intellect comme la source unique de l'intelligence qui les renferme toutes » [5].

1. *De l'âme* 3,8 (431 b 21-22).

2. C'est du moins l'avis de certains philosophes comme L. Dewan, *op. cit.*, p. 87-90. Sur la connaissance du monde par le Dieu d'Aristote, voir les auteurs contemporains qui sont favorables à cette thèse : L. Elders, *Aristotle's Theology. A Commentary on Book Lambda of the Metaphysics*, Assen (Pays-Bas), 1972, p. 257-258 et M.E. Sacchi, « Utrum Deus cognoscat alia a se : la teoria de Aristoteles sobre el conocimiento divino del mundo y la exegesis de s. Tomas de Aquino », *Div.*, n° 26 (1982), p. 123-161 et un autre qui lui est défavorable : R. Brague, *Le destin de la « Pensée de la Pensée » des origines au début du Moyen Age*, dans *La question de Dieu selon Aristote et Hegel* (publié sous la dir. de T. de Koninck et G. Planty-Bonjour), Paris, 1991.

3. *De subst. spir.* 13, éd. Léon., p. D 64. Les passages parallèles se trouvent en *In 1Sent* d. 35 a. 2 et 3; d. 36, q. 1, a. 1; *De ver.* q. 2, a. 4 et 5; *SCG* 1, 48-50, 63-71; *In Met.* 12, lect. 11. Voir aussi le riche commentaire de S.-T. Bonino, *De la vérité, question 2* (La science en Dieu), introduction, traduction et commentaire, « Vestigia », n° 17, Fribourg-Paris, 1996, p. 197-240 et 440-454.

4. *Item, si Deus se ipsum cognoscit oportet quod perfecte se cognoscat, praesertim quia si eius intelligere est eius substantia, necesse est ut quicquid est in eius substantia ipsius cognitione comprehendatur. Cuiuscumque autem rei substantia perfecte cognoscitur, necesse est ut etiam virtus perfecte cognoscatur; cognoscit igitur Deus perfecte suam virtutem : oportet igitur quod cognoscat omnia ad quae sua virtus extenditur. Sua autem virtus extenditur ad omne quod est quocumque modo in rebus vel esse potest [...] oportet igitur Deum cognitionem habere de omnibus quae sunt quocumque modo in rebus*, *De subst.* sep. 14, p. D 65; cf. aussi *In Met.* 3, lect. 11, n° 476; *ST* 1a, q. 14 a. 5.

5. [...] *non est intentio eius excludere a Deo simpliciter aliarum rerum cognitionem, sed quod non intelligit alia a se quasi participando ea ut per ea fiat intelligens [...]. Intelligit autem omnia alia a se intelligendo se ipsum, in quantum ipsius esse est universale et fontale principium omnis esse, et suum intelligere quaedam universalis radix intelligendi omnem intelligentiam comprehendens, De subst. sep.* 14, p. D 67. Dans son commentaire sur la *Métaphysique*, Thomas dira : *Manifestum est*

Thomas reprendra la théorie des idées d'Augustin pour préciser sa pensée. L'idée est la connaissance que Dieu a de son essence en tant que participable, l'essence divine elle-même conçue sous le rapport qu'elle a ou peut avoir avec ses participations. Parler d'idée divine c'est parler de l'essence divine en tant que source de tout le créé et de tout le créable [1].

Que Dieu agisse librement, Thomas n'en doute pas. En effet, selon lui,

> [...] toute l'argumentation d'Aristote n'atteint que ceux qui prétendent que le monde a été fait par génération, et qu'il est incorruptible, soit par lui-même, soit par la volonté de Dieu. Quant à nous, nous disons, conformément à la foi catholique, qu'il a commencé d'être, non par génération, c'est-à-dire par mode de nature, mais par dérivation à partir du premier principe [*non quidem per generationem quasi a natura, sed effluens a primo principio*], dont la puissance n'était pas contrainte à lui donner un être d'une durée infinie, mais agissant librement, en le créant dans sa nouveauté radicale, de telle sorte que fût manifeste l'excellence de la puissance divine sur la totalité de l'être, en tant que cette puissance n'était aucunement enchaînée ou déterminée à la production d'un tel être [2].

Quant à la nécessité du premier mouvement dont parle Aristote, elle est à comprendre, non pas comme une nécessité absolue, mais comme une nécessité qui vient de la fin (c'est-à-dire de Dieu), en tant que le mouvement signifie assimilation à la fin, c'est-à-dire à Dieu qui est volonté et intelligence. Or, l'assimilation à ce qui possède volonté et intelligence, – et Dieu est tel, comme le montre le Philosophe, – se fait par la volonté et l'intelligence, de la même manière que les œuvres d'art deviennent semblables à l'artiste, dans la mesure où la volonté de l'artiste se réalise en elles. Il s'ensuit que toute la nécessité du premier mouvement est soumise à la volonté de Dieu [3].

L'ERREUR FONDAMENTALE DES ARISTOTÉLICIENS RADICAUX

Les philosophes « averroïstes » et Thomas d'Aquin divergent donc dans l'interprétation qu'ils donnent des textes d'Aristote. D'un côté, les philosophes s'appuient sur le Stagirite pour fonder une vision d'un monde éternel, sans nouveauté radicale, réfractaire à l'activité d'un Dieu provident, tolérant au nom

autem quod nihil aliud sic potest intelligi a Deo, quod sit perfectio intellectus eius. Nec tamen sequitur quod omnia alia a se sint ei ignota; nam intelligendo se, intelligit omnia alia, *In Met.* 12, lect. 11, n° 2614. Voir aussi *ST* 1a q. 14 a. 5 et a. 11 ; q. 57 a. 2.

1. Voir É. Gilson, *L'esprit de la philosophie médiévale*, « Études de philosophie médiévale », n° 33, Paris, Vrin, 1944², p. 163-169 qui donne les références essentielles au sujet de la théorie des idées pour expliquer les choses créées, mais aussi celles qui concernent le problème des futurs contingents.

2. *In De caelo* 1, lect. 29, n° 12.

3. *Attendendum est autem, quod cum Aristoteles hic dicat, quod necessitas primi motus non est necessitas absoluta, sed necessitas quae est ex fine, finis autem principium est, quod postea nominat Deum, inquantum attenditur per motum assimilatio ad ipsum ; assimilatio autem ad id quod est volens et intelligens, cujusmodi ostendit esse Deum, attenditur secundum voluntatem et intelligentiam, sicut artificiata assimilantur artifici, inquantum in eis voluntas artificis adimpletur : sequitur quod tota necessitas primi motus subjaceat voluntati Dei*, *In Met.* 12, lect. 7, n° 2535.

de la foi les interventions miraculeuses de Dieu ; de l'autre, un saint Thomas qui, tout en se réclamant du même Aristote, trouve dans les textes du Stagirite des appuis solides pour parler d'un Dieu créateur, capable de produire quelque chose de nouveau, d'agir immédiatement sur ses créatures et de le faire librement.

L'erreur fondamentale de Siger de Brabant et de tous les « averroïstes » est de comprendre l'activité de Dieu à la manière de l'activité de la nature, telle qu'enseignée par Aristote : production déterminée à une seule chose, survenant nécessairement une fois les conditions nécessaires posées. Comment, dans la perspective de ces auteurs, celui qui est parfaitement un et simple, Dieu, pourrait-il produire autre chose qu'un effet unique ? Et comment ne pourrait-il pas ne pas le produire de toute éternité, étant parfait, ne manquant de rien ? Postuler que Dieu doive recevoir des déterminations autres que celles qu'il possède pour agir serait le rendre imparfait et dépendant de quelque chose d'autre que lui.

Tout cela est juste et vrai quand il s'agit de la production des êtres selon la nature, où le semblable engendre le semblable et où, une fois les conditions posées, l'effet s'ensuit. Mais le modèle de la génération naturelle ne convient pas à un être intelligent et doué de volonté. Or, Dieu agit librement par sa volonté [1] et à la manière d'un artiste qui puise en lui les idées et les modèles de ses œuvres [2], non par une nécessité de nature. Cela se prouve par trois arguments [3].

D'abord, la finalité observée dans le monde nous oblige à postuler un premier agent intelligent et volontaire pour rendre compte des activités naturelles. Sinon tout serait le fruit du hasard. Il est nécessaire, en effet, qu'à l'être agissant par nature, la fin qu'il poursuit et les moyens de l'atteindre soient prédéterminés par quelqu'intelligence supérieure, comme à la flèche le but et l'élan sont marqués par l'archer. Il y a donc nécessité qu'un agent intellectuel et volontaire précède l'agent qui agit par nature. Et comme le tout premier dans l'ordre des agents est Dieu, il est nécessaire qu'il agisse par intelligence et par volonté.

Ensuite, – et cela nous intéresse au plus haut point –, il faut dire que l'agent naturel produit un effet déterminé, toujours le même, car la nature, à moins d'être empêchée, opère toujours de la même manière. La raison en est que l'agent naturel est déterminé à un mode d'être unique, de sorte que, tant qu'il demeure tel, il agit de la même manière. Mais l'être de Dieu, lui, n'est pas déterminé : il contient en soi toute perfection d'être et il ne se peut pas qu'il agisse par nécessité de nature. S'il produisait par nécessité de nature, il devrait produire un être semblable à lui-même, donc infini et illimité, ce qui est impossible. Deux êtres infinis simultanés sont impossibles [4]. Les choses procèdent donc de l'infinie perfection de Dieu, selon la détermination de son intelligence et de sa volonté.

Enfin, il faut dire que les effets procèdent de leur cause agente en tant qu'ils préexistent en elle, parce que tout agent produit son semblable. Or, les effets préexistent dans leur cause selon la manière d'être de cette cause. Aussi, puisque l'être de Dieu est identique à sa propre intellection, ses effets préexistent en lui

1. Cf. *In I Sent.* d. 43 q. 2 a. 2 ad 2m ; *De pot.* q. 3 a. 15 ad 6m ; *SCG* 3, prol. ; *ST* 1a q. 19 a. 3 ad 3m.
2. Cf. *In I Sent.* d. 6 q. 1 a. 2-3 ; d. 7 q. 1 sol. ; *ST* 1a q. 47 a. 1.
3. Voir *ST* 1a q. 19 a. 4 ; *De pot.* q. 3 a. 4.
4. *ST* 1a q. 7 a. 2.

intelligiblement; donc aussi, ils procèdent de lui intelligiblement; donc enfin volontairement, car l'inclination qui le porte à réaliser ce que son intelligence a conçu appartient à sa volonté. La volonté de Dieu est donc cause des choses.

L'Un veut positivement la distinction et la multiplicité

La production d'un effet unique (la nature est déterminée *ad unum*) est aussi un trait des êtres naturels que les « averroïstes » appliquent sans discernement à Dieu. Mais Thomas prend ses distances par rapport à cette vision : la distinction des êtres lui apparaît comme positivement voulue par l'Un qui manifeste ainsi toute sa richesse. En effet, Dieu produit les choses dans l'être pour communiquer sa bonté aux créatures, bonté qu'elles doivent représenter. Et parce qu'une seule créature ne saurait précisément suffire à la représenter comme il convient, il a produit des créatures multiples et diverses, afin que ce qui manque à l'une pour représenter la bonté divine soit suppléée par une autre. Ainsi, la bonté qui est en Dieu sous le mode de la simplicité et de l'uniformité est-elle sous le mode de la multiplicité et de la division dans les créatures. Par conséquent, l'univers entier participe de la bonté divine et la représente plus parfaitement que toute créature quelle qu'elle soit. En cela se trouve le sens même de la création [1] et de la bénédiction du septième jour qui l'accompagne [2]. Voilà l'argument fondamental de Thomas pour valoriser la multiplicité, argument fondé sur l'unité de la substance divine.

Il est un autre argument, moins connu et original à Thomas, qui manifeste encore davantage le lien entre Dieu et ses créatures. Ce lien relève du mystère même du Dieu qui s'est révélé en trois Personnes. Si l'on cherche donc encore plus profondément la raison de la diversité et de la multiplicité des créatures, c'est à la distinction entre le Père, le Fils et le Saint-Esprit qu'il faut remonter : les processions intratrinitaires sont la source ultime de la procession et de la multiplication des créatures. Tout doit se ramener à ces relations trinitaires, que ce soit dans la production des créatures, leur distinction ou leur multiplication. À l'exemple des processions intratrinitaires, les créatures sortent et reviennent à Dieu (l'*exitus* et le *redditus* de la créature vers Dieu) ; à l'exemple des distinctions entre les Personnes de la Trinité, distinctes sont les créatures ; à l'exemple de ces trois Personnes, multiples sont aussi les créatures [3].

Dieu est présent et agit immédiatement en toute chose

Pour expliquer la diversité du réel, les « averroïstes » doivent postuler en conséquence non pas une seule source d'où origine toute chose, mais une cascade

1. *ST* 1a q. 47 a. 1.

2. *Benedictio Dei significat collationem donorum ejus et multiplicationem eorumdem, In 2Sent.* d. 15 q. 3 sol. ; *Benedictio ad multiplicationem pertinent, ST* 1a q. 73 a. 3 sol.

3. *ex processione personarum divinarum distinctarum causatur omnis creaturarum processio et multiplicatio, In 1Sent.* d. 26 q. 2 a. 2 ad 2m. Voir à ce sujet l'étude de G. Émery, *La Trinité créatrice, Trinité et création dans les commentaires aux Sentences de Thomas d'Aquin et de ses précurseurs Albert le Grand et Bonaventure*, Paris, Vrin, « Bibliothèque thomiste », n° 47, 1995, p. 445-454 où l'originalité de Thomas par rapport à Saint Albert et Bonaventure est mise en lumière.

de sources produisant chacune un seul effet par nature. Saint Thomas est bien au courant de la problématique et il y revient à de nombreuses reprises[1]. Dans la *Somme de théologie*, il résume ainsi la doctrine d'Avicenne :

> [...] Dieu, en se connaissant lui-même, a produit la première intelligence : en elle, parce qu'elle n'est pas son être, commence la composition de puissance et d'acte [...]. Cette première intelligence, en tant qu'elle connaît la Cause première, produit la seconde intelligence ; en tant qu'elle se connaît elle-même selon qu'elle est en puissance, elle produit le corps céleste, qu'elle meut; en tant qu'elle se connaît elle-même selon qu'elle est en acte, elle produit l'âme du ciel[2].

La deuxième intelligence agit de la même manière et produit une autre intelligence, un autre corps céleste, une autre âme du ciel et ainsi de suite jusqu'à la production du dernier degré des créatures.

Pour saint Thomas, Dieu est présent et agit en toute chose. « C'est lui qui donne aux créatures agissantes leurs formes et conserve ces formes dans l'être. Et parce que la forme d'une chose lui est d'autant plus intime qu'elle se présente comme première et universelle, parce que Dieu lui-même est proprement la cause de l'être universel en toutes choses, et que cet être est ce qu'il y a de plus intime à ces choses : il suit de là que Dieu agit intimement dans toutes les réalités (*Deus in omnibus intime operetur*) »[3].

Dieu est en toutes choses, non comme une partie de leur essence ni comme un accident, mais comme l'agent qui est présent à ce en quoi il agit. Tout agent, en effet, est conjoint à ce en quoi il agit immédiatement, et il le touche par l'énergie qui émane de lui. Aristote dans sa *Physique*[4] a prouvé que le moteur et le mobile devaient être simultanément. Or, Dieu étant l'être par essence, il est nécessaire que l'être créé soit son effet propre, comme brûler est l'effet propre du feu. Et cet effet, Dieu le produit dans les choses non seulement quand les choses commencent d'être, mais aussi longtemps qu'elles sont maintenues dans l'être, comme la lumière est causée dans l'air par le soleil tant que l'air demeure lumineux. Aussi

1. Le texte de base chez Siger de Brabant se trouve en *De necessitate et contingentia causarum*, dans J.J. Duin, *op. cit.*, p. 14-50. Pour les autres textes de Siger de Brabant et un jugement de la pensée personnelle de Siger de Brabant à ce sujet, voir F. Steenberghen, *Maître Siger...*, p. 303-318. Pour Avicenne, le texte de base est *Metaph. IX cap. 4* (f. 104 va-vb). Sur Avicenne, voir É. Gilson, *History of Christian Philosophy in the Middle Ages*, New York, 1955, p. 187-216. À la suite d'Avicenne, ils enseignent que l'Être premier produit un effet nécessaire, éternel et unique qui est la première intelligence.

2. *ST* 1a q. 47 a. 1; voir aussi *ST* 1a q. 45 a. 5; q. 65 a. 3; q. 90 a. 3; *In 2Sent.*d. 1 q. 1 a. 34; *In 4Sent.*d. 5 q. 1 a. 3; *SCG* 2, 20-21; *De ver.* q. 5 a. 9; *De pot.* q. 3 a. 4; *Quodl.* 3 q. 3 a. 1; *Comp. theol.* 70; *De subst. sep.* 10; *In Met.* 12, lect. 9, n° 2559-2560; *In De causis* prop. 3, 9, 18.

3. *ST* 1a q. 105 a. 5. *Ipse [Deus] in quolibet operante immediate operetur, non exclusa operatione voluntatis et naturae, De pot.* q. 3 a. 7; *[Deus] eos immediate ordinet per seipsum, licet per causas medias exequatur. Sed etiam in ipsa executione quodammodo immediate se habet ad omnes effectus [...], Comp. theol.* 135; *Nihil enim dat esse nisi in quantum est ens actu. Deus autem conservat res in esse per suam providentiam [...]. Ex virtute igitur divina est quod aliquid det esse, SCG* 3, 66; *Omne enim operans est aliquo modo causa essendi vel secundum esse substantiale, vel accidentale. Nihil autem est causa essendi nisi in quantum agit in virtute Dei [...]. Omne igitur operans, operatur per virtutem Dei, SCG* 3, 67. Voir aussi *De pot.* q. 3, a. 7.

4. *Physique* 7, 2 (243 a 4).

longtemps donc qu'une chose possède l'être, il est nécessaire que Dieu lui soit présent, et cela, selon la manière dont elle possède l'être. Or, l'être est en chaque chose ce qu'il y a de plus intime et qui pénètre au plus profond, puisqu'à l'égard de tout ce qui est en elle il est actualisateur. Aussi faut-il que Dieu soit en toutes choses, à leur intime (*intime*)[1]. L'extrême puissance de Dieu fait qu'il agit sans intermédiaire en toutes choses (*immediate in omnibus agit*), et ainsi rien n'est éloigné de lui comme si Dieu en était absent[2]. Ce lien est à ce point étroit que notre auteur affirme que ce que fait la nature est tout autant une œuvre de Dieu : « [...] *ipsum quod natura facit, opus Dei est* »[3].

Le commentaire sur *Job* développe à sa manière ce point de vue. Toutes les œuvres de la nature sont attribuées à Dieu, non pas pour éliminer l'activité propre de la nature, mais pour mettre en évidence la primauté de Dieu comme cause première et principale de toutes choses[4]. Le cours de la nature, son mouvement, son orientation vers sa fin surviennent au commandement de Dieu qui crée, met en mouvement et mène à son achèvement toute la création[5], ce qui ne doit pas enlever toute causalité propre à la nature créée[6].

Thomas retrouve ainsi une grande intuition biblique qui attribue à Dieu toutes les opérations de la nature, sans pourtant confondre le créateur avec ses créatures. À l'exclamation du prophète Isaïe qui disait déjà : « Toutes nos œuvres, tu les accomplis en nous, Seigneur »[7], répond la confession de l'auteur de l'épître aux Philippiens qui écrit : « C'est Dieu qui opère en nous le vouloir et le faire »[8].

1. Cf. *ST* 1a q. 8 a. 1. Ce thème de la présence de Dieu comme agissant à l'intime de ses créatures revient souvent sous la plume de l'Aquinate. Voici quelques exemples : *Esse autem est illud quod est magis intimum cuilibet et quod profundius omnibus inest [...]. Unde oportet quod Deus sit in omnibus rebus et intime, In 1Sent.* d. 8 q. 1 ; *Deus est supra omnia per excellentiam suae naturae, et tamen est in omnibus rebus ut causans omnium esse, In 1Sent.* d. 8 q. 1 ad 1m; *Quamvis essentia divina non sit intrinseca rei quasi pars veniens in constitutionem eius; tamen est intra rem quasi operans et agens esse uniuscuiusque rei, In 1Sent.* d. 37 q. 1 a. 1 ad 1m ; cf. *SCG* 3, 68.

2. *ST* 1a q. 8 a. 1 ad 3m.

3. [...] *ipsum quod natura facit, opus Dei est. Habet enim hoc natura a Deo, quod hoc facere possit, In 1 ep. ad Corinthios* 15, lect. 5, n° 971. *Dicit autem primo « Deus autem dat illi corpus sicut vult », quia scilicet ex ordinatione divinae voluntatis procedit, quod ex tali semine talis planta producatur, quae quidem planta est quasi corpus seminis. Ultimus enim fructus plantae est semen. Et hoc ideo attribuit operationi divinae, quia omnis operatio naturae est operatio Dei, secundum illus supra 12,6 : « Idem autem Deus qui operatur omnia in omnibus », In 1 ep. ad Corinthios* 15, lect. 5, n° 973.

4. *omnia naturae opera Deo attribuit non ut excludat naturae operationem sed eo modo quo principali agenti attribuuntur ea quae per causas secundas aguntur, ut artifici operatio serrae : hoc enim ipsum quod natura operatur a Deo habet, qui ad hoc eam instituit, In Iob* 10, éd. Léon., vol. 26, p. 70-71.

5. *omnis autem naturalis cursus rerum est quaedam motio creaturae ad praeceptum Dei, secundum illud Psalmi CXLVIII « Ignis, grando, nix, glacies, spiritus procellarum, quae faciunt verbum eius ». In Iob* 39, éd. Léon., vol. 26, p. 211.

6. *Sed rursus, ne aliquis crederet huiusmodi naturales effectus ex sola Dei voluntate provenire, absque operatione et proportione naturae, subiungit « et unicuique seminum proprium corpus », puta ex semine olivae generatur oliva, et ex semine tritici generatur triticum unde et Gen 1,11 : « Germinet terra herbam virentem et facientem semen iuxta genus suum ». In 1 ep. ad Corinthios* 15, lect. 5, n° 974.

7. *Is* 26,12.

8. *Ph* 2,13 ; dans la même veine nous pouvons citer *Ac* 27,28 et *Jn* 5,17.

CHAPITRE II

UNE VISION CHRÉTIENNE DE LA NATURE

Les miracles n'entrent pas dans les cycles réguliers des êtres faits de matière et de forme (les astres du ciel et les êtres situés sous la voûte céleste) qui constituent l'ordre naturel du cosmos grec. Ils ne se retrouvent pas non plus dans le monde immobile des formes pures qui relèvent de la métaphysique[1]. On aura beau les chercher dans l'œuvre d'Aristote : on n'y trouvera ni la notion ni la réalité à laquelle nous pensons spontanément en pensant aux miracles. Cela lui est étranger. L'esprit de l'aristotélisme semble même ici contraire à ce qu'est le miracle. Et ce ne sera qu'à la suite d'un retournement en profondeur que Thomas d'Aquin pourra rendre compte du miracle avec l'héritage d'Aristote. Comme le dit Gilson : « C'est une objection courante contre la théologie médiévale, qu'en surajoutant à la nature d'Aristote la grâce chrétienne, elle tentait une sorte de quadrature du cercle. L'objection porterait, dans la perspective communément admise où les théologiens n'ont rien fait d'autre que donner à la nature grecque droit de cité dans la philosophie chrétienne »[2].

1. Sur les êtres naturels comme êtres liés au changement, objet de la physique voir *Métaphysique* 4,1 (1025 a 18-21) ; sur les formes pures, *Métaphysique* 4,1 (1026 a 18-23).

2. La citation complète se lit comme suit : « C'est une objection courante contre la théologie médiévale, qu'en surajoutant à la nature d'Aristote la grâce chrétienne, elle tentait une sorte de quadrature du cercle. L'objection porterait, dans la perspective communément admise où les théologiens n'ont rien fait d'autre que donner à la nature grecque droit de cité dans la philosophie chrétienne. De la *physis* d'Aristote, il est en effet vrai de dire qu'elle est une nécessité fermée sur elle-même et que rien n'autorise à s'ouvrir aux influences divines. Dieu ne l'a d'ailleurs pas créée, elle n'est pas son œuvre, de quel droit pourrait-il donc en disposer ? La nature chrétienne, elle aussi, a une essence et une nécessité ; s'il fallait choisir, je dirais volontiers qu'elle en a plus que la nature grecque, puisqu'elle s'appuie à la nécessité de l'Être, dont elle participe. Cela est si vrai que Dieu lui-même ne saurait faire violence aux choses sans attenter aux Idées, qui sont lui-même [...] mais il faut ajouter aussitôt que cette nécessité des essences créées, circonscrite par ce qu'elles peuvent faire ou subir dans l'ordre naturel, reste ouverte à ce que Dieu peut en faire ou leur conférer dans l'ordre surnaturel. », É. Gilson, *L'esprit de la philosophie médiévale*, « Études de philosophie médiévale », n° 33, Paris, Vrin, 1944[2], p. 362-363.

LES SINGULIERS

Le monde naturel est fait de singuliers

Aristote et les penseurs chrétiens s'entendent cependant pour voir dans notre monde un monde peuplé d'êtres individuels faits de matière et de forme. L'universel qui avait chez Platon la plus grande densité d'être cède la priorité à la substance, car

> l'être convient proprement à ce qui possède l'être et qui subsiste dans son être. Tandis que les formes, les accidents et les autres entités semblables sont appelés des étants non pas parce qu'ils existent en eux-mêmes, mais parce qu'ils appartiennent à un autre; ainsi la blancheur est-elle appelée un étant parce que son sujet est blanc. Aussi, selon le Philosophe[1], on parle de l'accident avec plus de propriété en l'appelant quelque chose de l'être plutôt qu'un être. Ainsi donc, les accidents, les formes, etc., parce qu'ils ne subsistent pas, sont des coexistants plutôt que des êtres[2].

Cette position a des conséquences importantes sur la question de l'origine des choses. Ce que Dieu crée, ce sont au sens propre des substances, non pas des idées, non pas de la matière comme si elle pouvait subsister par elle-même. Dans le cas de l'homme, c'est la substance humaine qui est créée, non pas l'âme d'un côté et la matière de l'autre, mais les deux simultanément: la matière et l'âme sont concréées. Or, les substances de notre monde sont créées comme des substances individuelles. Ce sont elles qui sont vraiment réelles et c'est en elles que subsistent les accidents, les espèces et les genres. Ce ne sont plus les Idées de Platon qui ont le plus d'actualité et de perfection, mais les sujets existant comme individus[3]. Le point central de la création n'est plus l'espèce que les individus serviraient en perpétuant l'espèce, mais les individus eux-mêmes[4]. Thomas y insiste en écrivant que ce qui est proprement créé, ce sont les choses subsistantes. La forme, la matière et l'acte d'être sont concréés plutôt que créés, car c'est la substance qui advient. L'acte d'être qui entre dans la composition de tout être, chez

1. *Métaphysique* 1,3 (1028 a 8).

2. *Respondeo dicendum quod creari est quoddam fieri, ut dictum est. Fieri autem ordinatur ad esse rei. Unde illis proprie convenit fieri et creari, quibus convenit esse. Quod quidem convenit proprie subsistentibus: sive sint simplicia, sicut substantiae separatae; sive sint composita, sicut substantiae materiales. Illi enim proprie convenit esse, quod habet esse; et hoc est subsistens in suo esse. Formae autem et accidentia, et alia huiusmodi, non dicuntur entia quasi ipsa sint, sed quia eis aliquid est; ut albedo ea ratione dicitur ens, quia eas subjectum est album. Unde, secundum Philosophum, accidens magis proprie dicitur entis quam ens. Sicut igitur accidentia et formae et huiusmodi, quae non subsistunt, magis sunt coexistentia quan entia; magis debent dici concreata quam creata. Proprie vero creata sunt subsistentia, ST* 1 a q. 45 a. 4.

3. *Ideae ordinantur ad esse rerum; sed singularia habent verius esse quam universalia cum universalia non subsistant nisi in singularibus; ergo singularia magis debent habere ideas quam universalisa, De ver.* q. 3 a. 8 s.c., éd. Léon., vol. 22, p. 115, lignes 35-39 et ad 2m; cf. aussi *SCG* 3, 75.

4. *Et eadem ratione Plato non ponebat ideas generum, quia intentio naturae non terminatur ad productionem formae generis, sed solum formae speciei. Nos autem ponimus Deum causam esse singularis et quantum ad formam et quantum ad materiam, ponimus etiam, quod per divinam providentiam diffiniuntur omnia singularia, et ideo oportet nos etiam singularium ponere ideas, De ver.* q. 3 a. 8, éd. Léon., vol. 22, p. 116, lignes 60-68.

saint Thomas, est donc lui aussi concréé. Il n'est pas une « chose » créée à part à laquelle le créateur ajouterait la « matière » ou la « forme » comme le laisse entendre la première objection de la question 45, article 4, basée sur le *Liber de causis* (la première des choses créées, c'est l'être)[1]. L'acte d'être, reçu de Dieu dans la création, signifie qu'une substance est posée dans l'être. À la question 45 nous lisons (traduction personnelle) :

> Lorsque l'on dit que la première des choses créées est l'être [*esse*], ce mot ne désigne pas un sujet créé, mais l'aspect précis sous lequel la création atteint son objet. Car un être est dit créé non du fait qu'il est tel être [*hoc ens*], mais du fait qu'il est un être [*ens*], puisque la création est l'émanation de tout l'être à partir de l'être universel, comme on l'a dit. On parlerait de la même façon si l'on disait que le premier objet de la vue est la couleur, bien que ce qui est vu à proprement parler soit un objet coloré[2].

Ce qui est proprement créé est *l'ens* et non pas *l'esse*. La création concerne la substance qui, elle, est composée de forme, de matière (chez les être corporels) et d'acte d'être. C'est parce que la substance est créée qu'adviennent par le fait même la forme, la matière et l'acte d'être. Il ne faudrait donc pas imaginer les rapports de l'*esse* avec la matière et la forme à la manière de substances qui s'additionnent l'une à l'autre. Dieu est immédiatement à la source de tout ce qui est[3].

Telle semble être aussi la position de l'émanatisme gréco-arabe dont nous avons parlé. L'Un produirait nécessairement et de toute éternité un substrat commun à tout ce qui existe, l'*esse commune*. Les causes intermédiaires ajouteraient par la suite les déterminations pour en faire un être singulier doué de forme et de matière. L'être serait en somme un genre d'où seraient tirées les différentes espèces. On comprend alors pourquoi Dieu, dans cette théorie, ne peut causer immédiatement et connaître les singuliers[4].

La nature et le fait hors de l'ordinaire

La notion de nature chez Aristote est liée indissociablement au mouvement et au mouvement régulier. Comme « principe et cause de mouvement et de repos pour la chose en laquelle elle réside immédiatement, par essence et non par

1. *Videtur quod creari non sit proprium compositorum et subsistentium. Dicitur enim in libro de Causis : Prima rerum creatarum est esse. Sed esse rei creatae non est subsistens. Ergo creatio proprie non est subsistentis et composite*, *ST* 1a q. 45 a. 4 obj. 1.

2. *Ergo dicendum quod, cum dicitur, prima rerum creatarum est esse, ly esse non importat subjectum creatum; sed importat propriam rationem objecti creationis. Nam ex eo dicitur aliquid creatum, quod est ens, non ex eo quod est hoc ens : cum creatio sit emanatio totius esse ab ente universali, ut dictum est. Et est similis modus loquendi, sicut si diceretur quod primum visibile est color, quamvis illud quod proprie videtur, sit coloratum*, *ST* 1a q. 45 a. 4 ad 1m.

3. *Quidquid est in re, vel proprium, vel commune, reducitur in Deum sicut in causam, cum res a seipsa non habeat nisi on esse*, *In 1Sent.* d. 35 q. 1 a. 3. Voir aussi *De ver.* q. 2 a. 4 arg 3 et ad 3m.

4. *Quidam ipsorum (philosophorum)non ponebant Deum operari immediate in rebus omnibus, sed ab ipso esse primas res, quibus mediantibus ab eo aliae producuntur; et ideo non poterant invenire qualiter cognosceret res quae hic sunt, nisi in primis causis universalibus*, *In 1Sent.* d. 36 q. 1 a. 1. Au sujet de l'*esse commune*, voir F. O'Rourke, *Pseudo-Dionysius and the Metaphysics of Aquinas*, « Studien und Texte zur Geistesgeschichte des Mittelalters », n° 32, Leiden-New York-Köln, 1992, p. 143-155 *sq.*

accident»[1], elle se veut l'explication de la régularité du mouvement des astres, des saisons, des corps vers leur lieu respectif, de la génération du semblable par le semblable, etc.[2]. La nature laissée à elle-même fait toujours de la même manière ce qu'elle est capable de faire.

Il y a pourtant des accrocs à cette régularité. Aristote accordait trop d'importance aux observations empiriques pour ne pas constater ce genre de choses. La régularité naturelle est affectée quand d'autres éléments naturels empêchent l'action de cette nature. C'est pourquoi ce qui est naturel sera plutôt défini par ce qui arrive *ut in pluribus*[3]. Le miracle comme fait extraordinaire semble donc avoir une place dans le système aristotélicien.

Pour expliquer les événements qui se produisent hors du cours ordinaire de la nature, Aristote propose deux grandes explications. La première relève de l'activité humaine qui peut infléchir librement le cours des choses naturelles par son savoir-faire. Les autres événements rares et hors série sont plutôt liés au hasard et à la production d'êtres imparfaits ou monstrueux pour parler comme Aristote. Ils sont aussi l'objet de ses observations et de ses théories. Mais fondamentalement, ces faits extraordinaires sont marqués d'une note négative: ils ne sont que de l'imparfaitement déterminé, quelque chose qui manque de rationalité et de perfection par rapport à ce qui se réalise habituellement dans la nature. Le hasard n'est pas lui-même une cause, mais bien plutôt une absence de cause pour expliquer la croisée de deux séries causales. C'est ce qui arrive lorsque deux hommes se dirigent vers un même lieu et se rencontrent sans avoir eu l'intention de s'y rencontrer. Ou encore, lorsque la matière offre une résistance au travail de l'artisan et fait en sorte que l'œuvre est ratée. De même, dans la nature, l'inertie de la matière empêche un principe actif et donne naissance à un monstre. La forme se heurte aux nécessités aveugles de la matière, elle est contrecarrée et produit un être imparfait[4]. «C'est la matière, laquelle est susceptible d'être autre qu'elle n'est le plus souvent, qui est la cause de l'accident»[5]. Aristote partage en cela le pessimisme de Platon face à la matière.

La place du singulier

En régime chrétien, le fait singulier possède au contraire une grande valeur parce qu'il est voulu de Dieu. L'histoire sainte est une suite d'événements singuliers et extraordinaires entrant dans le grand plan de salut de Dieu. Le point culminant de cette histoire n'est-il pas la venue d'un homme singulier, Jésus-Christ? Comme fait singulier, le miracle manifeste au plus haut point la finalité voulue immédiatement par Dieu dans cette œuvre du salut. Il ne peut pas être considéré comme le fruit du hasard ou de la défectuosité des processus naturels.

1. *Physique* 2,1 (192 b 21-23).

2. *hoc enim est naturale quod similiter se habet in omnibus, quia natura semper eodem modo operatur*, *In Phys.* 8, lect. 15, n° 7.

3. Cf. les passages d'Aristote commentés par l'Aquinate à ce sujet: *In Phys.* 2, lect. 8, n° 2 et 7; lect. 11, n° 7; lect. 12, n° 4; lect. 13, n° 2; *In De coelo* 1, lect. 1, n° 5; *In Met.* 6, lect. 1, n° 2 et 3.

4. Cf. Aristote, *Physique* 2,8 et saint Thomas *In Phys.* 2, lect. 14.

5. *Métaphysique* 4,2 (1027 a 14).

Les miracles sont des signes de la puissance et de la liberté de Dieu. Ils représentent une perfection voulue et, dans plusieurs cas (les guérisons notamment), un achèvement de la nature. Quant à la question de leur statut épistémologique, ils relèvent néanmoins, comme faits singuliers hors des cycles réguliers de la nature, de l'opinion, non de la science. Cependant, à cause de leur auteur, des circonstances de leur réalisation, des témoins et de leur signification dans l'histoire du salut, ils acquièrent une autorité particulière rendant crédibles leurs auteurs ou les vérités de foi proposées.

Aristote ne s'intéressait pas à une quelconque histoire du salut. Il s'intéressait plutôt à ce qui pouvait lui procurer la science et par là, la perfection immobile et purement intelligible des dieux. Or, répète-t-il à satiété, il n'y a de science que de l'universel[1], de ce qui est toujours ou de ce qui arrive le plus souvent, non de ce qui est accidentel et qui arrive ni toujours ni le plus souvent[2]. Les faits singuliers se produisant dans l'espace et le temps nous permettent d'accéder à l'universel. Le singulier est connu par les sens, mais l'universel est connu par la raison, nous dit Aristote[3]. L'intelligibilité doit être dégagée à partir des êtres naturels, faits de forme et de matière, et consiste dans la connaissance de ce que sont les choses, de leur essence, non de leur devenir et des accidents liés au temps et à l'espace. Pour dire à quel point notre intelligence est liée aux singuliers concrets, Aristote soutient même que « l'âme ne perçoit intellectuellement rien sans image »[4] et que donc notre intelligence ne peut passer à l'acte sans recourir à chaque fois aux images. Comme le commente Thomas dans la *Somme de théologie*,

> l'objet propre (de notre intelligence) est la quiddité ou nature qui existe dans une matière corporelle. Et c'est par les natures des choses visibles qu'elle s'élève même à une certaine connaissance des réalités invisibles. Or, par définition, cette nature sensible se trouve chez un individu qui ne peut exister sans matière corporelle. Ainsi, par définition, l'essence de la pierre existe en telle pierre, l'essence du cheval existe en tel cheval, et ainsi du reste. Par suite, la nature de la pierre, ou de quelque autre réalité matérielle, ne peut être parfaitement et vraiment connue que dans la mesure où on la connaît comme existant dans le particulier. Or, nous connaissons celui-ci par le sens et par l'imagination. Donc, pour que l'intelligence connaisse en acte son objet propre, il est nécessaire qu'elle se tourne vers l'image afin de considérer l'essence universelle comme existant dans la particulier[5].

Dans le différend qui l'oppose à Platon au sujet des idées, Aristote refuse l'existence en soi des Idées dans un monde idéal. Il accorde aux réalités singulières et concrètes la place d'honneur, car ce sont elles qui existent vraiment et non pas ces sublimes Idées de Platon. Pour reprendre les choses sous le rapport de la réalité et de la science, Aristote se voit dans l'obligation de choisir entre les idées universelles de Platon qui ne sont cependant pas réelles et les réalités qui existent

1. *Métaphysique* 13,10 (1086 b 32-33).
2. *Métaphysique* 5,2 (1027 a 20) et 11,8 (1065 a 4-6); *Analytiques post.* 1,30 (87 b 19-25); 1,31 (88 a 1-10).
3. *Physique* 5,9 (189 a 5).
4. *De l'âme* 3,13 (429 a 1).
5. *ST* 1a q. 84 a. 7.

réellement, mais qui, en tant que réalités individuelles, ne sont pas objet de science[1].

Le Dieu d'Aristote ne connaît pas les singuliers, car lui, l'immuable, ne peut connaître les choses changeantes et imparfaites, sous peine de participer à leur mutabilité et à leur imperfection. En parlant de lui, le Stagirite déclare qu'il « y a des choses qu'il est meilleur de ne pas voir que de voir », l'acte de la pensée ne pouvant être que la pensée de ce qu'il y a de meilleur[2]. Aristote pense ici probablement à la matière, essentiellement passible et inintelligible. Et il a raison en ce qui concerne la capacité de l'intelligence humaine de saisir le singulier en tant que singulier. Mais est-ce une impossibilité absolue ou toute relative à nos propres capacités ? Pour saint Thomas, « le singulier ne présente pas d'obstacle à l'intellection en tant que singulier, mais en tant que matériel, car on ne comprend que sous un mode immatériel. Donc, s'il existe un singulier immatériel tel que l'intelligence, rien ne s'oppose à ce qu'il soit intelligible »[3]. Et tel est le fait des pures intelligences et de Dieu lui-même qui ne sont qu'intelligibilité sans matière. Ce n'est pas le singulier comme tel qui est inintelligible, puisque le singulier suprême, la pensée de la pensée, est aussi le suprême intelligible. C'est la matière qui est inintelligible et cause de la contingence. Or, la matière est ce qui permet l'individuation des êtres qui existent dans la nature. L'intelligibilité ne sera pas à ce niveau matériel, accidentel et individuel, mais à un niveau plus stable de l'être, celui de la forme.

La connaissance des singuliers

La connaissance que nous avons des singuliers est d'abord et avant tout la connaissance que les sens nous en donnent. En abstrayant le contenu intelligible de tout ce qui est instable et accidentel, en faisant fi de la matière et de l'instabilité qu'elle engendre, nous en arrivons à la connaissance des formes existant en ces singuliers, à ce que possèdent en commun plusieurs individus appartenant à la même espèce. Thomas soutiendra que nous, les hommes, avons aussi une certaine connaissance des singuliers comme singuliers, connaissance indirecte qui nous vient d'un raisonnement[4]. En quoi consiste cette connaissance ?

La coexistence de différentes formes existant dans un même être, comme le fait pour Socrate d'être un homme mâle, vivant à Athènes, ayant telle grandeur et tel poids, etc., ne suffit pas à déterminer un individu. Une accumulation de déterminations ne permet pas de cerner un seul et unique individu comme individu. Telle était la façon de voir d'un certain platonisme qui supposait l'existence d'une idée pour chaque caractéristique retrouvée dans la réalité : l'idée d'homme, l'idée d'Athènes, l'idée de grandeur et de poids, etc. Le principe d'individuation serait alors la coexistence unique de propriétés et de formes qui seraient alors tous des

1. *Métaphysique* 3,6; 13,10.
2. Cf. *Métaphysique* 12, 9 (1074 b 32).
3. *ST* 1a q. 86 a. 1 ad 3m.
4. Voir *ST* 1a q. 86 a. 1 et 3.

accidents. Dans la réfutation générale du platonisme, Aristote rejette cette explication et fait de la matière le principe de l'individuation[1].

Le problème qui occupera les commentateurs d'Aristote sera de savoir si Dieu connaît les singuliers. Aux yeux de saint Thomas, il ne fait pas de doute qu'Avicenne et Averroès sont parmi ceux qui le nient. « Certains, comme le Commentateur au livre XI de la *Métaphysique*, ont nié purement et simplement que Dieu connaisse les singuliers, sauf peut-être en général »[2]. Dans le texte visé (le commentaire d'Averroès sur la *Métaphysique* livre 11 (12), chapitre 9), le commentateur, dans un texte difficile, déclare que la connaissance de ce que sont les choses donne une certaine connaissance de toutes les choses. Or, comme Dieu est la cause de l'être de toutes les choses, il les connaît toutes selon l'être, à la manière dont celui qui connaît la nature de la chaleur du feu connaît la chaleur de tout feu, quel qu'il soit :

> le Commentateur au livre 11 (12) de la *Métaphysique*, prétend que Dieu ne connaît les choses autres que lui que dans la mesure où elles sont des étants. Puisqu'en effet son être est cause de l'être pour toutes les choses, dans la mesure où il connaît son être, il n'ignore pas la *natura essentiae* qui se trouve dans toutes les choses. Par exemple, celui qui connaîtrait la chaleur du feu n'ignorerait pas la nature de la chaleur existant dans tous les corps chauds, mais il ne connaîtrait pas la nature de ce corps chaud-ci ou de celui-là [...]. Pareillement, Dieu, du fait qu'il connaît son essence, connaît certes l'être de toutes choses en tant qu'elles sont des étants, mais ne connaît pas les choses en tant qu'elles sont celle-ci ou celle-là[3].

Averroès n'a peut-être pas été aussi catégorique. En effet, selon lui, il y aurait erreur à imaginer la connaissance de Dieu à la manière de notre connaissance humaine : sa science est cause de l'être, alors que la nôtre est causée par l'être. Nous ne pouvons donc conclure au sujet de la connaissance des singuliers par Dieu, car sa connaissance est équivoque par rapport à notre connaissance[4].

Quant à Avicenne, il dit que Dieu connaît tous les êtres, mais qu'il ne les connaît pas tous dans leur singularité : « Parce que (l'être nécessaire) est le

1. *Unde patet quod collectio accidentium non est principium individuationis, ut quidam dicunt, sed materia designata, ut Philosophus dixit*, *In Met.* 7, lect. 15, n° 1626.

2. *De ver.* q. 2 a. 5.

3. *In 1Sent.* d. 35 q. 1 a. 3, traduit par S.-T. Bonino *De la vérité, question 2* (La science en Dieu), introduction, traduction et commentaire, « Vestigia », n° 17, Fribourg-Paris, 1996, p. 70. Voir aussi *De ver.* q. 2 a. 4 arg. 3 ; *SCG* 1, 50 ; *ST* 1a q. 14 a. 6 arg. 1.

4. *Et ideo dixerunt quidam quod ipse scit omnia quae hinc scientia universali, non scientia particulari. Et veritas est quod primum scit omnia, secundum quod scit se tantum scientia in esse, quod est causa eorum esse, v.g. qui scit calorem ignis tantum, non dicitur nescire naturam caloris existentis in reliquis calidis : sed iste est ille qui scit naturam caloris, secundum quod est calor. Et similiter primus scit naturam unitatis in eo quod est ens simpliciter, quod est ipsum. Et ideo hoc nomen scientia aequivoce dicitur de scientia sua et nostra. Sua enim scientia est causa entis : ens autem est causa nostrae scientiae. Scientia igitur illius non dicitur esse universalis, neque particularis*, Averroes, *Aristotelis metaphysicorum libri XIII...*, in *Aristotelis opera...cum Averrois Cordubensis variis in eosdem commentariis*, Venezia, 1562-1574, t. VIII, p. 337, A et B. Notons que plusieurs auteurs récents ont plutôt tendance à voir dans cette agnosticisme d'Averroès sa position véritable. Voir par exemple A. Badawi, *Histoire de la philosophie en Islam*, vol. 2, Paris, 1972, p. 737-870 *in finem*.

principe de tout étant, il connaît par son essence ce dont il est le principe : les étants parfaits en leur réalité, et les étants corruptibles dans leur contenu spécifique, mais non dans leur individualité »[1]. Ce genre de connaissance des principes universels permet, par exemple, de connaître tous les mouvements du ciel et de prédire ainsi les éclipses à venir.

Mais l'Aquinate refuse pareille théorie, car Dieu ne connaîtrait pas les singuliers dans leur singularité

> car les êtres particuliers reçoivent des causes générales certaines formes d'être et certains pouvoirs d'action; mais, si proche du concret que soit leur conjonction, ces pouvoirs et ces formes ne sont jamais rendus individuels que dans et par la matière individuelle. Aussi, celui qui connaît Socrate en ce qu'il est blanc, qu'il est fils de Sophronisque, ou par quelque autre caractéristique de ce genre, ne connaîtrait pas Socrate selon qu'il est *cet* homme-là[2].

Dieu connaît les singuliers en se connaissant lui-même

La connaissance qu'a Dieu de ses créatures pose en effet le problème redoutable de la connaissance des êtres situés dans le temps et l'espace, sujets au changement, par l'Être qui n'est pas soumis au changement. Faire dériver cette connaissance des êtres eux-mêmes, comme cela est le cas pour les humains, serait faire dépendre l'intelligence divine de ce qui a moins de stabilité, ce serait soumettre l'immobile au mobile, l'éternel au temporel, le parfait à l'imparfait. Poussant plus avant la réflexion, Thomas en arrive à affirmer que Dieu connaît les singuliers non à travers les concepts tirés des êtres existant et les raisonnements qui s'ensuivent, à la manière humaine de connaître, mais qu'il voit chaque être dans ce qu'il a de singulier à partir de sa propre essence divine[3]. Cette solution d'origine néoplatonicienne apparaît pour la première fois chez Thémistius (317-388)[4] et parvient à saint Thomas à travers Denys[5]. Derrière le texte de Denys on

1. Avicenne, *La métaphysique du Shifa*, 8, 6, p. 359 (1-2), introduction, traduction et notes par G.C. Anawati, 2 vol., « Études musulmanes », Paris, Vrin, 1978-1985. Il écrit aussi *Sed quia ipse est principium omnis esse, tunc intelligit ex seipso id cui ipse est principium...Sed quomodo sit hoc, ratio haec est : quia enim ipse seipsum intelligit et quod ipse est principium omnis quod est, utique intelligit principia eorum quae sunt ab eo, Id., Liber de philosophia prima sive Scientia divina*, Van Riet (éd.), 3 vol., Louvain, 1977-1983, VIII, 6, p. 417.

2. *ST* 1a q. 14 a. 11.

3. Cf. *SCG* 1, 65.

4. Cf. S. Pines, *Some distinctive metaphysical conceptions in Themistius' Commentary on Book Lambda and their place in the history of philosophy*, dans J. Wiesner (éd.), *Aristoteles Werk und Wirkung, Paul Moraux gewidmet*, 2 vol., Berlin-New York, 1987, p. 171-204.

5. « À vrai dire, l'Intelligence divine contient toutes choses dans une connaissance qui transcende [tout objet connu], car dans la mesure même où elle est cause universelle, elle contient d'avance en elle la notion de toutes choses, connaissant et produisant les anges avant même qu'il y eût des anges, connaissant toutes les autres réalités du dedans, pour ainsi dire dans leur principe, et leur conférant par là même rang d'essences [...]. Ce n'est point, en effet, à partir des êtres que l'intelligence divine connaît les êtres, mais à partir de soi, en soi, à titre de cause, elle possède d'avance et rassemble par anticipation la notion, la connaissance et l'essence de toutes choses; non qu'elle considère chaque objet dans son idée générale, mais parce qu'elle connaît et contient tout dans l'unique extension de sa causalité propre, comme la lumière aussi contient d'avance en soi, en tant que cause, la notion des ténèbres, n'ayant de connaissance des ténèbres qu'à partir de la lumière.

peut reconnaître l'influence des *Éléments de théologie* de Proclus. On lit en effet dans ces *Éléments* : « Chaque Dieu connaît de façon indivise les êtres divisés, de façon intemporelle les êtres temporels, de façon nécessaire les êtres non nécessaires, de façon immuable les êtres changeants. En un mot, il connaît tous les êtres sous un mode supérieur à leur ordre [...] sous le mode exigé par la transcendante supériorité des dieux. » [1], et le *Liber de causis*[2].

Dieu connaît les singuliers en se connaissant lui-même parce qu'il les crée

Un mode possible de connaissance des singuliers de notre monde est donc établi, mais rien ne nous assure que telle est la situation dans les faits et que Dieu a une connaissance des choses autres que lui. Il faut un fondement factuel. Le rapport de création existant entre les choses et Dieu sera ce fondement : Dieu a une connaissance de toutes choses parce qu'il les crée toutes : « *Res cognoscuntur a Deo inquantum ipse est causa earum* »[3]. Il les connaît à la manière dont l'artisan connaît les produits de son art, laquelle connaissance est la cause des produits de l'art[4]. Sa science s'étend donc aussi loin que sa causalité et celle-ci s'étend aussi bien aux espèces qu'aux individus qu'il crée et gouverne[5]. Saint Thomas résume bien sa pensée dans un texte du *De veritate* :

C'est donc en se connaissant soi-même que la divine Sagesse connaît toutes choses, immatériellement les choses matérielles, indivisiblement les choses divisibles, unitairement les choses multiples, car c'est dans un acte unique qu'elle connaît et qu'elle produit tout. S'il est vrai qu'en tant que Cause unique et universelle Dieu confère l'existence à tout être, c'est également en tant que Cause unique qu'il connaîtra tout être comme procédant de lui et préexistant en lui, et ce n'est pas des êtres qu'il partira pour arriver à les connaître puisque c'est précisément lui qui à chacun d'eux octroyera le pouvoir de se connaître soi-même et de connaître les autres.

Dieu n'a donc pas une connaissance propre par quoi il se connaît, et une autre connaissance qui contient ensemble tous les autres êtres; car, en se connaissant soi-même, la Cause universelle ne saurait ignorer d'aucune façon ce qui procède d'elle-même et ce dont elle est cause. Ainsi donc Dieu ne connaît point les êtres en les connaissant, mais en se connaissant », *Les noms divins*, chap. 7 869 A-869 C, dans *Œuvres complètes du Pseudo-Denys l'Aéropagite*, traduction, préface et notes par M. de Gandillac, « Bibliothèque philosophique », Paris, 1943. Les textes latin et grec se trouvent dans *PG* 3,869. L'édition critique a été faite par B. R. Suchla, *Corpus dionysiacum* vol. 1 : *De divinis nominibus*, « Patristische Texte und Studien », n° 33, Berlin-New York, 1990, p. 196-197.

1. À la proposition 124 des *Éléments de théologie*, traduction, introduction et notes par J. Trouillard, « Bibliothèque philosophique », Paris, 1965, p. 135.

2. On peut lire à la proposition 8 (7) : *Omnis intelligentia scit quod est supra se et quod est sub se : verumtamen scit quod est sub se quoniam est causa ei, et scit quod est supra se quoniam acquirit bonitates ab eo.*

3. *De ver.* q. 2 a. 5 sc 2, éd. Léon., vol. 22, p. 61, lignes 177-178; cf. aussi a. 12 arg. 4.

4. Cf. *De ver.* q. 2 a. 8; voir aussi a. 14. *Idem igitur est cognoscere omnia in quae potest aliqua virtus, et ipsam virtutem comprehendere, SCG* 3, 56. « Dieu connaît les créatures parce qu'elles sont en lui. Or, l'effet existant dans une cause efficiente quelle qu'elle soit n'est pas autre chose que cette cause, s'il s'agit de ce qui est cause par soi. Ainsi, par exemple, la maison dans l'art n'est pas autre chose que l'art lui-même. C'est que l'effet est dans le principe agent parce que celui-ci rend l'effet semblable à lui et cela en vertu de ce même par quoi il agit. », Cf. *De ver.* q. 2 a. 3 ad 3m, éd. Léon., vol. 22, p. 52, lignes 316-324.

5. *Causalitas autem Dei, qui est primum agens, non solum quantum ad principia speciei, sed etiam quantum ad individualia principia, non solum incorruptibilium, sed etiam corruptibilium, ST* 1a q. 22 a. 2; *Praedictum providentiae ordinem in singularibus ponimus etiam in quantum singularia sunt, De ver.* q. 5 a. 4, éd. Léon., vol. 22, p. 150, lignes 167-169.

> la science que Dieu a des choses est comparable à la science d'un artisan parce qu'elle est la cause de toutes choses comme l'art est la cause de tous les produits de l'art. Or, si l'artisan connaît le produit de l'art au moyen de la forme de l'art qu'il a auprès de lui, c'est parce qu'il la produit. Or, l'artisan ne produit que la forme, c'est la nature qui a préparé la matière aux productions de l'art. Voilà pourquoi l'artisan, au moyen de son art, ne connaît ses produits que du point de vue de la forme. Or, toute forme étant de soi universelle, l'architecte, au moyen de son art, connaît certes la maison en général mais non pas cette maison-ci ou celle-là, sauf dans la mesure où il en prend connaissance par ses sens. Par contre, si la forme de l'art produisait la matière comme elle produit aussi la forme, l'artisan connaîtrait grâce à elle le produit de l'art, à la fois quant à la forme et quant à la matière. Par conséquent, la matière étant principe d'individuation, il le connaîtrait non seulement selon sa nature universelle mais aussi en tant qu'il est un certain singulier. Puis donc que l'art divin produit non seulement la forme mais aussi la matière, il y a dans cet art divin non seulement la similitude de la forme mais aussi celle de la matière et c'est la raison pour laquelle Dieu connaît les choses à la fois quant à leur forme et quant à leur matière. Il connaît donc non seulement les choses universelles mais aussi les singulières [1].

La connaissance de la matière, puisque la matière n'existe jamais sans sa forme, est incluse dans la connaissance que Dieu a de la substance concrète. Saint Thomas admettait dans ses ouvrages plus anciens une idée distincte de la matière en Dieu [2], il ne l'admet plus dans la *Somme* [3].

LE COURS DE LA NATURE OU LA VISION DYNAMIQUE DU MONDE

L'*ordo naturae* dont il a été question dans la définition du miracle ne doit pas s'entendre d'un ordre statique des essences. Cela ne suffit pas à décrire la vision du monde qu'ont Aristote et l'Aquinate. En effet, ils partagent tous deux une vision dynamique de la réalité où l'acte est la réalité par excellence. Thomas dira : « Le bien consiste principalement et par lui-même dans une perfection et un acte. Or, l'acte se prend en deux sens : comme acte premier ou comme acte second. L'acte premier est la forme et l'intégrité de la chose même; l'acte second est l'opération » [4]. « Si l'on conçoit l'exister comme un acte, on verra dans cet acte premier, par lequel l'être est ce qu'il est, la racine de cet acte second, par lequel l'être, qui se pose d'abord en soi-même, se pose également hors de soi, dans ses effets » [5]. Cette vision est radicale et totale chez Thomas, « car sa doctrine de l'être porte la marque de cette distinction fondamentale entre l'ordre de « l'être en tant

1. *De ver.* q. 2 a. 5, éd. Léon., vol. 22, p. 62, lignes 250-276 (trad. S.-T. Bonino, p. 289-290). Thomas écrira aussi : *Cognoscit igitur Deus perfecte suam virtutem; oportet igitur quod cognoscat omnia ad quae sua virtus extenditur, De subst. sep.* 14, éd. Léon. 40, p. D 65, lignes 63-66; voir aussi *ST* 1a q. 14 a. 5.

2. *In 1Sent.* d. 36 q. 2 a. 3; *De ver.* 3,5.

3. *ST* 1a q. 15 a. 3 ad 3m.

4. *ST* 1a q. 48 a. 5.

5. É. Gilson, *Le thomisme. Introduction à la philosophie de saint Thomas d'Aquin*, « Études de philosophie médiévale », n° 1, Paris, Vrin, 1944⁵, p. 252.

qu'être », qui est celui de la substance, et l'ordre de la cause de cet « être en tant qu'être », qui est celui de l'existence »[1].

Le changement

Le changement occupe dans une telle vision une place importante. Dans sa notion la plus générale le changement n'est que le passage de la puissance à l'acte sous l'influence d'un être déjà en acte, l'introduction d'une forme nouvelle dans une matière, le perfectionnement de quelque chose, la réalisation d'une perfection. Le changement lui-même échappe à la compréhension claire et précise du concept, car il est un être imparfait situé entre la réalité apte à se mouvoir et la réalité telle qu'elle est après le mouvement. Il n'est ni pure puissance, ni acte parfaitement réalisé : il est l'acte de ce qui est en puissance en tant que cela est en puissance[2]. La puissance est la qualité de ce qui peut exister, mais n'existe pas, ce qu'une chose peut devenir, mais n'est pas encore devenue. Le changement comprend le changement substantiel (la génération et la corruption) et le changement qui concerne les accidents selon la quantité (l'accroissement et le décroissement), selon la qualité (l'altération) et selon le lieu (changement local)[3]. Il entre dans la catégorie « passion » en ce sens qu'il est, pour Aristote, quelque chose qui est d'abord et avant tout subi[4].

Le mouvement n'a d'existence que s'il est provoqué par un être en acte qui fait passer l'être en puissance à l'acte. Le mouvement est un processus qui nécessite un rapport entre un élément passif qui subit le changement et un élément actif qui amène la réalité mue à sa perfection dans la ligne de sa propre forme. Rien n'est mû que dans la mesure où il est en puissance, rien ne meut que dans la mesure où il est en acte, et comme on ne peut pas être en puissance et en acte à la fois et sous le même rapport, il faut nécessairement que tout ce qui est en mouvement soit mû par un autre, comme n'aura de cesse de répéter Aristote[5].

Le principe actif du changement est appelé cause agente chez Aristote et il semble bien qu'Aristote s'en soit tenu à une conception motrice de la cause agente. La causalité efficiente dont parlera saint Thomas comprend la cause motrice d'Aristote, mais elle comprend aussi la cause efficiente et créatrice au sens où l'entendait Avicenne[6].

1. É. Gilson, *Jean Duns Scot. Introduction à ses positions fondamentales*, « Études de philosophie médiévale », n° 42, Paris, Vrin, 1952, p. 90.

2. « L'entéléchie de ce qui est en puissance, en tant que tel, voilà le mouvement; par exemple de l'altéré, en tant qu'altérable, l'entéléchie est altération ; de ce qui est susceptible d'accroissement et de son contraire ce qui est susceptible de décroissement (il n'y pas de nom commun pour tous les deux), accroissement et diminution; du générable et du corruptible, génération et corruption; de ce qui est mobile quant au lieu, mouvement local », Aristote, *Physique* 3, 1 201a 11-14; *Sic igitur actus imperfectus habet rationem motus, et secundum quod comparatur ad ulteriorem actum ut potentia, et secundum quod comparatur ad aliquid imperfectius ut actus, In 3Phys.*, lect. 2, n° 285.

3. Aristote, *Catégories* XIV (15 a 14-15 b 5).

4. Aristote, *Catégories* V (4 a 10-4 b 4) et IX (11 b 1-7).

5. *Physique* 8,1 (241b 25); pour Thomas : *In Phys.* 7, lect. 1, n° 2-3.

6. *Oportet ergo praeter materiam et formam esse aliquod principium, quod agat, et hoc dicitur esse efficiens, vel movens, vel agens, vel unde est principium motus, De princ. nat.* p. 42. Sur l'histoire très intéressante de la cause efficiente, voir É. Gilson, *Avicenne et les origines de la notion de cause*

La causalité motrice postule un contact physique entre l'agent et le patient. Sans imaginer un déplacement de particules à la manière des philosophes atomistes de l'Antiquité, il faut postuler une influence réelle de l'agent sur ce qui subit le changement, quelque « chose » qui « sort » de l'agent et affecte le patient. Comme le dit l'Aquinate « *Causa importat influxum quemdam ad esse causati* » [1]. Il y aura donc contact entre les deux réalités. Le contact le plus évident est le contact physique où deux corps se touchent, mais cela n'est pas le seul contact possible. L'âme humaine meut véritablement son corps sans exercer une influence par le contact physique, étant immatérielle. Il faut donc postuler dans notre monde naturel une forme d'influence dynamique qui ne passe pas par la quantité matérielle. Cette influence se nommera la *virtus*. En effet, nous dit saint Thomas, « on distingue le contact par la quantité et le contact par l'action. Dans le premier cas, un corps ne peut être touché que par un corps; dans le second, il peut l'être par une réalité immatérielle qui le meut» [2]. La *virtus* agit alors comme intermédiaire et principe prochain de l'opération [3]. Chez certaines réalités, la forme est elle-même puissance comme dans le cas du feu : la chaleur est principe immédiat d'action. Pour les corps, les actions ne procèdent que par l'intermédiaire de certaines de leurs qualités élémentaires comme le chaud, le froid, l'humide et le sec [4]. Dans le cas des vivants, Aristote reconnaît à la forme, l'âme, un rôle moteur expliquant le mouvement propre du vivant. Au moins dans ce domaine, la forme est-elle cause du mouvement sur une partie de l'être vivant.

Dans le cas des êtres inanimés, la question est épineuse et elle occasionnera des discussions animées pendant des siècles, de Jean Philopon à Galilée, en passant par Averroès et Thomas d'Aquin [5]. Un groupe important d'interprètes, dont Philopon [6]

efficiente, dans *Atti del XII Congresso Internazionale di Filosofia*, G.C. Sansoni, Firenze, 1961, p. 121-130 et « Notes pour l'histoire de la cause efficiente », *AHDLMA*, n° 29 (1962), p. 7-31.

1. *In Met.* 4, lect. 1, n° 751.

2. *Dicendum quod est duplex contactus quantitatis et virtutis. Primo modo, corpus non tangitur nisi a corpore. Secundo modo, corpus potest tangi a re incorporea quae movet corpus*, *ST* 1a q. 75 a. 1 ad 3m.

3. *Virtus significat principium motus vel actionis*, *ST* 1a2ae q. 26 a. 2 ad 1m; *Virtus dicitur, secundum quod est principium actionis, et tenet se ex parte causae efficientis*, *In 4Sent.* d. 46 q. 1 qla. 2 ad 1m.

4. Cf. *De ver.* q. 2 a. 14 et Aristote, *De la génération et de la corruption* 2,2 « du fait que l'activité des corps inférieurs se déploie par leurs qualités actives et passives qui sont des accidents, il ne s'ensuit pas nécessairement que ses effets soient uniquement d'ordre accidentel; car de même que ces formes accidentelles sont l'effet de la forme substantielle qui avec la matière est cause de tous les accidents propres, ainsi elles agissent par la vertu même de cette forme substantielle. Mais celui qui agit par la vertu d'un autre, produit un effet dont la ressemblance n'est pas tant avec lui-même qu'avec celui par la vertu de qui il agit. Ainsi réalise-t-on par l'instrument dans une œuvre d'art la forme conçue par l'artiste. Ainsi dans la mesure où elles servent d'instruments à des formes substantielles, les formes accidentelles peuvent par leur action produire des formes substantielles. », *SCG* 3, 69; cf. *ST* 1a q. 115 a. 1; *De ente et essentia* 4.

5. Voir à ce sujet W.A Wallace, *Aquinas and Newton on the Causality of Nature and of God: The Medieval and Modern Problematic*, dans *Philosophy and the God of Abraham*, R.J. Long (éd.), « Papers in Mediaeval Studies », n° 12, Toronto, 1991, p. 255-279.

6. *Natura est quaedam vita sive vis quae per corpora diffunditur, eorum formatrix et gubernatrix, principium motus et quietis in eo cui inest per se primo et non secundum accidens*, *Ioannes*

et Averroès[1], donneront à la forme des êtres inanimés le rôle de *motor coniunctus*, c'est-à-dire de cause efficiente de la chute des corps. Le monde d'Averroès est, de ce point de vue, vitaliste : tous les êtres, qu'ils soient animés ou inanimés, ont une forme qui joue le rôle de cause efficiente. C'est dire aussi que tous les êtres jouissent de l'autonomie que l'on reconnaît aux vivants. L'influence des réalités extérieures se fera à la manière de celle des astres sur la mer pour engendrer les vagues. Imaginer une influence quelconque qui agirait à l'intime de la réalité devient impossible, car une telle influence brimerait la nature même de la chose comme source autonome d'activité.

Saint Thomas, suivant en cela l'enseignement d'Aristote, refuse ce rôle de cause efficiente à la forme dans les corps inertes[2]. Dans le dernier livre de la *Physique,* deux causes efficientes extérieures à l'être inanimé sont mentionnées pour expliquer le mouvement : le générateur qui est par soi l'initiateur du mouvement, qui est à l'origine de la substance en question, et la cause extérieure qui enlève les empêchements au mouvement, étant ainsi la cause du mouvement par accident. Thomas ira dans le même sens. La forme n'est pas la cause efficiente du mouvement (*principium quod),* ni le moteur conjoint poussant le corps. Elle est plutôt le principe du mouvement (*principium quo*), par lequel une cause extérieure agit pour amener le corps à son lieu propre. La réalité est mue en raison de ce qu'elle est, de sa nature, de sa forme, de sa matière, mais ce n'est ni sa forme ni sa matière, en somme sa nature, qui est cause efficiente du changement qui survient en elle. Un autre agent est nécessaire pour expliquer le changement et cet agent agit sur la forme et la matière pour qu'apparaissent les changements. En fait, le *principium quo* est la qualité de ce qui est lourd, principe uniquement passif que l'on retrouve dans le corps lourd[3]. Le principe « tout ce qui est mû est mû par un autre » garde donc toute sa validité. Cela aura son importance pour Thomas, car Dieu est, en définitive, ce moteur expliquant le mouvement dans le monde matériel. Ce sera d'ailleurs la base de la première preuve de l'existence de Dieu

L'interaction entre les natures

Chaque nature entre donc dans des rapports où elle est parfois une puissance active agissant sur les autres réalités, parfois aussi puissance passive qui subit l'influence des autres. Le monde est fait de ces rapports dynamiques nombreux

Philoponus, In Libros physocorum Aristotelis (Venezia, 1558), p. 67b, dans W.A. Wallace, *op. cit.*, p. 260.

1. *Generans enim est illud quod dat corpori simplici generato formam suam, et omnia accidentia contingentia forme, quorum unum est motus in loco, In libros physicorum Aristotelis* 8,32 ; 4 (Venise ; Apud Juntas, 1550), fol. 168v, dans W.A. Wallace, *op. cit.*, p. 260

2. Voir *In De caelo* 3, lect. 7.

3. *In corporibus vero gravibus et levibus est principium formale sui motus : quia sicut alia accidentia consequuntur formam substantialem, ita et locus, et per consequens moveri ad locum : non tamen ita quod forma naturalis sit motor, sed motor est generans, quod dat talem formam, ad quam talis motus consequitur, In 2 Phys.* 2, lect. 1, n° 144 ; *Nam forma gravis et levis non est principium motus sicut agens motum, sed sicut quo movens movet [...]. Sic igitur motus gravium et levium non procedit a generante mediante alio principio mevente [...] id quod naturaliter movetur, habet sibi inditam virtutem, quae est principium motus : unde non oportet quod ab alio impellente moveatur, In De coelo*, 3 lect. 7, n° 594.

entre les différentes réalités. Dans le cosmos, aucun individu n'est isolé, aucune espèce n'est laissée hors de toute influence. Dieu a créé toutes choses immédiatement, mais en les créant il a institué des relations et un ordre entre elles.

Thomas accorde d'ailleurs toute une section de la *Somme de théologie* à ces questions de l'influence des créatures entre elles[1], où il met particulièrement en évidence l'influence des êtres plus parfaits sur les moins parfaits. Ici encore l'entente entre les Grecs et les croyants est bonne. Aristote, Averroès et saint Thomas sont tous du même avis que cette influence existe, qu'elle est générale en notre monde et qu'elle n'a rien contre nature[2]. Aristote avait d'ailleurs ouvert le chemin en parlant de la correspondance existante entre la puissance passive et la puissance active dans le changement. Vertu active naturelle et puissance passive naturelle se répondent.

La causalité divine et la causalité naturelle

Ce serait cependant une erreur de considérer les rapports entre Dieu et les créatures selon les mêmes modalités, car le rôle de Dieu comme créateur et provident le met dans une situation unique par rapport à toutes les autres causes. Sa causalité s'étend à l'intime de l'agir et de l'être comme aucune créature ne peut le faire. Le pouvoir de créer appartient en propre à Dieu et il est le seul à le posséder. Pour rapprocher la causalité divine de celle de ses créatures, n'est-il pas cependant possible d'imaginer que certaines causes créées participent à ce pouvoir créateur? Elles y participeraient, non pas à titre de créature ayant en propre ce pouvoir de créer, mais à titre de ministre ou d'instrument au service du créateur?

Le Maître des *Sentences*, Pierre Lombard (c. 1110-1160), admettait une telle causalité, et saint Thomas, bien qu'il la déclare hérétique, y trouve, dans son commentaire des *Sentences*, quelque fondement[3]. Cependant, dans la *Somme de théologie* et dans ses œuvres de maturité, il rejette catégoriquement toute participation de la créature à la création comme une impossibilité manifeste :

> Une cause seconde instrumentale ne participe de l'action de la cause supérieure que dans la mesure où, par un effet qui lui est propre, elle agit par manière de disposition pour produire l'effet de l'agent principal [...]. Or, ce qui est l'effet propre de Dieu qui crée, c'est ce qui est présupposé à tous les autres effets, à savoir l'être pris absolument. Aussi aucun autre être ne peut-il rien opérer par manière de disposition et d'instrument en vue de cet effet, puisque la création ne se fait à partir de rien de présupposé qui pourrait être disposé par l'action de l'agent instrumental. Ainsi donc il est impossible qu'il convienne à aucune créature de créer, ni par sa vertu propre, ni par sa vertu instrumentale, ni à titre ministériel[4].

Penser autrement, ce serait confondre la création avec les changements constatés dans notre monde.

1. Cf. *ST* 1a q. 106-117.
2. Cf. *In 2Sent.* d. 14 a. 5 ad 4m; voir aussi *ST* 1a2ae q. 91 a. 1.
3. *4Sent.*, 5, 3 et commentaire de Thomas.
4. *ST* 1a q. 45 a. 5. Voir à ce sujet P. Pearson, *Creation through Instruments in Thomas' Sentence Commentary*, dans *Philosophy and the God of Abraham*, R.J. Long (éd.), « Papers in Mediaeval Studies », n° 12, Toronto, 1991, p. 147-160.

Si Dieu possède un tel pouvoir sur l'être et l'agir des choses, c'est dire que rien ne lui échappe et qu'il est cause de tout, absolument. Et s'il cause tout, il connaît tout, selon ce que nous venons de dire sur le mode de connaissance qu'a Dieu des réalités créées. Telle est bien aussi la conclusion devant laquelle saint Thomas ne recule pas. Or, Avicenne, Averroès (et Maïmonide pour des raisons un peu différentes) n'avaient pas voulu aller si loin. La distance entre Dieu et les créatures que les intermédiaires posaient dans la vision émanatiste faisait en sorte que Dieu pouvait être dit à l'origine de tout, sans pourtant avoir tout engendré immédiatement, et surtout, sans connaître toutes les réalités individuelles du monde sublunaire.

Albert le Grand, beaucoup plus tard il est vrai, se montrait sensible au point de vue d'Avicenne et d'Averroès. Dans son commentaire sur *Les noms divins* du Pseudo-Denys, il posait la difficulté sous la forme d'un dilemme :

> Si [Dieu] est la cause de toutes choses et, de cette manière, connaît toutes choses en se connaissant, soit il supprime la causalité des autres choses, soit non. S'il la supprime, étant donné que la causalité de la chose lui est propre et relève de son activité naturelle, il enlève aux choses leurs opérations propres. Mais, comme le disent le Philosophe[1] et le Damascène[2], supprimer l'activité naturelle, c'est supprimer la chose même et sa nature (*ablata naturali operatione aufertur res ipsa et natura eius*). Mais s'il n'enlève pas aux choses leur causalité, alors les causes secondes font vraiment quelque chose dans les choses et, par conséquent, Dieu ne fait pas tout. Or, Dieu ne connaît les choses en les connaissant que dans la mesure où il les cause. Dans ce cas, il ne connaît donc pas toutes choses selon tout ce qu'il y a dans la chose[3].

Certains voulurent solutionner le problème en supprimant l'une des deux causalités en jeu tel un Avicebron ou un Al Ghazali qui nièrent l'efficience causale de la créature. Chose inadmissible, répondra Thomas[4].

D'autres, dont nous avons encore aujourd'hui des représentants, préférèrent retirer à Dieu cette zone d'influence. Dieu n'aurait qu'un lien de création avec les créatures, rien d'autre. En créant, Dieu donnerait une fois pour toutes ce qui est nécessaire pour l'existence de ses créatures. Il n'y aurait alors nul besoin de postuler une intervention subséquente quelconque de Dieu, une quelconque motion. Tout serait donné à la création. Cette vision déiste éviterait toute compromission de Dieu avec le temps et l'espace[5]. Or, cela ne représente pas la position de

1. *Métaphysique*, 1, 9 c. 3 (1046 b 29-32).

2. *De fide orth.*, 1, 2 c. 23 (*PG* 94,949B).

3. Albert le Grand, *Super Dionysium De divinis nominibus*, P. Simon (éd.), dans *Opera omnia*, édition de Cologne 37, 2, Aschendorf, 1972, VII, 19, p. 351.

4. Thomas dira de même dans le *De pot.* q. 3 a. 7 ad 16m : *Posset tamen Deus effectum naturae etiam sine natura facere ; vult tamen facere mediante natura, ut servetur ordo in rebus*.

5. Cette position sera défendue par des auteurs modernes comme Sertillanges, de Finance, Hayen et van Steenberghen. Le P. Sertillanges dira : [...] pour nous Dieu n'est jamais agent que comme créateur. Ce que nous appelons son action n'est que sa création dans un de ses effets [...]. Ce que le miracle introduit dans le réel comme nouveau mode d'existence temporelle est, de la part de Dieu, l'effet de sa création extratemporelle [...]. Cette divine action est aussi créatrice ici que partout. Par rapport à la création, rien n'est hors cadre, rien ne fait exception. Ce n'est que par rapport à nos lois de classement et par rapport à ce que j'appellerai les habitudes de la nature, qu'il y a là du nouveau »,

l'Aquinate. Thomas déclare formellement que l'œuvre de la création est distincte du gouvernement divin et de la propagation des espèces[1]. La création pose l'être totalement et radicalement, alors que ce qu'on appelle le gouvernement divin consiste à conserver ces êtres dans le bien et à les mouvoir vers le bien[2].

La perfection des êtres créés dépend même de cette activité intramondaine de Dieu. Thomas enseigne en effet que tout être créé tire sa perfection de trois facteurs différents. Sa première perfection lui vient des principes mêmes de sa nature. La seconde vient de l'actualisation de ce principes par son agir. La troisième lui est apportée de l'extérieur par les êtres à qui il est immédiatement ordonné[3]. Or, Dieu est justement la nature supérieure à laquelle l'homme est immédiatement ordonné[4].

Ces interactions posent un problème uniquement si la causalité de Dieu est vue comme agissant sur le même plan et donc, le cas échéant, de manière à concurrencer la causalité des créatures. Ce qu'il faut dire, c'est que « Dieu n'enlève pas la causalité aux choses mais il la leur donne. Il n'est cependant pas nécessaire qu'elles causent quelque chose que Dieu ne cause pas, mais il suffit qu'elles causent d'une autre manière que Dieu »[5]. L'erreur est d'imaginer l'activité de Dieu à la manière d'une activité transitive dans le temps et l'espace, d'abord dans la création, puis dans la conservation et le gouvernement des êtres. Toutes ces activités, Dieu les accomplit sans mouvement et donc sans être soumis au temps et à l'espace[6]. L'action divine qui produit, conserve dans l'être et guide vers la plénitude ne peut être formellement transitive, car elle impliquerait nécessairement une imperfection, agissant ainsi en vue d'une fin ou d'un bien qu'elle ne possède pas encore et vers lequelle elle se meut. D'ailleurs, Aristote répète qu'il

L'idée de création et son retentissement en philosophie, Paris, 1945, p. 198-199. J. de Finance déclarera : « À notre avis, pour un thomiste conséquent, Dieu ne meut pas à l'action, il crée un être agissant », *Être et agir dans la philosophie de saint Thomas*, Paris, 1945, p. 230. Pour la réfutation de cette position, voir les chroniques de philosophie publiées dans la Revue thomiste par J.-H. Nicolas : *RThom* 48 (1948), p. 538-591, particulièrement les pages 550-551 et 589-590; *RThom* 54 (1954), p. 166-194, particulièrement les pages 188-189. Voir aussi son article « La permission du péché », *RThom* 60 (1960), p. 5-37.

1. *De pot.* q. 3 a. 8; *ST* 1a q. 44; q. 103.

2. *ST* 1a q. 103 a. 4.

3. *Perfectio autem alicuius rei triplex est. Prima quidem, secundum quod in suo esse constituitur. Secunda vero, prout ei aliqua accidentia superadduntur, ad suam perfectam operationem necessaria. Tertia vero perfectio alicuius est per hoc quod aliquid aliud attingit sicut finem*, *ST* 1a q. 6 a. 3

4. *[...] in omnibus naturis ordinatis invenitur quod ad perfectionem naturae inferioris duo concurrunt : unum quidem quod est secundum motum proprium; aliud autem quod est secundum motum superioris naturae. Sicut aqua secundum motum proprium movetur ad centrum, secundum autem motum lunae movetur circa centrum secundum fluxum et refluxum [...]. Sola autem anima rationalis creata habet immediatum ordinem ad Deum [...] natura autem rationalis, inquantum cognoscit universalem boni et entis rationem, habet immediatum ordinem ad universale essendi principium. Perfectio ergo rationalis creaturae non solum consistit in eo quod ei competit secundum suam naturam, sed in eo etiam quod ei attribuitur ex quadam supernaturali perfectione divinae bonitatis. Unde et supra dictum est quod ultima beatitudo hominis consistit in quadam supernaturali Dei visione*, *ST* 2a2ae q. 2 a. 3

5. Albert le Grand, *op. cit.*, 20, p. 352.

6. Cf. *ST* 1a q. 104 a. 1 ad 4 m.

appartient à celui qui est le meilleur d'être sans activité pratique[1] et que plus un être est éloigné de la perfection, plus il doit agir pour acquérir ce qu'il n'a pas[2]. Dieu, étant infini, enveloppant en soi toute la plénitude de perfection de tout l'être, n'a rien à acquérir et n'a pas à se mettre en mouvement vers quelque chose qu'il ne possède pas[3]. L'activité de Dieu est donc formellement immanente et s'identifie avec l'être même de Dieu, mais elle est virtuellement transitive, produisant un effet « en dehors » de Dieu.

Pour décrire l'action de Dieu vis-à-vis ses créatures Thomas emploie l'image de l'activité artistique. À la causalité stable et définitive des choses naturelles, l'action de Dieu ressemble à l'action d'un artisan agissant sur elles, non en détruisant leurs puissances, mais en les travaillant par une activité délicate et fluente[4].

Les créatures entre les mains de Dieu

Il existe cependant une « capacité » très particulière en toute créature du fait même qu'elle est créature. Cette « capacité » ne concerne pas ses rapports avec les autres agents naturels, mais ses rapports avec Dieu, Créateur et premier agent. Si Dieu est la puissance active, les créatures représentent l'élément capable de subir l'action de Dieu[5]. Il ne s'agit pas de la capacité de la matière à recevoir la forme prévue pour elle par la nature ou la capacité de la matière première à recevoir tout ce que la nature peut produire comme formes[6]. Il s'agit de quelque chose de plus fondamental encore : de la capacité de la créature elle-même, substance composée de forme et matière, à recevoir tout ce qui plaira à Dieu d'opérer en elle : « *In tota creatura est quaedam oboedientialis potentia prout tota creatura obedit Deo ad suscipiendum in se quidquid Deus voluerit* »[7]. En effet, « en tout créature, il y a

1. *Du ciel* 12 (292 a 4 et 22) et le commentaire de Thomas, *In De coelo* 1, 18, n° 2 et, n° 4.

2. *Du ciel* 12 (292 b 10).

3. *De pot.* q. 1 a. 2.

4. [...] *virtus naturalis quae est rebus naturalibus in sua institutione collata, inest eis ut quaedam forma habens esse ratum et firmum in natura. Sed id quod a Deo fit in re naturali, quo actualiter agat, est ut intentio sola, habens esse quoddam incompletum, per modum quo colores sunt in aëre, et virtus artis in instrumento artificis. Sicut ergo securi per artem dari potuit acumen, ut esset forma in ea permanens, non autem dari ei potuit quod vis artis esset in ea quasi quaedam forma permanens, nisi haberet intellectum; ita rei naturali potuit conferri virtus propria, ut forma in ipsa permanens, non autem vis qua agit ad esse ut instrumentum primae causae; nisi daretur ei quod esset universale essendi principium : nec iterum virtuti naturali conservaret se in esse : unde sicut patet quod instrumento artificis conferri non oportuit quod operaretur absque motu artis; ita rei naturali conferri non potuit quod operaretur absque operatione divina, De pot.* q. 3 a. 7 ad 7m

5. Cf. *Métaphysique* 9,1 (1046 a 11-13).

6. Cf. *ST* 1a q. 7 a. 2 ad 3m.

7. De même que l'eau et le sol peuvent subir l'influence de divers agents comme le feu, les astres ou Dieu lui-même pour effectuer des opérations qui échappent à leur puissances propres, de même l'homme est capable de certaines choses qu' il ne pourrait pas faire s'il était laissé à lui-même ou aux seules forces naturelles : *Quando aliquid passivum natum consequi diversas perfectiones a diversis agentibus ordinatis, secundum differentiam et ordinem potentiarum activarum in agentibus, est differentia et ordo potentiarum passivarum in passivo; quia potentiae passivae respondet potentia activa : sicut patet quod aqua vel terra hebet aliquam potentiam secundum quam nata est moveri ab igne, et aliam secundum quam nata est moveri a Deo. Sicut enim ex aqua vel terra potest aliquid fieri virtute corporis coelestis, quod non potest fieri virtute ignis, ita potest ex eis aliquid fieri virtute supernaturalis agentis quod non potest fieri virtute alicujus naturalis agentis; et secundum hoc*

une double puissance passive : l'une a rapport à l'agent naturel, l'autre se réfère au premier Agent, lequel peut amener toute créature à un acte plus élevé que ne peut le faire l'agent naturel. On a coutume de donner à cette dernière puissance de la créature le nom de puissance obédientielle »[1]. C'est d'elle qu'il s'agit quand l'Aquinate parle encore de la puissance passive des créatures correspondant à la puissance active divine[2].

Cependant, ce serait une erreur de voir en la puissance obédientielle une puissance active, un principe positif de ce qui advient, car alors quelque chose causerait positivement le miracle ou la grâce en nous, ce qui va manifestement contre l'absolue transcendance et gratuité du don de Dieu en ces domaines. La puissance obédientielle n'est pas autre chose que la propriété immanente à la substance de tout être, se confondant avec cette substance, en vertu de laquelle tout être créé, par cela seul qu'il est créé, est et demeure soumis à la puissance du Créateur. Elle n'existe dans un être donné que s'il n'y a pas de contradiction entre la nature de cet être et la perfection qu'elle reçoit du Créateur, car Dieu, en sa sagesse, ne fait rien contre ce qu'il a ordonné en constituant la nature de chaque être[3].

La puissance obédientielle veut justement rendre compte de ces nombreux cas où Dieu cause en des individus des choses qui n'appartiennent pas à la nature de ces individus ou à l'espèce : transsubstantiation[4], connaissance des futurs contingents[5], prophétie[6], acquisition des vertus infuses[7], miracles[8], aptitude à

dicimus quod in tota creatura est quaedam oboedientialis potentia, prout tota creatura obedit Deo ad suscipiendum in se quidquid Deus voluerit, De virtutibus in communi q. 1 a. 10 ad 13m. Voir aussi *De pot.* q. 1 a. 3 ad 1m et q. 6 a. 1 ad 18m.

1. *Est autem considerandum, quod in anima humana, sicut in qualibet creatura, consideratur duplex potentia passiva : una quidem per comparationem ad agens naturale : alia vero per comparationem ad agens primum, quod potest quamlibet creaturam reducere in actum aliquem altiorem actu, in quem reducitur per agens naturale, et haec consuevit vocari potentia obedientiae in creatura, ST* q. 11 a. 1; *Duplex capacitas attendi potest in humana natura : una quidem secundum ordinem potentiae naturalis quae a Deo semper impletur, qui dat unicuique rei secundum suam capacitatem naturalem; alia vero secundum ordinem divinae potentiae, cui omnis creatura obedit ad nutum; et ad hoc pertinet ista capacitas (gratiae); non autem Deus omnem talem capacitatem naturae implet : alioquin Deus non posset facere in creatura nisi quod facit, quod falsum est, ut in primo habitum est* (q. 25 a. 5; q. 105 a. 6), *ST* 3a q. 1 a. 3 ad 3m; [...] *alia est potentia oboedientiae, secundum quod potest recipere aliquid a Deo; et talis capacitas non potest impleri, quia quicquid Deus de creatura faciat, adhuc remanet in potentia recipiendi a Deo, De ver.* q. 29 a. 3 ad 3m, éd. Léon., vol. 22, p. 856, lignes 233-238; *De pot.* q. 1 a. 3; q. 6 a. 1 ad 18m; *De ver.* q. 8 a. 4 ad 13m; a. 12 ad 4m.

2. Cf. *ST* 1a q. 91 a. 2 ad 4m; q. 92 a. 4 ad 3m; q. 115 a. 2 ad 4m.

3. Sur la puissance obédientielle, on lira avec profit : A. Gardeil, « La vitalité de la vision divine et des actes surnaturels », *RThom* 31 (1926), p. 477-489. Cet article a été reproduit dans *La structure de l'âme et l'expérience mystique*, vol. 2, Paris, 1927, p. 307-325; L.-B. Gillon, « Aux origines de la "Puissance obédientielle" », *RThom* 47 (1947), p. 304-310; M.-D. Roland- Gosselin, « Béatitude et désir naturel d'après s. Thomas d'Aquin », *RThom* 18 (1929), p. 193-222.

4. Cf. *In 4Sent.* d. 11 q. 1 a. 3 sol. 1; *De pot.* q. 1 a. 3; *ST* 3a q. 75 a. 4.

5. *De ver.* q. 8 a. 12 ad 4m.

6. *in humana natura est potentia passiva ad recipiendum lumen propheticum, non naturalis sed tantum potentia oboedientiae, sicut est in natura corporali ad ea quae mirabiliter fiunt; unde non oportet quod tali potentiae passivae respondeat potentia activa naturalis, De ver.* q. 12 a. 3 ad 18m, éd. Léon., vol. 22, p. 380, lignes 552-558.

7. Cf. *De virtutibus in communi* q. 1 a. 9 et 10; *ST* 3a q. 11 a. 1.

8. Cf. *In 3Sent.* d. 2 q. 1 a. 1 qc 1 in corp.

recevoir de Dieu de nouvelles connaissances sur les objets secondaires à la vision béatifique[1], capacité de la créature humaine à être élevée à la dignité de Mère de Dieu[2] et à l'union hypostatique[3].

Dieu n'est donc plus seulement le premier moteur doué de puissance infinie, parce moteur du cosmos dans un temps indéfini tant dans le passé que dans le futur[4], il est le Tout-Puissant. Le décalage est cependant tel entre la puissance obédientielle de la créature et la Toute-Puissance divine que la tentation est grande de concevoir la Toute-Puissance comme une puissance arbitraire. Certains textes de l'Évangile et de saint Thomas pourraient être maladroitement utilisés pour comprendre le miracle comme un acte arbitraire de la Toute-Puissance. En *Mt* 3, 9 il est dit que Dieu peut susciter des fils à Abraham à partir de pierres. Thomas connaît ce texte et l'utilise très peu souvent[5], mais à tout le moins une fois pour affirmer la Toute-Puissance de Dieu[6]. Dans le même sens, il parle du bois que Dieu peut transformer en veau[7], mais il précise immédiatement que les interventions de Dieu à l'endroit de ses créatures ne se réalisent que si cela correspond au plan plein de sagesse qu'il a pour celles-ci. Dieu, en raison de sa Toute-Puissance (*de potentia Dei absoluta*), peut tout ce qui n'est pas contradictoire, mais ce qu'il fait réellement, il le fait selon sa sagesse (*de potentia Dei ordinata*)[8]. Puissance obédientielle ne signifie donc pas arbitraire et déraison. Tout ce que fait Dieu s'inscrit dans un plan du salut et a sa raison d'être. Ce point est capital pour comprendre la place du miracle dans l'économie du salut. Nous y reviendrons quand nous examinerons les critères de discernement du miracle. L'Évangile lui-même[9] nous montre Jésus refuser de faire des miracles, non pas qu'il en est

1. Cf. *De ver.* q. 8 a. 4 ad 13 m.
2. Cf. *In 3Sent.* d. 3 q. 2 a. 1 ad 1m.
3. Cf. *ST* 3a q. 1 a. 3 ad 3m.
4. Aristote accorde au premier moteur la puissance infinie, car le monde est mû depuis toujours et le sera toujours, mais cette puissance n'est infinie qu'au sens où elle n'a pas de fin, qu'elle est illimitée, sans achèvement dans l'ordre du mouvement. L'infini en acte est impossible pour Aristote.
5. Selon les fichiers de la commission léonine, le texte est utilisé aux endroits suivants : *In ep. ad Rom.* 4, lect. 2, n° 344; 4, lect. 3, n° 362; 9, lect. 2, n° 753 et 756; *In Ps.* 46 section 4, dans R. Busa (éd.), *S. Thomae Aquinatis Opera omnia ut sunt in Indice Thomistico...*, vol. 6, Stuttgart-Bad Cannstatt, 1980, p. 119; *De pot.* q. 1 a. 1 s.c. 2; *In Iohannem* 8, lect. 4, n° 1201.
6. Cf. *De pot.* q. 1 a. 1.
7. [...] *creatura potest assumi, non signatur aliqua potentia activa creaturae : quia sola potentia infinita hoc facere potuit, ut in infinitum distantia coniunrerentur in unitatem personae. Similiter non signatur etiam potentia passiva naturalis creaturae, quia nulla potentia passiva naturalis est in creatura, cui non respondeat potentia activa alicujus naturalis agentis. Unde reliquitur quod dicat in creatura solam potentiam obedientiae, secundum quam de creatura potest fieri quidquid Deus vult, sicut de ligno potest fieri vitulum, Deo operante. Haec autem potentia oboedientiae correspondet divinae potentiae, secundum quod dicitur, quod ex creatura potest fieri quod ex ea Deus facere potest. Sed potentia Dei dupliciter consideratur : vel absoluta vel ut ordinata [...]. Loquendo autem de potentia Dei absoluta, Deus potest assumere quamcumque creaturam vult [...]. Loquendo autem de potentia ordinata, illam creaturam assumere potest quam congruit eum assumere ex ordine suae sapientiae [...]*, *In 3Sent.* d. 2 q. 1 a. 1 qc 1 in corp. Sur la distinction, voir aussi *ST* 1a q. 25 a. 2 ad 1m.
8. On sait quelle fortune cette distinction déjà en vogue au temps de Saint Thomas aura dans le siècle qui suivit, notamment chez Guillaume d'Occam (*Quodl.* 6 q. 1) et les occamistes. À ce sujet, voir P. Vignaux, art. « nominalisme », *Dict. de théol. cath.*, col. 764 *sq.*
9. *Mc* 6,5.

incapable, mais parce qu'il sait par avance que ces miracles ne mèneront point ses auditeurs à la foi et qu'ils sont donc inutiles [1].

Plus près de nous, rappelons que la notion de puissance obédientielle fut l'occasion d'affrontements sur le rapport entre la nature et le désir de voir Dieu, certains la limitant au monde des miracles, d'autres, au contraire, l'utilisant comme fondement des rapports entre la nature et la grâce [2].

La puissance obédientielle de la nature était l'articulation philosophique qui manquait à Siger de Brabant et aux artiens de l'Université de Paris pour fonder en raison la possibilité du miracle. Sans elle, le miracle devait être accepté à cause de l'enseignement de la foi, mais il demeurait philosophiquement impossible. La compréhension qu'ils avaient du monde, surtout la compréhension qu'ils avaient d'Aristote lu avec l'interprétation d'Averroès, ne laissait aucune place pour ces phénomènes rares, causés immédiatement par la puissance d'un Dieu tout-puissant intervenant dans cet ordre du monde. De là l'insistance de la condamnation parisienne de 1277 à pointer de nombreuses thèses ayant trait à la Toute-Puissance de Dieu, comme nous nous l'avons vu plus haut [3]. Cependant, en agissant ainsi, Dieu ne détruisait pas la nature qu'il avait lui-même créée. Il la menait à sa perfection : *gratia non tollit naturam* [4].

1. Cf. *ST* q. 43 a. 2 ad 2m.

2. On connaît le débat entourant la position de H. de Lubac dans *Le mystère du surnaturel*, paru à Paris en 1965 aux pages 87-88, 142 et 179-189 voulant restreindre cette notion à la problématique des miracles et accusant les commentateurs de Saint Thomas d'avoir gauchi la pensée du maître. J. Laporta, dans *La destinée de la nature humaine selon Thomas d'Aquin*, Paris, 1965, aux pages 133-146, va jusqu'à soutenir que la notion de puissance obédientielle n'est pas utilisée par notre auteur dans le problème de la destinée surnaturelle de l'homme. Sur le désir naturel de Dieu et les capacités de l'esprit humain, voir S.A. Long, « Obediential Potency, Human Knowledge, and the Natural Desire for God », *IPQ*, 145 (mars 1997), p. 45-63. L'auteur utilise l'image du vitrail illuminé par la lumière pour mettre en images les rapports entre la nature et Dieu « Obediential potency is simply the potency of a creature toward acts achievable only with the assistance of divine causality. As a stained-glass window can irradiate colored light only with the assistance of light, so the human soul can directly contemplate God only with the assistance of God. Subrational beings lack any obediential potency for beatific knowledge of God because they lack intellective nature. All this makes abundantly clear that one is not dealing merely with the extrinsic susceptibility of creatures to divine miracles, that is, with natures being supernaturally transmuted. Rather, what is involved is the constellation of a created nature's passive potencies in relation to the active agency of God. In this way acts of a creature can proceed from a supernatural principle without ceasing to be true acts of the creature. », p. 51-52.

3. Sur la défense de la Toute-Puissance divine dans la condamnation parisienne, on pourra consulter le chapitre « Onnipotenza divina e ordine del mondo » de L. Bianchi dans son livre *Il vescovo e i filosofi. La condanna parigina del 1277 e l'evoluzione dell'aristotelismo scolastico*, Bergamo, 1990, p. 63-105.

4. Cf. *ST* 2a2ae q. 26 a. 13 s.c. Cet axiome se retrouve aussi en *In 4Sent.* d. 44 q. 2 a. 1 qc. 4 ad 5m ; a. 4 qc. 1 ad 3m ; d. 48 q. 2 a. 2 arg. 10 ; *De ver.* q. 8 a. 5 arg. 3 et ad 3m ; *Quodl.* 1 q. 10 a. 1 s.c.

CHAPITRE III

LES MIRACLES

LES MIRACLES DE L'ÉCRITURE

Saint Thomas accueille avec ses contemporains ce que l'Écriture présente comme miracles, aussi bien dans l'Ancien que dans le Nouveau Testament[1]. Parmi les miracles de l'Ancien Testament, Thomas mentionne surtout les miracles accomplis lors du départ d'Égypte vers la terre promise racontés dans le livre de l'*Exode*. L'événement singulier le plus souvent cité est l'ouverture par Dieu d'un passage dans la mer[2], mentionnée à 18 reprises dans l'ensemble des œuvres de saint Thomas. Suivent le don de la manne et des cailles[3], mentionné à 12 reprises, puis la rencontre de Moïse avec Dieu sur la montagne[4], mentionnée à 11 reprises. Des miracles réalisés par les prophètes apparaissent ensuite comme les plus nombreux : la résurrection de l'enfant de la Sunamite par Élisée[5], mentionnée 9 fois ; l'enlèvement d'Élie au ciel[6], mentionné 9 fois ; le feu que fait tomber Élie sur l'holocauste[7], mentionné 8 fois ; la guérison de Naaman le lépreux par Élisée[8], mentionnée 7 fois.

Dans l'Ancien Testament, la figure de Moïse apparaît comme la grande figure du thaumaturge, avec un total de 102 mentions en lien avec un événement miraculeux. Moïse est cependant beaucoup plus qu'un thaumaturge, il est le grand législateur du peuple élu et le prophète par excellence. Le livre du *Deutéronome*[9] dira d'ailleurs qu'après Moïse, il ne s'est plus levé, en Israël, de prophète

1. Les statistiques qui suivent ont été tirées du fichier spécialisé de la Commission léonine à Ottawa. En annexe, nous avons reproduit, à titre d'exemple, les références concernant les faits miraculeux de l'Ancien Testament.

2. *Ex* 14,15-31.

3. *Ex* 16.

4. *Ex* 19,12-25 et 24,12-18.

5. *2R* 4,32-37.

6. *2R* 2,11.

7. *1R* 18,20-40.

8. *2R* 5,1-19.

9. *Dt* 34,10.

semblable[1] : « Les miracles de certains autres prophètes ont été plus grands quant à la substance du fait; mais ceux de Moïse les ont surpassés par la manière de les produire, car c'est devant tout un peuple qu'ils ont été accomplis »[2]. Puis, vient la figure d'Élisée qui, bien que moins souvent évoquée (le nom d'Élisée apparaît à 41 reprises) que celle d'Élie (son nom apparaît à 141 reprises), représente une figure de thaumaturge, car sur ces 41 apparitions, 28 sont liées à des miracles (notamment, 9 fois à la résurrection de l'enfant de la Sunamite en *2R* 4,32-37; 6 fois à la guérison de Naaman le lépreux en *2R* 5,1-19). Élie n'apparaît chez saint Thomas que 10 fois comme lié à des miracles sur les 141 apparitions de son nom, dont le plus célèbre est son enlèvement au ciel[3].

Pour les miracles du Nouveau Testament la figure incontestée du thaumaturge est celle de Jésus. Quant aux miracles eux-mêmes la palme revient à la guérison du serviteur du centurion[4] avec 31 mentions, puis la pêche miraculeuse[5] avec 27 mentions et enfin la guérison d'un lépreux[6] et celle des deux possédés[7] avec 18 mentions. Ceux-ci nous sont familiers. Cependant, d'autres le sont moins et pourraient spontanément être négligés comme miracles par nous. Dans le commentaire sur *Jean* : le fait de chasser les vendeurs du Temple[8], la réaction des gardes et des serviteurs à Gethsemani[9], le chant du coq lors du reniement de Pierre[10], la venue du Ressuscité auprès de ses disciples dans un lieu dont les portes étaient closes[11]. Dans son commentaire de *Matthieu*: la venue rapide des mages[12], l'étoile de Bethléem[13], la vocation de Matthieu[14], la conversion du monde entier à la foi chrétienne[15]. Dans son commentaire sur *Job* : la sagesse et

1. À ce sujet Thomas ajoute : « Sous certains rapports, tel ou tel des prophètes a été plus grand que Moïse, mais, absolument parlant, il les surpasse tous. On a vu ce qu'il faut considérer dans la prophétie : la connaissance, tant selon la vision intellectuelle que selon la vision de l'imagination; l'annonce; et la confirmation par le miracle. Or Moïse a été le plus grand de tous. » 1) Quant à la vision intellectuelle, il a contemplé l'essence même de Dieu, comme S. Paul dans son ravissement [...]. Aussi, lit-on dans les *Nombres* (12,8) que Moïse « a vu Dieu directement et non sous des figures ». 2) Quant à la vision de l'imagination, il l'avait pour ainsi dire à sa disposition; non seulement il entendait des paroles, mais il voyait celui qui lui parlait, même sous la forme de Dieu, et cela non seulement pendant le sommeil, mais aussi durant la veille. L'Exode dit en effet (39,11) : « Le Seigneur lui parlait face à face, comme un homme parle à son ami. » 3) Quant à l'annonce prophétique, il s'adressait à tout le peuple fidèle à la place de Dieu, en lui proposant comme une nouvelle loi; les autres prophètes, au contraire, parlaient au peuple au nom de Dieu, et l'amenaient à l'observance de la loi de Moïse, selon cette parole du Seigneur en *Malachie* (3,22) : « Souvenez-vous de la loi de Moïse, mon serviteur ». 4) Quant aux miracles, il les accomplit devant tout un peuple d'infidèles.

2. *ST* 2a2ae q. 174 a. 4 et ad 2m.

3. *2R* 2,11.

4. *Mt* 8,5-13 et par.

5. *Lc* 5,1-11 et *Jn* 21,1-11.

6. *Mt* 8,1-4 et par.

7. *Mt* 8,28-34 et par.

8. *In Iohannem* 2, lect. 3, n° 419 et 4, lect. 6, n° 670.

9. *In Iohannem* 18, lect. 1, n° 2283.

10. *In Iohannem* 18, lect. 4, n° 2327.

11. *In Iohannem* 20, lect. 4, n° 2527; 20, lect. 6, n° 2554; *ST* 3a q. 45 a. 2.

12. *In Matth.* 2, lect. 1, n° 165.

13. *In Matth.* 2, lect. 1, n° 171.

14. *In Matth.* 9, lect. 2, n° 757.

15. *In Matth.* 14, lect. 2, n° 1936 et 28, lect. 1, n° 2461.

l'éloquence d'Éliud[1], les épreuves de Job[2]. À ces miracles il faut ajouter la formation du corps d'Adam et d'Eve[3] et la conversion miraculeuse de saint Paul[4] qui tiennent du miracle à cause du processus inhabituel qui les caractérisent.

D'autres faits extraordinaires que nous aurions peut-être tendance à compter parmi les miracles ne sont pas considérés comme des miracles par saint Thomas. Ceux qui ne peuvent être faits que par Dieu seul, mais qui pour une raison ou une autre ne satisfont pas aux critères du miracle : la création du monde[5], la création de chaque âme humaine[6], la justification des pécheurs[7], la gloire des corps ressuscités[8]. Ceux qui ne relèvent pas de Dieu immédiatement, mais d'une causalité créée, comme les porcs qui furent précipités dans la mer par une activité démoniaque permise par Dieu[9].

LES MIRACLES HORS DE L'ÉCRITURE

En dehors de l'Écriture, notre auteur se fait très discret sur les miracles réalisées par les saints : sainte Agnès, dont on sait qu'il portait sur lui les reliques, est mentionnée en raison de son martyre et de sa pureté, non de ses miracles[10]; saint Benoît libère un paysan[11]; saint Martin[12], saint Grégoire le Grand[13] et l'apôtre Barthélémy, qui pouvait miraculeusement, à son gré, être vu ou non[14], sont mentionnés comme auteurs de miracles. Cette discrétion est habituelle chez Thomas et s'apparente à celle que l'on retrouve dans la mention des saints, notamment du fondateur de l'ordre, Dominique qui n'est mentionné explicitement qu'une seule fois et ce, dans un sermon[15]. Enfin, il faut souligner que l'Aquinate mentionne l'existence de miracles eucharistiques[16].

Quant aux miracles survenus dans la vie de saint Thomas, ils relèvent davantage de l'hagiographie que de l'histoire[17]. Ils ne correspondent pas non plus

1. *In Iob* 33,7, éd. Léon., vol. 26, p. 174.
2. *In Iob* 16, éd. Léon., vol. 26, p. 102-103.
3. Cf. *In 3Sent.* d. 3 q. 2 a. 2 ad 4m; *ST* 1a q. 91 a. 2 ad 1 et ad 3m; q. 92 a. 4.
4. Cf. *ST* 1a2ae q. 113 a. 10.
5. Cf. *In 2Sent.* d. 13 q. 1 a. 4 ad 3m; *De pot.* q. 4 a. 1 ad 5m; q. 6 a. 1 obj. 9.
6. Cf. *In 4Sent.* d. 17 q. 1 a. 5 ad 1m; *De pot.* q. 3 a. 4 ad 7m; a. 9 ad 2m, ad 5m et ad 6m; *SCG* 2, 89; *ST* 1a q. 118 a. 2 ad 4m; 1a2ae q. 83 a. 1 ad 3m.
7. *Ordo naturalis inest animae ad justitiae rectitudinem consequendam, In 4Sent.* d. 17 a. 5 ad 1m; *justificatio impii non est supra potentiam naturalem, ST* 1a2ae q. 113 a. 10.
8. Cf. *Quodl.* q. 10 a. 1.
9. Cf. *ST* 3a q. 44 a. 4 ad 1m.
10. *In 4Sent.* d. 49, q. 5 a. 3 qc. 3 ad 9m; *Quodl.* 3 q. 6 a. 3 ad 3m.
11. *De pot.*, q. 6, a. 4.
12. *In Matth.*, n° 940.
13. *In Matth.*, n° 1470.
14. *ST* 3a q. 54 a. 1 ad 2m.
15. Saint Dominique est mentionné avec saint François à la fin du sermon *Homo quidam erat diues* que l'on retrouve dans *Opera omnia*, S.E. Fretté et P. Maré (éd.), Paris, 1871-1880, vol. 32, p. 794a.
16. Cf. *ST* 3a q. 76 a. 8.
17. Les textes de base demeurent les documents relatifs à la canonisation que l'on trouvera dans les *Fontes Vitae S. Thomae Aquinatis notis historicis et criticis illustrati*, D. Prümmer et

à l'idéal de sainteté proposé et vécu par les ordres mendiants de cette époque. Comme le dit Vauchez, les prédicateurs devaient répandre, surtout après 1230, « l'idée que c'était dans la vie des saints et non dans leurs miracles que résidait leur vraie grandeur »[1] et que les miracles devaient plutôt être vus comme « les effets d'un comportement moral et d'une vie spirituelle dont l'Église était seule juge »[2]. Thomas se rattache à cette sainteté, non seulement en raison de son appartenance à l'ordre de saint Dominique, mais surtout par le zèle qui animait sa recherche : la devise des Prêcheurs *Contemplari et contemplata aliis tradere* devait trouver chez lui sa plus belle illustration. Lorsque Jean XXII le canonisera en 1323, ce sont ces mêmes traits qu'il exaltera chez Thomas et chez les Prêcheurs[3]. N'ira-t-il pas jusqu'à dire que frère Thomas a fait autant de miracles qu'il a résolu de questions (*tot miracula fecit, quot quaestiones determinavit*) ?[4].

LE MIRACLE LE PLUS IMPORTANT

Ces statistiques ne disent pas tout de l'importance relative des miracles entre eux. La traversée de la mer par les Hébreux est sans doute plus importante que la transformation du bâton de Moïse en serpent et la résurrection d'un mort est sans aucun doute plus importante que la guérison d'un malade[5]. Comment, cependant, évaluer leur importance respective ? Comment classer les miracles ? Selon quels critères ? Saint Thomas s'y essaie à plusieurs reprises de façon plus ou moins convaincante. Une première façon est de les classer selon les diverses sortes de créatures en cause : les substances spirituelles, les corps célestes, les hommes, les

M.-H. Laurent (éd.), Toulouse, s.d. (6 fasc., publiés à l'origine dans la *RThom* de 1911 à 1937) et la biographie écrite par Guillaume de Tocco. Cette dernière a été récemment éditée par C. Lebrun-Gouanvic, *Ystoria sancti Thome de Aquino* de Guillaume de Tocco (1323), « Studies and Texts », n° 127, Toronto, 1996. Au sujet des miracles dans la vie de saint Thomas, voir les p. 45-60.

1. A. Vauchez, *La sainteté en Occident aux derniers siècles du Moyen Âge d'après les procès de canonisation et les documents hagiographiques*, « BEFAR », n° 241, Rome, 1981, p. 619. De façon plus explicite, il écrivait quelques chapitres auparavant : « [...] la sainteté des Mendiants constitue dès l'origine une réalité cohérente et profondément originale, au sein de laquelle viennent se fondre la rigueur ascétique des ermites, la fidélité monastique à la règle, et l'esprit apostolique, manifesté par la prédication évangélique. Vivant au milieu des hommes sans mener une vie mondaine, astreints à la récitation de l'office divin mais non cloîtrés, les ordres nouveaux proposent un modèle dont la charge morale et spirituelle est très élevée. Cela n'exclut pas que certains d'entre eux aient été de leur vivant, et plus encore après leur mort, de grands thaumaturges. Mais il semble bien que leur charité et leur zèle pastoral inlassable [*zelus animarum* ou *zelus spiritualis*], aient, plus que leurs miracles ou leurs exploits ascétiques, attiré sur eux l'attention des fidèles. C'est cet aspect de leur sainteté que la papauté a choisi d'exalter, en portant sur les autels entre 1228 et 1253, S. François d'Assise, S. Antoine de Padoue, S. Dominique et S. Pierre Martyr. », *ibid.*, p. 397-398 ; aussi p. 450-455.

2. *Ibid.*, p. 627.

3. Le texte de la bulle de canonisation est donné par A. Walz dans *Xenia Thomistica*, vol. 3, p. 173-188.

4. Le pape aurait prononcé ces paroles lors d'un sermon précédant de quelques jours la canonisation de Thomas. Sur l'histoire et les bases documentaires de ces paroles, consulter P. Mandonnet, *La canonisation de saint Thomas d'Aquin, 1317-1323*, dans *Mélanges thomistes*, publiés par les Dominicains de la Province de France à l'occasion du VIe centenaire de la canonisation de S. Thomas d'Aquin, « Bibliothèque thomiste », n° 3, Le Saulchoir-Kain, 1923, p. 39, note 1.

5. Cf. *Jn* 5,20-23 et le commentaire de Thomas : *In Iohannem* 5, lect. 4, n° 756 et 761.

créatures dépourvues de raison[1]. Une autre façon est de les classer selon leur rapport avec les capacités de la nature: un miracle peut dépasser les capacités naturelles selon la substance même du fait, selon le sujet où il s'accomplit, selon la manière dont il se produit[2].

Il en déduit que certains miracles peuvent être considérés comme « mineurs » (il les appelle « signes », *signa*) en tant que l'effet produit appartient normalement aux capacités de telle ou telle réalité, mais se réalise dans le cas du miracle d'une façon inhabituelle. La guérison de la fièvre de la belle-mère de Pierre est un exemple typique de ce genre de miracle: la chose est tout à fait possible pour la nature, mais elle se réalise, dans le cas précis, grâce à l'intervention de Jésus. D'autres miracles sont considérés comme «majeurs» et appelés prodiges (*prodigia, portenta*), phénomènes hors des possibilités de la nature. Des exemples en sont la naissance virginale de Jésus et la résurrection[3]. Dans cette même ligne de pensée, Thomas parle parfois de miracles *supra naturam*, *praeter naturam* et *contra naturam*[4]. Il faut cependant noter que dans la *Somme contre les Gentils*, Thomas dédie tout un chapitre à expliquer que les miracles ne sont pas *contra naturam*, tout au plus peuvent-ils sembler contraires à l'ordre d'une nature particulière[5]. Il cite ailleurs saint Augustin pour appuyer son avis que Dieu ne fait rien contre la nature[6].

L'Incarnation, la Résurrection et l'Eucharistie

Il est cependant un groupe de miracles qui occupent une place privilégiée dans la pensée et la piété de notre auteur, miracles que plusieurs n'identifieraient peut-être pas à des miracles: l'Incarnation, la Résurrection et l'Eucharistie. L'Incarnation et la Résurrection n'ont pas leur pareil: « [...] en ces deux mystères du Christ se manifeste au plus haut degré la puissance de la divinité. Rien, en effet, n'a pu se faire de plus admirable que ceci: que Dieu se soit fait homme et que l'humanité, dans le Christ, ait été rendue participante, après sa résurrection, de l'immortalité divine »[7]. Entre ces deux mystères, notre auteur semble hésiter à donner la priorité à l'un ou à l'autre. Il dira que rien n'est plus admirable que l'Incarnation et qu'elle est le miracle par excellence[8], le «*miraculum*

1. Cf. *ST* 3a q. 44.
2. Cf. *ST* 1a q. 105 a. 8.
3. Cf. *In ep. ad Hebr.* 2, lect. 1, n° 99 et *In ep. ad Rom.* 15, lect. 2, n° 1171.
4. Dans le commentaire sur les *Sentences* Thomas adopte déjà cette division tripartite. Cf. *2Sent.* d. 18, q. 1, a. 3. Voir à ce sujet V. Boublik, *L'azione divina «praeter ordinem nature» secondo S. Tommaso d'Aquino*, « Cathedra sancti Thomae Pontificae Lateranense », n° 7, Roma, 1968.
5. *Quicquid igitur a Deo fit in rebus creatis, non est contra naturam, etsi videatur esse contra ordinem proprium alicuius naturae*, *SCG* 3, 100.
6. « Dieu qui a créé et constitué tous les êtres ne fait rien de contraire à la nature, car la nature de chaque être, c'est ce qu'il crée (*Contra Faustum* 26, 3 (*PL* 42,480) », *ST* 3a q. 44 a. 2 ad 1m.
7. [...] *quia in istis duobus maxime virtus divinitatis commendatur in Christo. Nihil enim mirabilius fieri potuit quam quod, Deus factus est homo, et quod humanitas in Christo, post eius resurrectionem, immortalitatis divinae particeps effecta est*, *In Iohannem* 2, lect. 3, n° 397-398.
8. *Praecipuum vero portentum est, quod Deus factus est homo*, *In ep. ad Hebr.*, n° 99; *Sed nihil est admirabilius quam Filius dei homo factus [...]. Vocabitur nomen eius Admirabilis*, *In Iohannem* 6, lect. 4, n° 914; *inter omnia mirabilissimum*, *SCG* 4, 27.

miraculorum »[1]. Elle rend possible tous les autres miracles du Christ[2] et demeure la raison d'être de tous les autres miracles qui existent pour permettre de croire à l'Incarnation[3]. Mais il dira aussi que la Résurrection ne cède en rien en grandeur à l'Incarnation, car en elle se manifeste au plus haut degré la puissance de la divinité du Christ[4]. Quant au sacrement de l'Eucharistie, il apparaît en lui-même, et non pas seulement en certains phénomènes accompagnant le sacrement qu'on appelle habituellement miracles eucharistiques[5], comme un miracle, comme le plus grand des miracles. Dans l'office de la Fête-Dieu, il ne se contente pas de parler de merveille (*Quod hoc sacramento mirabilius*), il parle bel et bien de miracle (*miraculorum ab ipso factorum maximum*)[6]. La transsubstantiation est au cœur de ce miracle[7].

CE QUE SONT LES MIRACLES

L'Aquinate hérite d'une réflexion déjà ancienne sur le miracle. L'inspiration première de saint Thomas et de tout le Moyen Âge demeure en ce domaine la pensée d'Augustin. Sa célèbre définition du miracle : « J'appelle miracle tout événement insolite qui manifestement surpasse l'attente ou les capacités de celui qu'il étonne » (*miraculum voco quidquid arduum aut insolitum supra spem vel facultatem mirantis apparet*)[8] fera école[9]. Chez Augustin, une insistance

1. Cf. *In 3Sent.* d. 3 q. 2 a. 2; *De pot.* q. 6 a. 2 ad 9m; a. 9 obj. 9.

2. [...] *et ideo dicit quod « inclinavit se » (Ioh 8,6), scilicet per incarnationis mysterium, ex quo in carne assumpta miracula fecit, In Iohannem* 8, lect. 1, n° 1131. Il dira pourtant dans la *Somme de théologie* (3a q. 31 a. 1 ad 2m) que le mystère de l'Incarnation n'a pas besoin d'être parmi les plus grands miracles, entendus ici au sens de miracles grandioses et visibles : *non requiritur quid sit maius miraculum, sicut in miraculis quae fiunt ad confirmationem fidei; sed quid sit divinae sapientiae convenientius, et magis expedens humanae saluti, quod requiritur in omnibus quae fidei sunt.*

3. [...] *incarnatio Verbi est miraculum miraculorum, ut sancti dicunt, quia est maius omnibus miraculis, et ad istud miraculum omnia alia ordinantur, De pot.* q. 6 a. 2 ad 9m; *Quod quidem inter divina opera maxime rationem excedit : nihil enim mirabilius excogitari potest divinitus factum quam quod verus Deus, Dei Filius, fieret homo verus. Et quia inter omnia mirabilissimum est, consequitur quod est ad huius maxime mirabilis fidem omnia alia miracula ordinentur : cum id quod in unoquoque genere maximum, causa aliorum esse videatur* (*Métaphys.* 1, 5 993 b 24-26), *SCG* 4, 27.

4. *signum resurrectionis futurum, quia in hoc maxime virtus divinitatis eius ostenditur, In Iohannem* 2, lect. 3, n° 397. Sur la Résurrection comme miracle, voir *In 2Sent.* d. 18 q. 1 a. 3 ad 3m; *In 4Sent.* d. 43 q. 1 a. 1 ad 3m; *De pot.* q. 6 a. 2 ad 4m.

5. Ces miracles eucharistiques sensationnels occupent somme toute peu de place chez saint Thomas. Voir par exemple *ST* 3a q. 76 a. 8.

6. *Officium de festo corporis Christi, In primo nocturno et In secundo nocturno*, dans *Opuscula theologica*, vol. 2., R M. Spiazzi (éd.), Torino-Roma, 1954, p. 277.

7. *Secundo ostendit quomodo corpus Christi incipiat esse sub sacramento, scilicet per hoc quod substantia panis convertitur miraculose in substantiam corporis Christi et substantia vini in substantiam sanguinis, In primam decretalem*, éd. Léon., vol. 40, p. E 38, lignes 721-724. Voir aussi *In 4Sent.* d. 11 q. 1 a. 3 ad 3m; *De pot.* q. 6 a. 2 ad 2m; *ST* 3a q. 29 a. 1 ad 2m.

8. *De util. cred.* 16, 34 (*PL* 42,90), BAug 8, p. 293 (trad. de J. Pegon). Dans le même sens, voir *De vera religione* 25, c. 47, p. 89.

9. Au sujet du miracle chez Augustin, on lira avec intérêt les trois articles déjà anciens de P. de Vooght, « La notion philosophique du miracle selon S. Augustin », *RThAM*, 1938, p. 317-343; « Les miracles dans la vie de Saint Augustin », *RThAM*, 1939, p. 5-16; « La théologie du miracle selon Saint Augustin », *RThAM*, 1939, p. 197-222. De Vooght distingue deux périodes chez Augustin : la

particulière est mise sur la dimension subjective du miracle (le *mirantis apparet* de sa définition). Le miracle (*miraculum*) couvre le large champ du merveilleux (*mirum*), qu'il provienne de Dieu, des anges, des démons, des magiciens, des dieux des païens ou encore de la simple activité des forces naturelles. Dans un passage célèbre de son commentaire sur l'Évangile de Jean, Augustin va jusqu'à exalter ces miracles quotidiens auxquels nous nous sommes habitués. Nous le citons comme représentatif de la pensée d'Augustin :

> Les miracles opérés par notre Seigneur Jésus Christ sont évidemment des œuvres divines et, en partant du visible, ils exhortent l'esprit de l'homme à avoir l'intelligence de Dieu. En effet, comme Dieu n'est pas une nature qu'on puisse voir avec les yeux et que les miracles par lesquels il dirige l'univers et gouverne toute la création ont tellement perdu de leur valeur à force d'être répétés que presque plus personne ne daigne faire attention à ce que Dieu opère d'admirable et d'étonnant en chaque graine de semence, il s'est réservé dans sa miséricorde d'accomplir en temps opportun certaines œuvres en dehors du cours habituel et de l'ordre de la nature afin que ceux qui n'ont plus de considération pour les merveilles de tous les jours s'étonnent en en voyant, non pas de plus grands, mais d'insolites. Gouverner le monde entier est en effet un miracle plus grand que de rassasier cinq mille hommes avec cinq pains, et pourtant, alors que personne n'admire ces merveilles, les hommes admirent le miracle, non parce qu'il est plus grand, mais parce qu'il est rare. Qui en effet maintenant encore nourrit l'univers, sinon celui qui crée les moissons à partir de quelques grains ?[1].

Mais ce serait simplifier à outrance sa conception du miracle que de retenir uniquement les éléments subjectifs d'étonnement et d'ignorance dans le miracle. Sa pensée a aussi mis en avant le caractère objectif du miracle, l'impossibilité de l'expliquer par les seules forces naturelles, la nécessité d'en faire une œuvre que Dieu seul peut réaliser[2]. À la suite d'Anselme de Cantobéry et de Richard de S. Victor et sous l'influence de l'aristotélisme, le travail de saint Thomas sera de rééquilibrer ces deux dimensions du miracle[3].

première qui relègue les miracles à la période de l'évangile et de l'Église naissante (les ouvrages *De vera religione*, *De util. cred.* et le *Super Ioannis evang.* représentent cette période); la deuxième période, amorcée une quinzaine d'années plus tard par les miracles entourant le transfert des reliques de saint Étienne, marque un regain d'intérêt d'Augustin pour les miracles et leur place dans l'économie du salut. Cette période est représentée par des textes comme ceux de *De Trinitate* 3, 5-10, *De Genesi ad litteram* 6, 14 et 9, 16-18. Ces articles doivent être complétés par les notes plus récentes des éditeurs de la Bibliothèque augustinienne : G. Bardy et F.-J. Thonnard, « Le miracle dans la théologie augustinienne », dans *La Cité de Dieu*, BAug 37, p. 795-801. Sur l'évolution de la définition du miracle à partir d'Augustin jusqu'à saint Thomas en passant par Anselme, Richard de S. Victor, Guillaume d'Auvergne et Alexandre de Halès, voir A. van Hove, *op. cit.*, p. 28-51.

1. *Homélies sur l'évangile de saint Jean*, 24, c. 1, BAug 72, p. 406-407 (trad. de F. Berrouard).

2. Cf. *De Gen ad litt.* 9, c. 15 (*PL* 34,403-404); c. 18 (*PL* 34,406-407); *Civ. Dei* 10, c. 12 (*PL* 41,291); 21, c. 8 (*PL* 41,721); 22, c. 9-10 (*PL* 41,768-772).

3. En ce sens saint Thomas utilise Anselme (cf. *De pot.* q. 6 a. 2 s.c. 1 ; a. 4 obj. 6), Richard de S. Victor (*De pot.* q. 6 a. 2 s.c. 2 : *Miraculum est opus creatoris manifestativum divinae virtutis*). Encore une fois, nous ne pouvons que renvoyer à A. van Hove, *op. cit.*, p. 38-51.

L'autre élément essentiel de l'héritage augustinien est sa tentative d'expliquer l'histoire naturelle et les miracles par sa théorie des raisons causales [1]. À l'origine, Dieu a tout créé, les êtres créés, les raisons de leur développement futur, la capacité de devenir tout ce que Dieu voudra bien en faire [2]. Les deux exemples les plus typiques à cet égard sont la formation miraculeuse des corps d'Adam et d'Ève. Le limon dont Adam fut formé n'est pas naturellement ordonné à engendrer un homme, mais, parce que tel fut le cas, il faut bien soutenir qu'il a aussi cette capacité d'engendrer le corps. Mais il ne le peut qu'avec l'intervention particulière de Dieu [3]. Même chose avec la formation du corps d'Ève à partir de la côte d'Adam : il ne provient pas de l'évolution naturelle des éléments existant, même des raisons séminales déjà en place [4], mais d'une intervention divine qui donne à ces raisons séminales la capacité d'être à l'origine du corps de la femme [5].

À partir de Guillaume d'Auxerre, mort en 1231, l'influence nouvelle d'Aristote se fait nettement sentir. La nature se conçoit en termes de puissances active et passive [6]. Les miracles s'expliquent dès lors en termes de capacité de la nature à obéir à ce que Dieu souhaite réaliser (*naturalis obedientia*), que ce soit le changement de l'eau en vin, la guérison des aveugles, la résurrection des morts ou l'enfantement virginal [7]. Alexandre de Halès reprend ce langage tout en maintenant la théorie des raisons causales d'Augustin, ce qui ne va pas sans certaines difficultés dans la systématisation de sa théorie du miracle. Il est le premier à utiliser l'expression « *potentia oboedientiae* » pour traiter du miracle [8]. Bonaventure [9] et Albert le Grand [10] vont dans la même direction. Même si la parenté d'idées est évidente et qu'une réelle dépendance doctrinale existe il faut remarquer qu'Augustin ne connaît pas l'expression « puissance obédientielle » [11] utilisée par les scolastiques.

Thomas s'inscrit dans cette même veine. Il n'expliquera que très rarement le miracle en fonction de la théorie augustinienne des raisons séminales (principes de l'évolution naturelle), causales (principes permettant à la créature de devenir tout ce que Dieu veut en faire, notamment à travers les miracles) et idéales (prin-

1. Cf. A. van Hove, *op. cit.*, p. 90-116. Pour plus de précisions sur les raisons causales et leur rôle dans le miracle, voir P. Agaësse et A. Solignac, « Le double moment de la création et les "raisons causales" », dans *La Genèse au sens littéral*, BAug 48, p. 653-668 et « L'homme formé du limon et les raisons causales », *ibid.*, p. 685-690.

2. *dedit quidem naturis quas creavit ut eis et haec fieri possent*, *De Gen. ad litt.* 9, c. 17, n° 32 (*PL* 34,406) ; voir aussi c. 18, n° 34 (*PL* 34,407).

3. *De Gen. ad litt.* 6, c. 15, n° 26 (*PL* 34,349-350).

4. *De Gen. ad litt.* 9, c. 15, n° 26 (*PL* 34,403-404) ; c. 17, n° 32 (*PL* 34,406).

5. *De Gen. ad litt.* 9, c. 18, n° 34 (*PL* 34,407).

6. Cf. A. van Hove, *op.cit.*, p. 102-116.

7. *Summa aurea*, J. Ribaillier (éd.), « Spicilegium bonaventurianum », n° 16, Paris-Grottaferrata, 1980, vol. 1, tr. 11, cap. 1-4, p. 202-210.

8. *Summa theol.*, Quaracchi (éd.), Firenze, p. 1 q. 21 m. 5 a. 1 et 2 ; p. 2 q. 42 m. 4 a. 1 ; m. 5 a. 5 ; q. 85 m. 3 ad 4m.

9. Cf. *In 2Sent.* d. 18 a. 1 q 2.

10. Cf. *In 2Sent.* d. 18 a. 6 et 7 ; *In 4Sent.* d. 11 a. 4 ; d. 43 a. 3 ad 5m.

11. Cf. par exemple *De Gen. ad litt.* 9, c. 17, n° 32 (*PL* 34,406).

cipes situés en Dieu comme prototypes de tout ce qui peut se produire)[1]. Il utilise le vocabulaire augustinien, mais la pensée est résolument aristotélicienne. Sa définition du miracle comme l'« accomplissement de choses en dehors de toute la nature créée » nous oriente en ce sens[2].

Des merveilles de Dieu qui provoquent l'étonnement

Le mot «*miracula*» partage avec les mots *mirari*, *mirus*, *mirabilia* et *admiratio* la même origine linguistique. Le miracle a quelque chose à faire avec l'admiration et la capacité de s'émerveiller. De là à traduire *admiratio* à tout coup par admiration, il n'y a qu'un pas. Cependant *admiratio* n'a pas toujours cette résonnance positive associée au mot admiration. Les commentaires de l'Écriture nous en fournissent de nombreux exemples. Il s'agit souvent, pour Thomas, d'un simple étonnement, comme l'étonnement des Juifs par rapport à l'absence de Jésus à Jérusalem (*Jn* 11,54-58)[3] ou encore celui de l'Évangéliste qui s'étonne de la dureté des Juifs à l'endroit de Jésus (*Jn* 12,37)[4]. La preuve en est que l'étonnement suscité par les miracles de Jésus (*Mt* 13,54-58) peut tout aussi bien donner naissance au scandale et au rejet de Jésus qu'à l'adhésion de foi[5].

Le miracle est à ce point lié à la réaction des témoins que les faits les plus ordinaires, mais perçus par un esprit particulièrement éveillé, peuvent être appelés miracles ou merveilles (*miracula*, *mirabilia*). Dans le commentaire sur le livre de *Job*, par exemple, les expressions relatives à l'étonnement reviennent à plus de 50 reprises et sont liées à toutes les œuvres de Dieu qu'elles soient ordinaires ou extraordinaires. L'appellation la plus fréquente est celle de merveilles (*mirabilia)*. Les miracles (*miracula*) ne représentent qu'un petit nombre parmi les merveilles[6]. Mais là n'est point l'insistance. Ce qui importe est l'attitude de Job au début et à la fin du livre. Le changement chez Job commence en fait avec l'éveil de sa capacité d'étonnement. Les occasions qui lui sont données sont nombreuses, que ce soit à travers les faits de la nature ou les faits extraordinaires. Ce qui change chez lui est la résonnance intérieure et le sens que prennent tous ces événements. À la fin de son évolution, ils ne sont plus de simples faits matériels sans origine et sans finalité survenus par hasard. Ils sont les œuvres d'un Dieu personnel qui manifeste sa sagesse et sa force à travers eux : ils sont les *mirabilia operum*

1. Cf. *In 1Sent.* d. 42 q. 2 a. 2 ad 4m; *In 2Sent.* d. 18 q. 1 a. 3 ad 2m; *In 4Sent.* d. 4 q. 3 a. 2 sol. 1 ad 3m; *De pot.* q. 6 a. 1 obj. 4; *ST* 1a q. 115 a. 2 ad 4m.

2. *aliquid dicitur esse miraculum, quod fit praeter ordinem totius naturae creatae*, *ST* q. 110 a. 4.

3. *In Iohannem* 11, lect. 8, n° 1587.

4. *In Iohannem* 12, lect. 7, n° 1688-1689.

5. [...] *duplex est admiratio. Una devotionis, secundum quod aliquis magnalia Dei considerans [Sir 18,5; 2Mac 3,34; Act 2,11], cognoscit ea sibi incomprehensibilia esse : unde relinquitur admirationi locus, secundum illud Ps 92,4 : « Mirabilis in altis Dominus »; et alibi Ps 118,129 : « Mirabilia testimonia tua ». Et ad hanc homines sunt inducendi, non prohibendi. Alia est infidelitatis, dum quis ea quae dicuntur non credens, miratur. Unde dicitur Matth 13,57 quod « mirabantur in doctrina Christi » : et sequitur, quod « scandalizabantur in eo ». Et ab hac admiratione Dominus Nicodemum removet, inducens exemplum, cum dicit « Spiritus ubi vult spirat »*, *In Iohannem* 3, lect. 2, n° 449; voir aussi les numéros 7, lect. 2, n° 1045 et 16, 3, n° 2101 à ce sujet.

6. Les expressions *miraculum* et *miraculose* apparaissent à 7 reprises dans le commentaire de saint Thomas, alors que *mirabilium*, *miror* et *admiror* apparaissent 34 fois.

divinorum que Job ne peut contempler que dans un silence admiratif[1]. Toutes les œuvres de Dieu manifestent sa sagesse et sa force, qu'elles soient habituelles et régulières comme le vent, la pluie, la chaleur et le froid ou encore les mouvements des astres ; qu'elles soient inhabituelles et irrégulières comme les tremblements de terre, la grêle ou le tonnerre[2]. Elles peuvent être hors de l'ordinaire. Ce qui est inhabituel, insolite, rare a l'avantage d'attirer l'attention et de solliciter l'intelligence des témoins[3]. Comme saint Augustin l'avait déjà écrit : « Quand Dieu fait quelque chose en dehors du cours connu et habituel de la nature, on qualifie cela de haut fait et de merveille »[4].

Ce caractère extraordinaire du merveilleux ne doit cependant pas être compris uniquement selon les apparitions plus ou moins nombreuses de tel ou tel phénomène. Le merveilleux et le miracle se résumeraient à ce qui est statistiquement rare. Dans ces phénomènes se cache aussi une disproportion entre les causes mises en œuvre et le résultat. Plus ou moins consciemment l'esprit saisit cette disproportion et postule une cause de puissance extraordinairement grande pour rendre compte des phénomènes. Dans le cas des miracles proprement dits, la cause ne peut être que Dieu, le miracle étant hors de proportion avec l'ensemble des êtres créés, comme nous le verrons bientôt. Le miracle est d'autant plus grand que la disproportion entre les réalités naturelles en cause et leur capacité à expliquer ce qui survient est grande. L'Ancienne Alliance vivait déjà de ce mystère[5]. Le cas limite, tout théorique parce qu'il y eut de fait des miracles, serait la conversion du monde entier sans miracle[6].

Cette disproportion est au cœur de l'Évangile tel que le conçoit et le ressent saint Thomas. Nous savons peu de chose de sa vie intérieure et nous sommes le plus souvent laissé à des conjectures, mais çà et là à travers ses écrits perce un enthousiasme religieux nous livrant quelque chose de cette flamme évangélique qui l'animait. Un de ces passages parle des conditions pauvres et humbles où le

1. *Haec autem omnia sunt inducta ad ostendendum magnitudinem divinae sapientiae et virtutis per quam tam mirabiles effectus producuntur : unde datur intelligi quod Iob auditis tot mirabilibus divinorum effectuum stupens siluit* [...], *In Iob* 39, éd. Léon., vol. 26, p. 212, lignes 326-330 ; *cum enim aliquis aliqua magna et mirabilia considerat, in stuporem adducitur et exinde contingit quod oculos attonitos habet*, *In Iob* 15, éd. Léon., vol. 26, p. 97, lignes 105-108.

2. *In Iob* 37, éd. Léon., vol. 26, p. 195-196 et *In Iob* 38, éd. Léon., vol. 26, p. 202-206.

3. *quae enim insolita sunt admirationem et timorem inducere solent*, *In Iob* 4, éd. Léon., vol. 26, p. 30. [...] *non ea quae frequenter fiunt, et secundum communem modum miramur ; sed insolita et ardua, sive bona, sive mala sint, admiramur*, *In Iohannem* 9, lect. 3, n° 1345.

4. *Contra Faust.* 26, 3 (*PL* 42,481).

5. Thomas en fait mention explicitement au sujet des prophètes : cf. *In 1 ep. ad Cor.* 1, lect. 3, n° 52, 54 ; lect. 4, n° 65, 68 ; *In Matth.* 15, lect. 2, n° 1344.

6. *Ad credenda ea quae sunt fidei, aut sunt miracula facta, aut non. Si sunt facta miracula, habeo propositum quod dignissima et certissima est. Si non sunt facta, hoc est maximum omnium miraculorum, quod per quosdam paucos conversi sunt ad fidem infinita multitudo hominum ; per pauperes, praedicantes paupertatem, divites ; per idiotas, praedicantes ea quae rationem excedunt, conversi sunt sapientes et philosophi. Ps 18,5 : « In omnem terram exivit, sonus eorum »*, *In 1 ep. ad Cor.* 15, lect. 1, n° 890.

Christ et les apôtres ont réalisé leurs miracles[1]. Nous nous permettons d'en citer un large extrait :

> [...] On n'accorde pas une foi tout à fait ferme à la vérité quand elle est enseignée par un homme [...]. Ainsi donc il fallut que le Fils de Dieu devenu homme proposât aux hommes un enseignement de la vérité divine en montrant que cet enseignement est d'origine divine et non pas humaine. Et cela, il l'a montré par un grand nombre de miracles. Accomplissant ce que Dieu seul peut faire, par exemple ressusciter les morts, illuminer les aveugles et d'autres choses semblables [...] on devait conclure qu'il parlait aussi par Dieu.
>
> Or, ses miracles, les personnes présentes avaient pu les voir, tandis que les générations suivantes auraient pu croire qu'on les avait inventés. Mais la sagesse divine y remédia par la faiblesse du Christ. Car s'il avait vécu dans le monde riche, puissant et établi dans une grande dignité, on aurait pu croire que son enseignement et ses miracles étaient reconnus à cause de la faveur des hommes et de la puissance humaine. Donc, pour que l'œuvre de la puissance divine fût manifeste, il choisit tout ce qui dans le monde est rejeté et faible : une mère pauvre, une vie de dénuement, des disciples et des messagers sans instruction, et même, jusqu'à la mort, la réprobation et la condamnation par les grands de ce monde, afin qu'il apparût à l'évidence que l'accueil de ses miracles et de son enseignement ne fut pas dû à une puissance humaine mais divine.
>
> C'est pourquoi, dans ce qu'il a fait et souffert se joignaient, en même temps, la faiblesse humaine et la puissance divine. [...] Si, voyant la grandeur du fruit de telles semences, c'est-à-dire la conversion du monde presque tout entier au Christ, quelqu'un demande encore d'autres signes pour croire, on peut estimer qu'un tel homme est plus dur que les pierres, puisqu'à la mort du Christ même les pierres se sont fendues. C'est pourquoi l'Apôtre dit aux Corinthiens : « La parole de la croix est folie pour ceux qui périssent, mais pour ceux qui sont sauvés – c'est-à-dire pour nous – elle est puissance de Dieu » (*1Co* 1,18).
>
> [...] Suivant la même disposition de la providence [...] il a aussi voulu que ses disciples, qu'il a institués ministres du salut des hommes, soient rejetés du monde. C'est pourquoi il n'a pas choisi des hommes instruits et nobles, mais des gens dépourvus d'instruction et sans noblesse, c'est-à-dire des pêcheurs pauvres. Et, lorsqu'il les envoya porter le salut aux hommes, il leur commanda de garder la pauvreté, d'affronter les persécutions et les opprobres, et même de se soumettre à la mort pour la vérité, afin que leur prédication ne parût pas agencée en vue d'un avantage terrestre, et que le salut du monde ne fût pas attribué à la sagesse ou à la puissance humaines mais seulement [à la sagesse et à la puissance] de Dieu.

Le cas de l'apôtre Paul est particulièrement digne de mention : d'ennemi de la foi il devient apôtre, le plus petit des apôtres selon ses dires[2], l'avorton[3], celui qui porte un trésor dans des vases d'argile pour bien signifier la fragilité de Paul par

1. *De rationibus fidei* 7, éd. Léon., vol. 40, p. B 66-67. Notre reproduisons ici la traduction de G. Émery, *Les raisons de la foi. Les articles de la foi*, Paris, Le Cerf, 1999, p. 101-113. Voir les autres lieux sur cette question : *In 3Sent.* d. 20, q. 1, a. 1-4 ; *SCG* 3, 53-55 ; *Quodl.* 2 q. 1, a. 2 ; *ST* 3a, q. 40, a. 3 ; q. 46, a. 1-4 et 12 ; q. 50, a. 1 et 6 ; *Comp. theol.* 1, 226-230.

2. *1Co* 10,9.

3. *1Co* 15,8.

rapport à la puissance de Dieu[1] et qui sera miraculeusement changé en un grand saint[2].

Les miracles entrent dans cette disproportion entre les moyens utilisés et les résultats obtenus. Les miracles sont des œuvres de puissance accomplies par des êtres vivant dans la faiblesse, sans pouvoir ou savoir extraordinaires. La façon même de vivre du Christ poursuit ce même objectif qui est de manifester la puissance de Dieu pour mener à Dieu. Il ne veut pas que les hommes s'arrêtent à son humanité ou à celle de ses disciples, mais qu'en voyant les miracles accomplis ils s'étonnent de la disproportion qui existe entre les causes perçues et la réalité causée. Que leur intelligence et leur cœur en soient renversés. Qu'ils en viennent à conclure que Dieu est à l'œuvre en ces événements. Que la kénose du Fils venu dans la chair serve à manifester la gloire du Père et son projet de salut. Comme le dit saint Paul : « Ce qui est folie de Dieu est plus sage que les hommes »[3].

L'ignorance des causes

Le phénomène merveilleux n'est pas seulement rare : ses causes peuvent être ignorées. De ce point de vue, la connaissance qu'ont les témoins importe beaucoup. Certains, plus versés dans la science, ne feront alors que constater des phénomènes qu'ils connaissent et dont ils savent la cause, tels le mouvement des astres[4] ou une éclipse de soleil. D'autres seront étonnés par les mêmes phénomènes parce qu'ils en ignorent la cause. Or, la cause d'un effet apparent à tous peut être connue par certains et ignorée par d'autres. Aussi un événement est-il étonnant pour l'un, et non pour les autres. Par exemple, l'éclipse de soleil étonne l'ignorant, non l'astronome. Mais le miracle est un événement qui suscite pleinement l'admiration parce que sa cause est entièrement cachée à tous. Et cette cause, c'est Dieu. Aussi les actions que Dieu fait en dehors des causes connues de nous sont-elles appelées des miracles[5]. Elles sont l'objet d'étonnement total, leur cause étant entièrement cachée. Sous ce rapport, aussi bien la justification de l'impie que la création et toute œuvre dont Dieu seul est l'auteur, peuvent être regardées comme des miracles.

Ici se fait sentir l'apport significatif d'Aristote dans la problématique du miracle. Il ne fait aucun doute que la réflexion d'Augustin sur la dimension subjective des merveilles et des miracles a été importante pour la réflexion de Thomas. Mais ce serait oublier l'attitude exemplaire de disponibilité dans l'observation des phénomènes que valorise Aristote : la capacité de s'étonner de ce que l'on n'avait pas encore remarqué et celle de chercher la cause de ce que l'on constate. Le désir de savoir ne rejette rien, mais cherche à comprendre ce qui

1. *2Co* 4,7 ; cf. *In 2 ep. ad Cor.* 4, lect. 3, n° 132.

2. Cf. *ST* 1a2ae q. 112 a. 2 ad 2m ; q. 113 a. 10. Au sujet de la condition des apôtres, voir *In 1 ep. ad Cor.* 1, lect. 4, n° 64 ; sur leur origines galiléennes : *In Iohannem* 1, lect. 16, n° 310 ; sur leur condition de pêcheur : *In Matth.* 4, lect. 2, n° 370.

3. *1Co* 1,25.

4. *In Iob* 38, éd. Léon., vol. 26, p. 205-206.

5. Cf. *ST* 1a q. 105 a. 7.

est encore inexpliqué. Le célèbre texte d'Aristote sur l'étonnement mérite d'être cité ici :

> C'est, en effet, l'étonnement (*thaumazein*, *admiratio*) qui poussa, comme aujourd'hui, les premiers penseurs aux spéculations philosophiques. Au début, leur étonnement porta sur les difficultés qui se présentaient les premières à l'esprit; puis, s'avançant ainsi peu à peu, ils étendirent leur exploration à des problèmes plus importants, tels que les phénomènes de la Lune, ceux du Soleil et des Étoiles, enfin la genèse de l'Univers. Or apercevoir une difficulté et s'étonner, c'est reconnaître sa propre ignorance [...] [1].

Tout homme désire connaître les causes de ce qu'il voit. Aussi est-ce l'étonnement qu'ils ressentaient au spectacle de ce dont ils ignoraient les causes qui a poussé les hommes à philosopher. Il leur fallait, pour s'arrêter, avoir trouvé la cause. Mission dépassant les capacités naturelles de l'homme, tant sont grandes et nombreuses les merveilles de Dieu qu'il est appelé à scruter en ce monde[2]. Mission ne s'achèvant en fait que dans la connaissance de la cause première : « Nous n'estimons savoir parfaitement, écrit Aristote[3], que si nous connaissons la cause première ». Il y a donc chez l'homme un désir naturel, qui se présente comme fin ultime, de connaître la cause première. Comme la cause première de toutes choses c'est Dieu, la fin dernière de l'homme est de connaître Dieu, de s'étonner de lui avant de le connaître éternellement dans la vision béatifique.

Le miracle comme merveille praeter ordinem totius naturae

Cet aspect subjectif ne suffit cependant pas à définir le miracle. Il faut aussi que Dieu agisse immédiatement pour causer le phénomène miraculeux, qu'il en soit le maître, l'auteur. Les miracles proprement dits partagent avec d'autres réalités comme la création, la justification de l'impie et bien d'autres dons surnaturels cette origine divine immédiate : elles sont l'œuvre de la seule puissance divine[4]. Mais ces dernières ne posent pas à l'intelligence, de façon aussi aigüe, les mêmes problèmes que les miracles, car elles n'appartiennent pas à l'ordre de la nature. La création donne l'existence aux natures, la justification donne accès à la vie même de Dieu. Elles ne se situent donc pas à l'intérieur ou à l'extérieur de l'ordre des natures individuelles, puisqu'elles ne lui appartiennent pas[5]. La raison étant qu'elles ne sont pas aptes, par nature, à être produites par d'autres causes que Dieu. Ce dernier point a son importance et il pourrait bien avoir conduit l'Aquinate à mettre de côté le miracle de la multiplication des pains. En effet, en certains

1. Aristote, *Métaphysique* 1,2 (982 b 11-21), trad. de J. Tricot, Paris, 1966. Thomas reprend à son compte le passage où Aristote parle de l'étonnement en plusieurs lieux, notamment : *2Sent.* d. 18, q. 1, a. 3; *SCG* 3, 25; *ST* 1a q. 12 a. 1; q. 105, a. 7; 1a2ae q. 3 a. 8; *De pot.* q. 6, a. 2.

2. *fundatio terrae facta est secundum providentiam divinam quam humana intelligentia comprehendere non valet* [...], *In Iob* 38, éd. Léon., vol. 26, p. 200, lignes 103-105.

3. *Métaphysique* 1, 3 983a 25-26.

4. Cf. *ST* 1a2ae q. 113 a. 10. En ce sens, on peut dire que, de même que la prophétie englobe tout ce que l'on peut connaître surnaturellement, l'activité miraculeuse, entendue en ce sens large, a pour objet tout ce que l'on peut produire surnaturellement (cf. *ST* 1a q. 105 a. 6).

5. *non contingunt praeter ordinem naturae : cum haec ad ordinem naturae non pertineant*, *ST* 1a q. 105 a. 7 ad 1m.

passages, saint Thomas envisage l'hypothèse qu'un miracle comme la multiplication des pains se soit fait par voie de création[1], mais il opte décidément pour la conversion de matière dans ses textes de maturité[2]. Qu'un tel miracle ait été réalisé par le Christ qui est homme et Dieu, cela est une chose, mais un tel miracle n'est-il pas impliqué en d'autres épisodes, comme celui de la multiplication de l'huile et de la farine par le prophète Élie[3]? La création posait, dans ce cas, comme dans tous les autres, le problème insurmontable de la collaboration des créatures à l'activité créatrice.

Si Dieu doit causer immédiatement autre chose que ce qui est produit naturellement, il semble aller à l'encontre de sa propre sagesse créatrice. En effet, Dieu agit normalement en chaque créature en soutenant chacune dans l'être et en l'appliquant à l'agir selon les propriétés propres à son essence. Le principe immédiat de ces activités naturelles est la nature propre de chaque réalité. Pour attribuer une action de Dieu en sa création, il semble nécessaire de postuler, à tout le moins, une action qui se fasse par les puissances naturelles qu'il a lui-même créées. Or, Dieu n'agit pas comme nous le pensons : autre est ce qui est agi par Dieu selon le cours de la nature, autre ce qui est opéré de façon miraculeuse[4]. Les vrais miracles ne peuvent s'accomplir que par la vertu divine qui agit hors du cours ordinaire de la nature. La raison de cela est que seul Dieu peut changer l'ordre de la nature, ce qui relève proprement de la raison de miracle[5]. Il ne suffit pas, en effet, pour qu'il y ait miracle que cela soit accompli en dehors de l'ordre de la nature de telle créature particulière (*si aliquid fiat praeter ordinem naturae alicuius particularis*), car alors, lancer une pierre en l'air serait un miracle, puisque cela est étranger aux propriétés naturelles de la pierre. Un fait n'est un miracle que s'il se produit en dehors de toute la nature créée (*dicitur esse miraculum, quod fit praeter ordinem totius naturae creatae*). Cela, Dieu seul peut le faire[6]. En effet, Dieu n'est pas soumis à l'ordre des causes secondes ; c'est cet ordre qui lui est soumis, parce qu'il procède de lui non par nécessité de nature, mais par choix de sa volonté. Il aurait pu instituer un ordre de choses différent. C'est pourquoi il peut agir en dehors de tel ordre institué, quand il le veut ; il peut, par exemple, produire les effets des causes secondes sans leur concours, ou produire certains effets qui dépassent la puissance des causes secondes. De là cette parole de saint Augustin : « Dieu agit contre le cours habituel de la nature, mais il ne fait rien qui aille contre sa loi souveraine pas plus que contre lui-même »[7]. L'objection porterait si la dérogation portait non pas sur l'ordre des choses

1. Cf. *In 2Sent.* d. 18 q. 1 a. 1 ; *ST* 1a. q. 92 a. 3 ad 1m.
2. Cf. *ST* 3a q. 44 a. 4 ad 4m.
3. *1R* 17.
4. *aliud est quod miraculose agitur, aliud est quod agitur secundum cursum naturae*, *In Iob* 7, éd. Léon., vol. 26, p. 48-49, lignes 232-234.
5. Cf. *ST* 3a q. 43 a. 2.
6. Parmi les très nombreux textes à l'appui de cette affirmation, mentionnons *In 2Sent.* d. 18 q. 1 a. 3 ; *In 4Sent.* d. 45 q. 1 a. 1 ad 3m ; *De pot.* q. 6 a. 2, 3 et 9 ; *ST* 1a q. 91 a. 2 et 3 ; q. 92 a. 4 ; q. 105 a. 6 et 7 ; q. 110 a. 4 ; 2a2ae q. 178 a. 1 ad 1 et ad 3m ; 3a q. 13 a. 1 ad 2m ; q. 43 a. 1, 2 et 4 ; *In Iohannem* 10, lect. 5, n° 1430.
7. Cf. *ST* 1a q. 105 a. 6.

lui-même, mais sur la préscience, la volonté ou la bonté de Dieu. Dieu ne peut rien faire contre cet ordre, car en ce cas il agirait contre lui-même [1].

Ce qui arrive miraculeusement dans les réalités naturelles survient en dehors de leur nature foncière. Thomas va même jusqu'à exclure l'activité concommitante de la créature et de Dieu pour produire le même effet : *ea quae fiunt a natura, fiunt etiam a Deo; sed ea quae Deus miraculose facit, non fiunt a natura* [2]. Cela peut se produire d'une double manière. D'abord, par l'action exercée sur une chose par un autre agent naturel qui n'est pas l'auteur de son inclination naturelle; ainsi l'homme qui lance en l'air un corps lourd; ce n'est pas lui qui a donné au corps sa lourdeur, et l'action de cet homme va à l'encontre de la nature du corps. En second lieu, par l'action d'un agent duquel dépend l'inclination naturelle. Dans ce cas, il n'y a pas action contre la nature de l'être sur lequel l'agent exerce son pouvoir. Le flux et le reflux de la mer ne vont pas à l'encontre de la nature de l'eau, bien qu'ils soient en dehors de son mouvement naturel qui l'entraîne vers le bas. Le flux et le reflux viennent en effet de l'influence d'un corps céleste qui tient sous sa dépendance l'inclination naturelle des corps inférieurs. Et puisque l'ordre de la nature a été inscrit par Dieu dans les choses, quand Dieu agit en dehors de cet ordre, il ne va pas contre la nature [3].

L'ordre de la nature peut être dépassé de diverses manières. D'abord, selon la substance même du fait miraculeux produit; par exemple, si deux corps se trouvent ensemble dans un même lieu, si le soleil recule, si un corps humain est glorifié comme ce fut le cas à la Transfiguration : cela, la nature ne peut le faire d'aucune façon. Ensuite, selon le sujet dans lequel l'événement se produit. Il en est ainsi de la résurrection des morts, de la guérison des aveugles, ou d'autres cas semblables. La nature peut en effet produire la vie, mais non dans un cadavre; elle peut donner la vue, mais non à un aveugle. De tels miracles appartiennent au deuxième degré. Enfin, selon la manière et l'ordre selon lesquels il est produit : ainsi lorsqu'un malade est subitement guéri de la fièvre par la vertu divine sans recourir aux remèdes et en dehors du processus ordinaire et naturel de guérison; ou bien quand, par la vertu divine, le ciel se couvre subitement et que la pluie tombe sans cause naturelle, comme le fait se produisit à la prière de Samuel [4] et d'Élie [5]. Ce sont là des miracles du dernier rang. Mais en chacun de ces ordres de miracles, il y a des degrés multiples, selon qu'ils dépassent diversement la puissance de la nature [6].

La causalité instrumentale

La causalité immédiate de Dieu n'empêche cependant pas les créatures d'exercer un rôle dans la réalisation des miracles. Les descriptions des miracles dans l'Écriture accordent une réelle place aux thaumaturges. Il est impossible de

1. Cf. *ST* 1a q. 105 a. 6.
2. *De pot.* q. 6 a. 2 ad 7m.
3. Cf. *ST* 1a q. 105 a. 6 ad1m.
4. *1S* 12,18.
5. *1R* 18,44.
6. *ST* 1a q. 105 a. 8.

les négliger. Comment concilier cependant leur rôle avec l'immédiateté de l'action divine ? Chose certaine aucune créature ne peut revendiquer un pouvoir propre et stable, inhérent à sa nature, de réaliser des miracles. Ce pouvoir, tout comme celui de créer et de justifier, relève de la toute-puissance divine qui ne peut être communiquée à aucune créature [1].

Cependant, de même que l'esprit du prophète est mû par l'inspiration divine à connaître surnaturellement une vérité, il peut arriver de la même manière que l'esprit du thaumaturge soit mû à faire un acte suivi par un miracle que Dieu produit par sa puissance. Parfois, c'est à la suite d'une prière : ainsi saint Pierre ressuscitant Tabitha [2] ; d'autres fois, sans qu'il y ait de prière apparente, Dieu agit selon la volonté de l'homme : c'est le cas de saint Pierre reprochant leur mensonge à Ananie et à Saphire, et les livrant à une mort subite [3]. « Les saints font des miracles, tantôt par leur puissance, tantôt par leur prière » dit saint Grégoire [4]. Dans les deux cas, c'est Dieu qui est l'auteur principal et qui se sert instrumentalement, soit du mouvement intérieur de l'homme, soit de sa parole, soit d'un acte extérieur, soit d'un contact corporel, même celui d'un cadavre [5].

Le rapprochement avec la prophétie met en lumière l'aspect transitoire du pouvoir de faire des miracles. Le prophète ne jouit pas de la vision divine de façon stable et permanente à l'exception, évidemment, du Christ qui, en raison de l'union hypostatique, jouit de la vision béatifique et du pouvoir de faire des miracles. Le pouvoir en question est possédé de manière transitoire (*per modum passionis transeuntis*) [6] et sans avoir la totale capacité d'en faire ce qu'on veut. Le prophète (et le thaumaturge) est au service de Dieu. Il est comme saisi par Dieu de temps à autre pour obtenir une connaissance surnaturelle limitée qui lui est donnée à un moment précis de l'histoire. La compréhension de la prophétie elle-même peut lui échapper comme l'exemple du grand-prêtre Caïphe en fait foi [7]. La prophétie est un don de Dieu que Dieu peut reprendre quand il le veut.

Le thaumaturge est saisi par la puissance de Dieu, il participe à cette *virtus* et peut alors être un instrument pour la réalisation du miracle. Telle fut aussi la situation de l'humanité du Christ par rapport à sa divinité : l'une, la nature divine, brille par les miracles, l'autre, la nature humaine est accablée par les outrages et cependant chacune agit en communication avec l'autre, parce que la nature humaine est l'instrument de la nature divine, et l'action humaine a reçu une vertu de la nature divine [8].

C'est à l'occasion de la théologie des sacrements que notre auteur pousse plus avant sa réflexion sur les rapports entre l'action de Dieu et l'action des créatures. Dans le cas des sacrements, saint Thomas soutient que Dieu seul peut causer la

1. Cf. *ST* 2a2ae q. 178 a. 1 ad 1m.
2. *Ac* 9,40.
3. *Ac* 5,3.
4. *Dial.* II, 30 (*PL* 66,188) ; *SC* 260, 223.
5. *ST* 2a2ae q. 178 a. 1 ad 1m.
6. Cf. *ST* 2a2ae, q. 175 a. 3 ad 2m.
7. *Jn* 11,49-52.
8. Cf. *ST* 3a q. 43 a. 2. Thomas renvoie à la q. 19 a. 1.

grâce en nous, car la grâce n'est rien d'autre qu'une participation à la nature divine[1]. Mais il écrit aussi que

> il y a deux façons de réaliser un effet : en qualité d'agent principal ou en qualité d'instrument. Selon la première manière, c'est Dieu seul qui réalise l'effet intérieur du sacrement. C'est parce que Dieu seul pénètre dans l'âme où réside l'effet du sacrement, et un être ne peut agir directement là où il n'est pas. C'est aussi parce qu'il appartient à Dieu seul de produire la grâce, qui est l'effet intérieur du sacrement [...]. Mais, de la seconde manière, c'est-à-dire en agissant en qualité de ministre, que l'homme peut réaliser l'effet intérieur du sacrement; car le ministre et l'instrument ont la même définition : l'action de l'un et de l'autre s'exerce à l'extérieur et aboutit à un effet intérieur sous la motion de l'agent principal qui est Dieu[2].

L'humanité du Christ cause notre salut à la manière d'un instrument alors que la force divine le fait de façon principale[3]. Qu'est-ce à dire? Ce par quoi quelqu'un opère se nomme un instrument[4]. Un instrument est une sorte d'intermédiaire entre l'utilisateur et le résultat, comme la hache entre les mains de l'artisan qui s'en sert pour construire un lit, ou le feu utilisé par le forgeron pour donner une nouvelle forme au métal. L'instrument importe en tant qu'il permet de réaliser le dessein voulu par la personne qui l'utilise[5]. C'est dire aussi qu'un instrument remplit son rôle quand il est au service de celui qui l'utilise. C'est de l'utilisateur qu'il reçoit son « mouvement ». Il est un mobile mû (*movens motum*)[6] La cause principale au contraire est cause en raison de sa forme propre. À cause de cela l'effet comporte une ressemblance non pas à l'instrument mais bien à la cause principale. Un lit ressemble à l'idée qu'avait l'artisan plutôt qu'à la hache qui taille le bois[7].

Mais il ne suffit pas d'appartenir à la série causale pour être instrument. La cause intermédiaire doit participer d'une façon ou de l'autre à la causalité de la cause principale. La hache ne peut sûrement pas jouer le rôle de l'artisan, ou le feu celui du forgeron, car ces réalités demeurent par leur essence différentes[8]. Mais la cause intermédiaire peut participer à l'activité de la cause principale, non selon l'essence mais selon l'activité (*virtus*). L'instrument n'est pas cause de l'effet

1. Cf. *ST* 1a 2ae q. 112 a. 1 et 3 a q. 64 a. 1.
2. *ST* 3a q. 64 a. 1.
3. *ST* 1a 2ae q. 112 a. 1 ad 2m.
4. *ST* 3a q. 62 a. 1.
5. *Quia vero instrumentum non propter se quaeritur, sed propter finem* [...], *ST* 2a2ae q. 188 a. 7 ad 1m. *Ad hoc autem sunt instrumenta instituta ut deserviant actioni principalis agentis, dum movetur ab ipso*, *SCG* 3, 100.
6. *Haec enim est ratio instrumenti in quantum est instrumentum, ut moveat motum*, *De ver.* q. 27 a. 4, éd. Léon., vol. 22, p. 805, lignes 288-291.
7. Cf. *ST* 3a q. 62 a. 1. *Aliquod agens est in actu multipliciter : uno modo secundum propriam formam [...]. Alio modo secundum motum ab alio : et hoc modo instrumentum agit ut ens actu*, *De malo* q. 4 a. 1 ad 16m.
8. Cf. *ST* 3a q. 72 a. 3 ad 3m.

selon ce qu'il est ou selon ses puissances, mais en tant qu'il participe à la puissance de la cause principale et qu'il reçoit de celle-ci sa puissance instrumentale[1].

Considérée formellement la puissance instrumentale n'est rien d'autre que la puissance (*virtus*) de la cause principale dans l'instrument, celle reçue de la cause principale par l'instrument. Le mouvement de l'instrument n'est pas en soi la causalité instrumentale, seulement celui qui provient de la cause principale, en tant que la cause principale utilise, dirige et détermine ce mouvement à partir de sa propre puissance. La hache, par exemple, est un instrument en autant qu'elle est utilisée par l'artisan pour fendre le bois et ainsi construire un lit. Comme le dit Thomas :

> L'action de celui qui est mue par un autre est double : l'une qu'il tient de sa propre forme; l'autre, qu'il reçoit de l'agent qui le meut. Ainsi la hache possède par sa forme une action, qui est de couper; en tant qu'elle est actionnée par l'artisan, son action est de fabriquer un escabeau. L'opération qu'une chose possède par sa forme, lui est donc propre, et elle ne devient celle de l'agent moteur que parce que celui-ci s'en sert pour sa propre opération; l'action de chauffer est propre au feu, et elle devient celle de l'ouvrier en tant que celui-ci utilise le feu pour chauffer le fer. Quant à l'opération que la chose tient de celui qui la meut, elle ne diffère pas de l'opération du moteur lui-même; faire un escabeau n'est pas pour la hache une opération séparée de celle de l'artisan. Par conséquent, toutes les fois que le moteur et le mobile ont des formes ou des puissance d'action diverses, l'opération propre du moteur sera nécessairement différente de l'opération propre au mobile; mais le mobile participera de l'opération du moteur, et le moteur utilisera l'opération du mobile; chacun d'eux agira donc en communion avec l'autre[2].

Il faut aussi en conclure que l'efficace de ce qui est mû a un rôle à jouer dans la production de l'effet. Dans le domaine sacramentaire, les sacrements de la nouvelle alliance, contrairement à ceux de l'ancienne, possèdent véritablement une puissance de salut bien qu'ils ne soient qu'instruments de ce salut[3]. Si l'instrument n'apportait rien qui soit lié à sa nature, il n'y aurait pas nécessité d'avoir différents instruments pour différentes activités[4]. Le rôle de la hache est de trancher et de fendre, celui de l'eau utilisée au baptême est de laver, etc. Chaque activité propre à l'instrument est cependant intégrée et élevée à un niveau supé-

1. *Instrumentum enim est causa quodammodo effectus principalis causae, non per formam vel virtutem propriam, sed in quantum participat aliquid de virtute principalis causae per modum ejus, sicut dolabra non est causa rei artificiatae per formam vel virtutem propriam, sed per virtutem artificis a quo movetur et eam quodammodo participat, De pot.* q. 3 a. 7. *Causa autem est duplex, scilicet instrumentalis et principalis. In principali quidem causa est aliquid secundum similitudinem forme [...]. In causa autem instrumentali est aliquis effectus secundum virtutem quam recipit instrumentum a causa principali in quantum ab ea movetur : aliter enim est forma domus in lapidibus et lignis tamquam in proprio subjecto, et aliter in anima artificis tamquam in causa principali, et aliter in serra et securi quasi in causa instrumentali, De malo* q. 4 a. 3. Cf. *ST* 1a2ae q. 112 a. 1 ad 1m.

2. *ST* 3a q. 19 a. 1.

3. Cf. *ST* 1a2ae q. 103 a. 2 et 3a q. 70 a. 4.

4. Vg. *ST* 1a q. 45 a. 5 resp. 74.

rieur par la cause principale[1]. La même chose pourrait être dite des gestes posés par le thaumaturge pour réaliser les miracles.

Même si la grâce de Dieu est la cause suffisante de notre salut, les sacrements et les miracles ne sont pas inutiles. Dieu donne aux hommes la grâce à travers les sacrements d'une façon adaptée à ce que nous sommes : à notre nature corporelle, à notre état de pécheur, à nos capacités de connaître, en ce sens les sacrements et les miracles comportent une certaine nécessité pour le salut[2]. La même chose pour l'Incarnation, la Passion et tout ce qui concerne le Christ : pour nous les hommes et selon la sagesse de Dieu tout se réalise. Pour le salut de notre condition, aucune autre manière n'était plus à propos[3].

Le cas du Christ est tout à fait extraordinaire. Il a été mandaté par son Père pour ramener les hommes à lui à travers le don de la grâce. L'humanité du Christ n'est pas la cause principale de la grâce, elle est la cause instrumentale, mais c'est à travers elle que Dieu a voulu donner la grâce aux hommes comme il a voulu que la grâce passe aussi par les sacrements[4]. Mais une grâce durable fut donnée à l'humanité du Christ à travers l'union hypostatique. Pour manifester cette différence entre le rôle de l'humanité du Christ et celle de toute autre cause créée, Thomas parle d'instrument conjoint (*instrumentum conjunctum*) pour l'humanité du Christ et d'instrument séparé (*instrumentum separatum*) dans le cas des autres causes[5].

> Chez le Christ, la nature humaine a une forme propre et une puissance qui est principe d'opération ; de même, la nature divine. Par conséquent, la nature humaine possède une opération propre distincte de l'opération divine, et réciproquement. Cependant, la nature divine se sert de l'opération de la nature humaine à la manière dont l'agent principal utilise l'opération de son instrument. Pareillement, la nature humaine participe à l'opération de la nature divine, comme l'instrument à l'opération de l'agent principal[6].
> Ainsi donc, chez le Christ, l'opération de la nature humaine, en tant qu'elle est instrument de la divinité, ne diffère pas de l'opération divine ; notre salut est l'œuvre unique de l'humanité et de la divinité du Christ[7].

L'exemple du corps ressuscité

La participation transitoire à la *virtus* divine est bien mise en lumière dans les miracles qui concernent la résurrection. Thomas s'y fait insistant en particulier sur un point : les qualités du corps ressuscité (l'impassibilité, la gloire, l'agilité et la

1. *instrumentum habet duas operationes, unam quae competit ei secundum formam propriam, aliam quae competit ei secundum quod est motum a per se agente, quae transcendit virtutem propriae formae*, *De ver.* q. 27 a. 4, éd. Léon., vol. 22, p. 805, lignes 300-304.

2. Cf. *ST* 3a q. 61 a. 1.

3. Cf. *ST* 3a q. 46 a. 3.

4. Cf. *ST* 1a2ae q. 112 a. 1 ad 2m.

5. Cf. *ST* 3a q. 34 a. 1 et 3a q. 62 a. 5. Thomas est le premier des scolastiques à reprendre le point de vue de Jean Damascène sur l'humanité du Christ. Cf. T. Tschipke, *Die Menschheit Christi als Heilsorgan der Gottheit unter besonderer Berücksichtigung der Lehre des hl. Thomas von Aquin*, Freiburg im Breisgau, 1940, p. 116.

6. *ST* 3a q. 19, a. 1.

7. *ST* 3a q. 19, a. 1 ad 2m.

subtilité) énumérées par Paul dans la première épître aux Corinthiens[1] ne sont pas miraculeuses. Elles s'expliquent par l'effet de l'âme humaine du Christ exerçant dans toute sa perfection une influence stable sur le corps[2]. L'âme du Christ a été glorieuse dès le début de sa conception grâce à la jouissance parfaite de la divinité. C'est par un dessein providentiel que, dans le Christ, la gloire n'a pas rejailli de l'âme sur le corps, afin qu'il accomplisse par sa passion le mystère de notre rédemption[3].

L'épisode évangélique où le Christ vient à travers les portes closes rejoindre ses disciples[4] est l'occasion de revenir sur le sujet. Cet événement pose le problème de l'occupation du même lieu par deux corps, le corps glorieux du ressuscité et le corps que représentent ces portes. D'après les principes du Philosophe pareille chose est impossible. Les théologiens contemporains de saint Thomas[5] voyaient dans cette étonnante capacité une qualité inhérente au corps spirituel et la rattachait à ce que disait saint Paul au sujet du corps spirituel. La présence de ces deux corps dans le même lieu s'expliquait par les propriétés nouvelle du corps ressuscité et n'exigeait de Dieu aucune nouvelle intervention autre que la résurrection du corps. Saint Thomas rejette cette interprétation du texte de Paul[6]. Il insiste à chaque occasion sur la nécessité d'un miracle pour expliquer ce phénomème[7]. La question lui semble importante dédiant même toute une question des *Quodlibet*[8] à ce sujet. Il faut croire qu'elle touche quelque chose d'essentiel à sa façon de comprendre la nature et les interventions miraculeuses de Dieu.

Dans ce *Quodlibet*, il établit, à la suite d'Aristote, qu'un corps même glorieux ne peut, selon les propriétés qui relèvent de sa nature de corps, être dans le même lieu qu'un autre corps. Le lien naturel entre la matière corporelle, ses dimensions et sa présence en un lieu est fermement établi. Pour que la chose soit possible, il

1. *1Co* 15,42-44.

2. *Videmus autem ex anima quatuor corpori provenire, et tanto perfectius, quanto anima fuerit virtuosior. Primo quidem dat esse; unde quando erit in summo perfectionis, dabit esse spirituale. Secundo conservat a corruptione; unde videmus homines quanto sunt fortioris naturae, minus a calore et frigore pati. Cum ergo anima fuerit perfectissima conservabit corpus omnino impassibile. Tertio dat pulchritudinem et claritatem; infirmi enim et mortui propter debilitatem operationis animae in corpus, efficiuntur discolorati, et quando erit in summa perfectione, faciet clarum et fulgidum. Quarto dat motum, et tanto facilius, quanto virtus animae fuerit fortior supra corpus. Et ideo quando erit in ultimo suae perfectionis, dabit corpori agilitatem*, *In 1 ep. ad Cor.* 15, lect. 6, n° 988.

3. *ST* 3a q. 54 a. 2.

4. *Jn* 20,19.

5. L'édition d'Ottawa mentionne Guillaume d'Auxerre, *Summa aurea*, vol. 4, tr. 18 cap. 2 q. 2 et cap. 3 q. 2, J. Ribaillier (éd.), « Spicilegium bonaventurianum », n° 19, Paris-Grottaferrata, 1985, p. 482-485 et p. 492-494; Alexandre de Halès; Hugues de Saint-Cher; Prévostin de Crémone; Albert le Grand *De resurrectione*, tr. II q. 8 a. 2, n° 8, W. Kübel (éd.), dans *Opera omnia*, édition de Cologne, vol. 26, p. 274 et Bonaventure, *In 4Sent.* d. 49 pars II sect. 2 a. 3 q. 1.

6. Il voit plus simplement dans cette qualité spirituelle des corps ressuscités le fait qu'ils soient libérés des opérations typiquement animales de nutrition, de croissance et de génération et que tout soit parfaitement soumis aux facultés spirituelles. Cf. *In 1 ep. ad Cor.* 15, lect. 6, n° 987.

7. Thomas revient sur cette question à plusieurs reprises. *In 4Sent.* d. 44 q. 2 a. 2 qc. 2 sol et ad 2m; *In 1 ep. ad Cor.* 15, lect. 6, n° 983; *In Iohannem* 20, lect. 4, n° 2527; *Quodl.* 1 q. 10 a. 1 et 2; *SCG* 4, 87; *ST* 3a q. 54 a. 1.

8. *Quodl.* 1 q. 10.

faudrait que ce lien soit brisé quelque part, chose que ne peut pas faire la nature. Puis donc que la gloire n'enlève pas la nature (*glorificatio non tollit naturam*)[1] et qu'il appartient à la nature d'un corps d'être muni des dimensions liées à la matière corporelle, la réalité d'un corps même glorieux entraîne qu'il soit muni de ses dimensions. Le corps glorieux ne peut donc se trouver dans un même lieu et en même temps qu'un autre corps, en vertu d'une propriété qui lui serait innée, c'est-à-dire naturelle[2]. Dans son commentaire sur l'évangile de *Jean* il ira jusqu'à dire que la propriété dimensive des corps est indestructible et n'en est pas séparable en aucune façon. Aussi longtemps que la nature du corps demeure, ses dimensions ne peuvent être éliminées par la propriété du corps glorieux[3].

Seul Dieu peut permettre qu'une telle chose se produise en agissant selon sa toute-puissance. De même qu'il conserve dans l'Eucharistie l'accident sans la présence du sujet propre et qu'il permet au Christ de naître de Marie sans atteinte à l'intégrité physique de sa mère, il peut maintenir les dimensions de la matière corporelle sans que ces dimensions soient incompatibles dans l'espace. Il suspend ainsi le lien entre les dimensions et le lieu tout en maintenant celui qui unit la matière corporelle à ses dimensions. C'est l'objet de l'article deuxième[4] du *Quodlibet*. On y retrouve la même insistance à distinguer ce qui relève des qualités immanentes et stables du corps du Christ et ce qui est l'effet d'une intervention divine : la virginité *in partu*, le jeûne au désert, la transsubstantiation, la marche sur les eaux, la Transfiguration. Thomas en fait une affaire très personnelle[5].

1. *Quodl.* 1 q. 10 a. 1 s.c. Cet axiome se retrouve aussi en *In 4Sent.* d. 44 q. 2 a. 1 qc. 4 ad 5m; a. 4 qc. 1 ad 3m; d. 48 q. 2 a. 2 arg. 10; *De ver.* q. 8 a. 5 arg. 3 et ad 3m; *ST* 2a2ae q. 26 a. 13 s.c.

2. *Cum ergo gloria non tollat dimensiones corporis, dico quod corpus gloriosum non potest naturaliter esse cum alio corpore in eodem loco propter aliquam proprietatem inditam*, *Quodl.* 1 q. 10 a. 1.

3. *Sed hoc non potest stare : quia quod corpus humanum non glorificatum, non possit simul cum alio corpore esse, inest sibi ex natura. Oportet ergo quod si corpus glorificatum dicatur habere in se proprietatem aliquam inhaerentem, quod possit simul in eodem loco simulcum alio corpore [[in eodem loco cum alio corpore]] esse in eodem loco, quod excludatur ab eo illa proprietas qua nunc impeditur ne simul cum alio possit esse. Haec autem proprietas nullo modo est separabilis vel destructabilis a corpore, cum non sit mathematica corpulentia [[cum non sit corpulentia]] ut ipsi dicunt, sed ipse dimensiones corporis quanti, quibus proprie accidit situs. Unde Philosophus arguit contra ponentes ideas et materias [...]. Per nullam autem proprietatem corporis gloriosi possent removeri dimensiones a corpore, natura corporis remanente. Et ideo dicendum est, quod hoc miraculose Christus fecit virtute suae divinitatis; et quandocumque in sanctis simile contingeret, miraculosum esset, et per novum miraculum fit*, *In Iohannem* 20, lect. 4, n° 2527; voir aussi 20, lect. 6, n° 2554.

4. *Dicendum, quod sicut iam dictum est, duo corpora esse in eodem loco prohibentur ex dimensionibus secundum dimensiones dividitur; dimensiones autem distinguuntur secundum situm. Deus autem, qui est omnium causa prima, potest conservare effectus in esse sine causis proximis; unde, sicut conservat in sacramento altaris accidentia sine subiecto, ita potest conservare distinctionem materiae corporalis et dimensionum in ea absque diversitate situs. Miraculose ergo fieri potest quod duo corpora sint in eodem loco; unde corpori Christi attribuitur a Sanctis, quod exivit per clausum Virginis uterum, et quod intravit ianuis clausis per virtutem divinam [...] non propter aliquam virtutem creatam inditam, sed sola divina virtute assistente, et hoc operante* [...], *Quodl.* 1 q. 10 a. 2. Au sujet de Marie, voir *ST* 3a q. 28 a. 2.

5. *Opinio fuit hic, quod in hac vita Dominus accepit quatuor dotes, subtilitatis in nativitate, impassibilitatis quando ieiunavit quadraginta diebus, vel transubstantiando sacramentum Eucha-*

La Transfiguration doit se résoudre de la même manière : par une intervention miraculeuse de Dieu. En effet, la clarté du corps ressuscité est une qualité permanente de ce corps, alors que la manifestation de gloire du Christ fut transitoire, comme lorsque l'air est illuminé par le soleil. Cette clarté était la lumière de gloire quant à son essence, mais non quant à son mode d'être transitoire. Elle fut donc l'effet d'un miracle. Aussi ne faut-il pas dire, comme Hugues de Saint-Victor[1].

> que le Christ a revêtu les quatre propriétés des corps glorieux : la clarté dans la Transfiguration, l'agilité en marchant sur la mer, la subtilité en sortant du sein intact de la Vierge, et l'impassibilité à la Cène, quand il a donné son corps en nourriture sans qu'il soit divisé, car ces « dots », ou propriétés, désignent des qualités immanentes aux corps glorieux. Mais il a possédé miraculeusement ce qui relève de ces propriétés. Et c'est comparable, chez l'âme, à la vision par laquelle S. Paul vit Dieu dans un ravissement, comme nous l'avons montré dans la deuxième partie[2].

En effet, la lumière de gloire peut être reçue

> de deux manières. Par mode de forme immanente : c'est ce qui rend bienheureux les saints dans le ciel. Par mode de passion transitoire [*per modum cuiusdam passionis transeuntis*] : on a vu un exemple de ce mode dans le cas de la lumière prophétique. Et c'est de cette dernière manière que S. Paul reçut la lumière quand il fut ravi. C'est pourquoi il ne devint pas bienheureux au sens plénier du mot, au point que la gloire rejaillit sur son corps ; mais il ne fut bienheureux que sous un certain rapport[3].

Une telle position a l'avantage d'éviter tout docétisme : le Christ a accompli dans un vrai corps les mystères de notre rédemption[4].

La finalité des miracles

Les miracles font partie de la grande histoire du salut où le Christ est venu dans le monde pour sauver les hommes. Dieu aurait pu nous sauver sans la venue en notre chair de son Verbe, tout comme Jésus aurait pu accomplir sa mission salvatrice sans faire de miracle, simplement en enseignant et en révélant le mystère de sa personne. Mais Dieu en sa sagesse infinie a jugé convenable d'envoyer son Verbe dans la chair, de faire des miracles et de nous faire don des sacrements. Toutes ces réalités participent de la même logique de l'Incarnation qui a voulu rejoindre les hommes en ce qu'ils sont, des êtres à la fois spirituels et corporels, et par des moyens adaptés à leur condition. Comme le dit notre auteur : « Le Christ

ristiae, agilitatis hic, claritatis in transfiguratione. Sed hoc non credo : credo enim quod miraculose fecit, *In Matth.* 14, lect. 2, n° 1266.

1. Il s'agit en fait plutôt de Lothaire de Segni, le futur Innocent III, dans son traité *De sacro Altaris Mysterio* IV, 12 (*PL* 217,864) ou dans son *Sermo* XIV de tempore (*PL* 217,382).
2. *ST* 3a q. 45 a. 2. Voir aussi *In 3Sent.* d. 16 q. 2 a. 2 et *ST* 2a2ae q. 175 a. 3 ad 2m.
3. *ST* 2a2ae q. 175 a. 3 ad 2m. Voir aussi le commentaire des *Sentences* (*In 3Sent.* d. 16 q. 2 a. 2) au sujet du visage illuminé de Moïse où il est dit que nul ne peut voir Dieu sans mourir.
4. *ST* 3a q. 14 a. 1 ad 2m et q. 45 a. 2.

est venu sauver le monde non seulement par la vertu divine, mais par le mystère de son Incarnation. Et c'est pourquoi, dans la guérison des malades, non seulement il employait souvent la puissance divine en guérissant par mode de commandement, mais aussi en y ajoutant une action relevant de sa nature humaine »[1], comme toucher les malades, leur imposer les mains, mettre de la salive sur les yeux. Le salut lui-même, la vie de Dieu en nous, ne relève cependant pas des miracles proprement dit, mais de la grâce. C'est seulement en vue de cette même grâce qu'ils sont accordés[2]. Dieu les produit, en ce sens, pour l'utilité des hommes[3], pour leur intérêt[4].

Un miracle telle une guérison confère à l'homme un bienfait particulier, la santé du corps, mais là ne s'arrête pas le miracle. Le bienfait commun à tous les miracles est de mener les hommes à la connaissance de Dieu[5], au salut de leur âme. C'est pourquoi il était bon que le Christ guérisse miraculeusement certains hommes en particulier, afin de montrer qu'il est le Sauveur universel et spirituel[6].

Plus précisément, Dieu concède à l'homme de faire des miracles pour deux motifs : confirmer la vérité enseignée et attester la sainteté d'une personne[7]. D'abord et à titre primordial pour confirmer la vérité enseignée. Les vérités de foi, en effet, dépassent la raison humaine et ne peuvent être prouvées par des raisonnements humains; elles doivent être prouvées par l'argument de la puissance divine, afin que, lorsqu'un homme accomplit des œuvres que Dieu seul peut faire, on croie que ce qu'il dit vient de Dieu. Ainsi, lorsque quelqu'un présente une lettre marquée par le sceau royal, on croit que son contenu procède de la volonté royale[8]. Ensuite, Dieu accomplit des miracles pour montrer la présence de Dieu dans l'homme par la grâce du Saint-Esprit : lorsqu'un homme accomplit les œuvres de Dieu, on croit que Dieu habite en lui par la grâce. D'où cette parole : « Celui qui nous a donné l'Esprit Saint accomplit par nous des miracles »[9]. Cela s'applique d'abord et avant tout au Christ. Il fallait manifester aux hommes que Dieu était en lui par la grâce, grâce d'union et non d'adoption, et que sa doctrine surnaturelle venait de Dieu. Et c'est pourquoi il convenait au plus haut point qu'il fît des miracles. Aussi dit-il lui-même : « Si vous ne voulez pas me croire, croyez mes œuvres »[10]. Et aussi : « Les œuvres que mon Père m'a données à faire c'est

1. *Christus venerat salvare mundum non solum virtute divina, sed per mysterium incarnationis ipsius. Et ideo frequenter in sanatione infirmorum non sola potestate divina utebatur, curando per modum imperii, sed etiam aliquid ad humanitatem ipsius pertinens apponendo*, *ST* 3a q. 44 a. 3 ad 2m.

2. *Quia haec non fiunt ad gratiae ostationem, propter quam solam fiunt miracula*, *De pot.* q. 6 a. 2; cf. *ST* 3a q. 44 a. 3 ad 1m.

3. Cf. *ST* 2a2ae q. 178 a. 2.

4. « Le but spécial de la venue du Christ a été d'enseigner et de faire des miracles dans l'intérêt des hommes, principalement quant au salut de leur âme », *ST* 3a q. 44 a. 1 ad 4m.

5. Cf. *ST* 2a2ae q. 178 a. 1 ad 4m.

6. Cf. *ST* 3a q. 44 a. 3.

7. Cf. *ST* 3a q. 43 a. 1; *In 3Sent.* d. 24 a. 2 sol. 2 ad 4m; *In Iohannem* 9, lect. 8, n° 1348.

8. Sur le miracle, confirmation de la vérité de la prédication, voir aussi *SCG* 3, 154.

9. *Ga* 3, 5.

10. *Jn* 10,38.

elles qui rendent témoignage de moi »[1]. Une foi qui n'exige pas de miracle est supérieure, mais il vaut mieux être convertis à la foi, fût-ce par des miracles, que de demeurer entièrement dans l'infidélité. Saint Paul dit en effet que les miracles sont pour les incrédules afin qu'ils se convertissent à la foi[2].

Cette orientation « utilitaire » du miracle doit être complétée par une dimension proprement théologique que nous avons déjà effleurée ici et là. Ce serait, en effet, diminuer la valeur même de ces « signes » que sont les miracles que de les limiter à une utilité fonctionnelle entre l'homme et son salut. Les miracles apportent une certaine révélation du mystère de Dieu et de sa volonté à la manière de signes[3]. Ils ne sont pas de simples actes de puissance, extérieurs à toute signification propre, qui confirmeraient de l'extérieur un enseignement quelconque. Comme l'a montré O'Breartuin[4], les miracles sont des signes naturels. En eux-mêmes ils nous disent quelque chose, ils ont une signification propre comme signe sensible, à la manière d'un instrument qui apporte sa participation propre à l'action réalisée. Le Christ a annoncé la Bonne Nouvelle à travers ses paroles et ses actes. Ses paroles éclairent ses actes, mais ses actes rendent visibles son enseignement : « *Omnis Christi actio nostra est instructio* »[5]. Certains miracles, comme la multiplication des pains[6] sont même des modèles de pédagogie destinés aux disciples afin qu'ils retiennent profondément le sens de ces miracles[7]. La guérison des aveugles[8] nous apprend que Jésus de Nazareth est à la fois homme et Dieu[9], la guérison du lépreux[10], qu'il est le Seigneur, le maître de la Loi[11]; la multiplication des pains[12], qu'il est le créateur et le

1. *Jn* 5,36 ; cf. *ST* 3a q. 43 a. 1 et 2a2ae q. 178 a. 1 ad 5m ; a. 2.
2. *1Co* 14,22 : cf. *ST* 3a q. 43 ad 3m.
3. Les miracles ne nous donnent pas une connaissance intime du mystère de Dieu, mais à la manière des symptômes d'une maladie, peuvent nous donner une certaine connaissance « *per signas* » de la réalité sous-jacente : *Quaedam vero sunt quorum cognitio per naturam haberi potest; et hoc dupliciter : vel per causas determinatas ad effectus naturales* [...] *vel per aliqua signa ex quibus ut in pluribus potest alicuius cognitio haberi, sicut medici prognosticantur de sanitate vel morte* [...], *In 2Sent.* d. 7 q. 2 a. 1 ; cf. *In 3Sent.* d. 23 q. 2 a. 1 ad 4m. Par exemple, les signes donnés après sa résurrection montraient son retour à la vie, mais ne donnaient pas une prise directe sur sa vie surnaturelle : cf. *ST* 3a q. 55 a. 5 ; *In 3Sent.* d. 21 q. 2 a. 3 ad 3m.
4. Cf. L.S. O'Breartuin, *The Theology of Miracles. The Finality of Miracles according to St. Thomas*, Teresianum, Roma, 1970, p. 78 *sq.*
5. *Notate quod monens ad salute, manifestat doctrinam suis actibus. Unde Act 1,1 : « Coepit Iesus facere et docere ». Et Io 15,24 : « Si opera non fecissem quae nullus fecit, peccatum non haberent ». Item Ioh 15,22 : « Si locutus non fuissem eis, peccatum non haberent »*, *In Matth.* 13, lect. 1, n° 1108. Voir R. Schenk, *Omnis Christi actio nostra est instructio. The Deeds and Sayings of Jesus as Revelation in the View of Aquinas*, *in* L. Elders (Hrsg.), *La doctrine de la révélation divine de saint Thomas*, « Studi Tomistici », n° 37, Roma, 1990, p. 104-131.
6. *Mt* 15,32-39.
7. Cf. *In Matth.* 8, lect. 3, n° 725 ; 15, lect. 3, n° 1345, n° 1349.
8. *Mt* 20,29-34.
9. *Item fatentur ipsum esse Deum et hominem : Deum, quia dicunt : « Domine », Ps 99,3 : « Scitote quoniam Dominus ipse est Deus ». Et petunt quod est proprium Deo, scilicet « Miserere nostri ». Ps 144,9 : « Miserationes eius super omnia opera eius ». Item dicunt eum ex semine David : et in hoc confitentur humanitatem*, *In Matth.* 20, lect. 2, n° 1675.
10. *Mt* 8.
11. *In Matth.* 8, lect. 1, n° 685.
12. *Mt* 14,13-21.

sauveur[1]; l'ensemble des miracles où il y a contact physique entre Jésus et le miraculé, qu'il est vraiment homme[2] et qu'il a voulu vivre de manière simple avec les hommes[3]. Sans parler de l'enseignement moral et spirituel qui peut être tiré des récits de miracles[4].

Rien de cela ne devrait nous surprendre, car l'annonce de la Bonne Nouvelle a partie liée avec les miracles. Jésus n'hésite pas à lier les miracles à la présence du Règne de Dieu[5]. Il demande aussi à ses disciples d'accomplir de nombreux miracles lors de leur mission d'évangélisation[6] pour montrer à quel point ils appartiennent à la réalité même de ce Règne nouveau. Ils sont en fait l'accomplissement encore imparfait du Royaume messianique annoncé par le prophète Isaïe, à savoir que les aveugles, les sourds et les boiteux retrouveraient la santé et que la Bonne Nouvelle serait annoncée aux pauvres[7].

1. *In Matth.* 14, lect. 2, n° 1245.

2. *Item tetigit, ut humanitatem monstraret; quia non sufficit peccatori subi Deo quantum ad divinitatem, sed et quantum ad humanitatem*, *In Matth.* 8, lect. 1, n° 685. Voir aussi *In Matth.* 9, lect. 1, n° 750 et *In Matth.* 14, lect. 2, n° 1245.

3. [...] *quare curavit servum Centurionis solo verbo, istam vero tactu socrum Petri. Et respondet, propter familiaritatem; et in hoc etiam magis ostendebat suam humilitatem : et ideo in tactu auxilium dedit; Ps 72,23 : « tenuisti manum dexteram meam »*, *In Matth.* 8, lect. 3, n° 711.

4. Par exemple, les trois résurrections contenues dans l'évangile (*Mt* 9,18-28) représentent, selon Thomas, un enseignement sur le péché (cf. *In Matth.* 9, lect. 4, n° 786 et *In Iohannem*, n° 1513). Les deux aveugles guéris (*Mt* 20, 29-34) sont l'image des Juifs (cf. *In Matth.* 20, lect. 2, n° 1675).

5. Cf. *Mt* 12,28.

6. Cf. *Mt* 10,5-15 et par.

7. Cf. *Mt* 11,4-6.

CHAPITRE IV

UNE INVITATION À CROIRE

LA PRIMAUTÉ DE LA PAROLE (*FIDES EX AUDITU*)

Dans la *1re épître aux Corinthiens*, Paul écrit que les Juifs demandent des signes et que les Grecs demandent la sagesse afin de parvenir à la foi[1]. C'est, qu'en effet, les miracles et l'enseignement sont des voies différentes offertes aux hommes pour mener à Dieu. Ceux qui ne peuvent atteindre le salut grâce à l'effet des miracles réalisés devant eux peuvent à tout le moins, à travers l'enseignement de l'Écriture sainte, parvenir à la connaissance de la vérité[2].

Le plus souvent miracle et enseignement ont été liés l'un à l'autre, comme ce fut le cas pour le peuple d'Israël qui fut mené à Dieu par la révélation de la Loi divine et la manifestation de bien des miracles[3]. Les prophètes sont ces hommes où la sagesse de Dieu et les miracles furent au plus haut point liés. On s'attendait, en effet, à ce qu'un prophète réalise plusieurs miracles. Tel fut le cas aussi de Jésus qui fut considéré comme un prophète après avoir réalisé un seul miracle[4]. Ce sera sa mission de conduire les hommes à la foi en prêchant et en faisant des miracles[5].

Après ce long apprentissage, le peuple juif devait normalement être en mesure de croire en Dieu à cause du seul enseignement qui leur a été donné. Les miracles

1. *1Co* 1,22.

2. *1Tim* 2,4.

3. *per ea [signa] ad legem vocati*, *In Iohannem* 2, lect. 3, n° 396.

4. « Les incroyants sont amenés à la foi au Christ d'une manière, et les croyants d'une autre. Les incroyants, en effet, ne peuvent pas être attirés et conduits par l'autorité de l'Écriture sainte, parce qu'ils n'y croient pas, ni par la puissance naturelle de l'intelligence, parce que la foi la dépasse ; et c'est pourquoi il faut les conduire par des miracles – Les signes sont donnés non pour les croyants, mais pour les incroyants (*1 Co* 14,22). Mais les croyants doivent être conduits et amenés à la foi par l'autorité de l'Écriture à laquelle ils sont tenus d'adhérer. Sur ce point donc, le fonctionnaire royal est corrigé : parce que, alors qu'il avait été élevé au milieu des Juifs et instruit de la Loi, il voulait croire, non par l'autorité de l'Écriture, mais par des signes », *In Iohannem* 4, lect. 7, n° 685. Voir aussi 6, lect. 2, n° 867.

5. *Implere enim debeo dispensationem meam; praedicando scilicet, et miracula faciendo, et sic pervenire ad passionem [...]*, *In Iohannem* 7, lect. 4, n° 1073; *Dominus inducebat ad fidem dupliciter : scilicet miraculis et doctrina*, *In Iohannem* 12, lect. 7, n° 1700; cf. aussi 5, lect. 1, n° 700.

ne devaient que confirmer cette foi. Les croyants, en effet, devraient être conduits à la foi à travers l'autorité seule de l'Écriture. Tel est le sens de l'épisode en *Jean* 4,46-54 où le fonctionnaire royal est corrigé par Jésus. Comme il avait été élevé au milieu des Juifs et instruit de la Loi divine, Jésus s'attendait à ce qu'il croit, non pas en raison des signes que Jésus pouvait accomplir, mais en raison de l'autorité de l'Écriture. Tel est le sens du reproche que Jésus lui adresse : « Si vous ne voyez pas des signes et des miracles, vous ne voulez pas croire » [1].

L'épisode avec la Samaritaine [2] peut être interprété dans le même sens. La Samaritaine avait cru en Jésus parce qu'il lui avait révélé des choses cachées de sa vie. Les Samaritains croient d'abord et avant tout en raison de ce que leur dit cette femme : « Plusieurs autres vinrent à croire en Lui en raison de ses paroles à elle. Ils lui dirent : Non pas à cause de tes paroles, mais parce que nous l'avons nous-mêmes entendu, nous savons qu'Il est vraiment le Sauveur du monde » [3]. Alors que les Juifs sont considérés en plus haute estime que les Samaritains et les Galiléens en ce qui a trait à la foi, ils arrivent au tout dernier rang en ce qui concerne leur réaction aux miracles de Jésus, parce qu'ils refusent de croire. Ce sont les Samaritains qui apparaissent alors comme les croyants modèles qui croient sans avoir vu. Saint Thomas va jusqu'à dire qu'ils ont cru avec une foi parfaite, c'est-à-dire une foi droite (*recta*), fondée sur la seule vérité qu'est Dieu, d'une façon prompte (*prompta*), sans attendre une révélation privée ou un miracle avec toute la certitude (*certa*) de la foi venant de Dieu [4]. La même chose est dite des serviteurs des grands-prêtres et des Pharisiens [5] qui s'étonnent d'abord et avant tout de l'enseignement du Christ.

À l'apôtre Thomas qui exigeait de voir et de toucher son corps ressuscité et à tous ceux qui demandent des signes pour garantir leur foi, Jésus dit que : « Heureux ceux qui croient sans avoir vu » [6]. Non pas que la foi et le mérite soient rendus totalement vains par la demande de signes, mais bien plus heureux et méritoires sont « ceux qui ont le cœur assez docile pour croire en Dieu, même lorsqu'ils ne voient pas de signes » [7]. D'ailleurs, ceux qui croient en raison de l'enseignement sont considérés comme plus spirituels et dignes de plus de louange. Ceux qui demandent des signes pour croire sont considérés comme plus rudes (*grossiores*) [8].

Les fidèles du Christ n'ont donc pas à rechercher les miracles, car ils ont déjà l'Écriture [9]. Il peut arriver cependant que la demande de miracle soit animée par

1. *Jn* 4,48 ; voir à ce sujet *In Iohannem* 4, lect. 6, n° 672.
2. *Jn* 4,1-45.
3. *Jn* 4,42.
4. Cf. *In Iohannem* 4, lect. 5, n° 662.
5. *Jn* 7,45-49.
6. *Jn* 20,29.
7. ST 3a q. 55 a. 5 ad 3m. Dans son commentaire sur Jean il écrit : « La béatitude de quelqu'un est d'autant plus grande qu'il peut mériter davantage. Or celui qui croit sans voir mérite davantage que celui qui croit en voyant », *In Iohannem* 20, lect. 6, n° 2566.
8. Cf. *In Iohannem* 2, lect. 3, n° 418 et 6, lect. 1, n° 843.
9. Cf. *In Matth.* 2, lect. 3, n° 192.

des motifs louables, comme celui d'amener quelqu'un à la foi [1] ou encore comme témoignage de sa propre foi à la manière de l'apôtre Pierre qui demanda au Seigneur de marcher sur les eaux [2], mais Thomas demeure prudent à ce sujet, y voyant une occasion de tenter Dieu [3].

LES MIRACLES ENGENDRENT LA FOI (*FIDES EX MIRACULIS*)

L'Aquinate accorde pourtant aux miracles un rôle important dans la genèse de la foi. Le miracle jouit même chez saint Thomas d'une réelle valeur probante. Inspiré par divers passages de l'évangile de Jean [4], Thomas voit dans les œuvres du Christ (dont font partie les miracles) un témoignage (*testimonium*) en faveur de la foi en la divinité de Jésus [5]. Il parle même du miracle comme d'un signe (*signum*) révélateur et irrécusable de la puissance divine [6], comme d'un argument (*argumentum*) [7] qui démontre la divinité de Jésus [8], la rend manifeste et

1. Cf. *ST* 2a2ae q. 97 a. 1 et 3a q. 41 a. 4 ad 1m.

2. *Mt* 14,28 ; cf. *In Matth.* 14, lect. 2, n° 1270.

3. Cf. *ST* 2a2ae q. 97 a. 1 et 3a q. 41 a. 4 ad 1m.

4. Jean écrit par exemple : « Croyez-moi, je suis dans le Père et le Père est en moi ; et si vous ne croyez pas ma parole, croyez du moins à cause de ces œuvres » (*Jn* 14,11) ; *Jn* 5,36 : « Mais j'ai plus grand que le témoignage [*testimonium*] de Jean : les œuvres [*opera*] que le Père m'a données, ces œuvres mêmes que je fais me rendent témoignage que le Père m'envoie » ; *Jn* 15,24 : « Si je n'avais pas fait parmi eux les œuvres que nul autre n'a faites, ils n'auraient pas de péché ; mais maintenant ils ont vu et ils nous haïssent, et moi et mon Père ».

5. « [...] il est naturel à l'homme de connaître la puissance et la nature des réalités par leurs opérations ; c'est donc à juste titre que le Seigneur dit qu'il peut être connu tel qu'il est par les œuvres qu'il accomplit. Ainsi, puisqu'il accomplissait par sa propre puissance des œuvres divines, on devait croire qu'il y avait en lui une puissance divine (*cum ergo ipse propria virtute divina faceret, credendum erat in eo esse virtutem divinam*) [...]. Que les œuvres miraculeuses soient des témoignages de Dieu (*testimonia Dei*), l'Écriture le dit : « [les Apôtres] prêchèrent partout, le Seigneur œuvrant avec eux et confirmant leur parole par les signes qui l'accompagnaient » (*Mc* 16,20), *In Iohannem* 5, lect. 6, n° 817. Voir aussi *ST* 3a q. 43 a. 4 ad 3m ; q. 44 a. 3 ad 1m ; *SCG* 3, 154 ; *De ver.* q. 14 a. 10 ad 11m.

6. *primum divinae virtutis ostensivum et irrefragabile signum*, *In Iohannem* 5, lect. 2, n° 726. Dans son commentaire de *He* 3,9 qui parle des signes accomplis par Dieu au désert et de la mise à l'épreuve par le peuple, Thomas va jusqu'à parler de la certitude engendrée par les miracles : *Deinde ponitur gravitas culpae, cum dicit « probaverunt me » [...]. Quanto enim aliquis maiora beneficia Dei recipit, et maiorem certitudinem divinae potestatis habet, et postmodum dubitat, tanto gravius peccat. Isti vero viderunt signa et prodigia in terra Aegypti, apertionem maris et alia miracula, et tamen non crediderunt. Unde Num 14,22 : Homines qui viderunt maiestatem meam, et signa quae feci in Aegypto et in solitudine, et tentaverunt me iam decem vices*, *In ep. ad Heb* 3, lect. 2, n° 180.

7. Dans le *De Potentia* Thomas parle des miracles comme *argumenta fidei* : *Miracula sunt quaedam argumenta fidei dum per ea facta quae naturam excedunt illorum veritas comprobatur quae naturalem transcendunt rationem [...]. Secunda ratio est quia fides potissime divinae potentiae innititur quam accipit ut rationem vel medium ad assentiendum his quae supra naturam esse videntur ; et ideo divina potentia in operatione miraculorum praecipue fidei coassistit*, *De Pot.* q. 6 a. 9 ; cf. *ST* 3a q. 43 a. 4.

8. *Primo dicit, quod sine operibus essent excusabiles [...]. Secundo, quod ex ipsis operibus convincuntur, dicens « Si autem facio », scilicet filius hominis appareo, « non vultis credere, operibus credite » ; idest, ipsa opera demonstrant quod ego sum Filius dei ; infra 15,24 : « Si opera non fecissem quae nemo alius fecit, peccatum non haberent »*, *In Johannem* 10, lect. 6, n° 1465 ; *Movebant autem eos ad dubitandum miracula Christi ; unde dicebant « Quod facimus, quia hic homo multa signa facit ? » Caeci sunt, adhuc eum hominem vocantes, cuius tantam susceperunt divinitatis demonstrationem. Nam, ut ipse dicit supra 5,30 : « Opera quae dedit mihi Pater ut faciam, ipsa testimonium perhibent de me »*, *In Johannem* 11, lect. 7, n° 1569.

évidente[1]. Les signes sont à ce point évidents que les témoins sont normalement convaincus par ce qu'ils voient. S'ils ne le sont pas, c'est qu'ils sont aveugles et ne veulent pas voir[2]. Les miracles sont d'ailleurs soigneusement accomplis par le Christ et rapportés par les auteurs sacrés de façon à écarter tout doute sur leur réalité[3].

Le commentaire sur l'évangéliste Matthieu abonde dans le même sens. Il y est dit que Jésus prouve[4] et confirme la vérité de son enseignement[5] et l'origine divine de son pouvoir[6] en accomplissant des miracles. Il donne à ses disciples le même pouvoir pour les aider à porter la Bonne Nouvelle[7].

Dans son commentaire des lettres de Paul, Thomas reprend le mot de Paul[8] qui traite d'insensé (*insipiens*) celui qui refuse de croire au miracle de la

1. *Ex ipso opere eius [cura caeci Ioh 9], quod adhuc nullus hominum fecit, manifestum est quod per operationem Dei hoc fecit, et quod exauditus est a Deo; infra 15,24 : « Si opera non fecissem in eis quae nemo alius fecit, peccatum non haberent »*, *In Johannem* 9, lect. 3, n° 1351; *[...] dicit « Opera quae ego facio », quasi dicat : Nec a solo verbo suaderi potestis, ut vos simulabatis [[ut vos sileatis]]; sed nec etiam a tot operibus « quae ego facio in nomine Patris mei », idest ad gloriam eius, « haec testimonium perhibent de me », quia scilicet non possunt nisi a Deo fieri : unde ex eis manifeste apparet quod a Deo veni. Matth. 18,33 : Unaquaeque arbor ex fructu eius cognoscitur; supra 5,36 : « Opera quae ego facio, testimonium perhibent de me »*. Sed vos non creditis; *infra* 12,37 : « Cum ergo tanta signa fecisset, non crediderunt ei ». Et ideo sunt inexcusabiles; *infra* 15,22 *sq.* : « Si opera non fecissem in eis quae nemo alius fecit, peccatum non haberent. Nunc autem et viderunt, et oderunt me et Patrem meum. », *In Iohannem* 10, lect. 5, n° 1441; *Consequenter infert conclusionem intentam, dicens « Ut cognoscatis, et credatis quia Pater in me est et ego in Patre » (Joh 10,38). Nullum enim tam* ***evidens*** *indicium de natura alicuius rei esse potest quam illud quod accipitur ex operibus eius.* ***Evidenter*** *ergo cognosci potest de Christo et credi quod sit Deus, per hoc quod* facit opera Dei. Et ideo dicit « Ex ipsis operibus convincam, "ut cognoscatis, et credatis" quod oculis vestris videre non potestis, scilicet "quia Pater in me est, et ego in Patre" », *In Johannem* 10, lect. 6, n° 1466; *Primo ostendit eos inexcusabiles esse propter veritatis doctrinam; secundo propter signorum evidentiam [...]*, *In Iohannem* 15, lect. 5, n° 2044 (les caractères gras sont de nous). Sur l'évidence des signes, voir aussi *ST* 2a2ae q. 1 a. 4 ad 2m et *SCG* I, 7.

2. Cf. *Jn* 15,22 *sq.*

3. Saint Thomas développe longuement ce point au sujet du miracle de Cana (*Jn* 2), *In Iohannem* 2, lect. 1, n° 356, 358, 360, de la multiplication des pains et des poissons (*Jn* 6), *In Iohannem* 6, lect. 1, n° 864 et de la résurrection de Lazare (*Jn* 11), *In Iohannem* 11, lect. 3, n° 1502; lect. 5, n° 1526, 1536; lect. 6, n° 1544, 1546, 1559; 15, lect. 5, n° 2053.

4. *[...] numquam enim adeo bene probatur doctrina esse divinitus, sicut per ostensionem miraculorum, quae nonnisi divinitus fieri possunt*, *In Matth.* 8, lect. 3, n° 724.

5. *Consequenter confirmatur praedicatio miraculis*, *In Matth.* 4, lect. 3, n° 388; *Sed possent dicere : Quomodo confirmabimus quae dicemus ? Certe miraculis, sicut ipse fecit. Unde dicit « infirmos curate »* (*Mt* 10,8), *In Matth.* 10, lect. 1, n° 818; *Supra confirmata doctrina evangelica per liberationem Gentilium a potestate daemonum per virtutem Christi (Mt 15,21-28), nunc confirmat per liberationem ab infirmitatibus spiritualibus per hoc quod multos curavit* (*Mt* 15,29-39), *In Matth.* 15, lect. 3, n° 1332; *Quare non accusant eum de violatione sabbati ? Respondet Chrysostomus quod quia saepe accusaverunt eum de hoc, et semper excusaverat se, et excusationem confirmaverat miraculis; ideo cogitabant quod non valeret eis. Item iudex non erat Iudaeus, ideo sciabant quod non reciperet hanc accusationem*, *In Matth.* 26, lect. 7, n° 2277.

6. *Posset videri quod ex iactantia loqueretur Dominus; ideo auctoritatem suam signis commendat*, *In Matth.* 8, lect. 1, n° 680; *Commendata est virtus Christi in curatione leprosi, commendata est etiam in curatione festina servi Centurionis, hic commendatur in curatione perfecta*, *In Matth.* 8, lect. 3, n° 708.

7. *Mt* 10,8; cf. *In Matth.* 9, lect. 6, n° 803.

8. *1Co* 15,36.

résurrection[1]. Plus loin dans le même commentaire, il parle du miracle comme étant un argument (*argumentum*)[2]. Le miracle a un poids d'autorité important pour appuyer, confirmer et prouver. Toute la question sera de savoir exactement ce qu'il appuie, confirme et prouve.

CREDERE DEUM OU L'OBJET SURNATUREL DE LA FOI[3]

Si le miracle nous étonne parce que la cause nous reste cachée, et plus spécifiquement parce que la cause du miracle est la cause cachée par excellence, Dieu, la foi, elle, comme vertu théologale, nous donne accès intime à Dieu lui-même. Comme le répète inlassablement Thomas, « croire est l'acte d'une intelligence qui adhère à la vérité divine sous l'empire d'une volonté que Dieu meut par sa grâce »[4]. Cette vérité – Thomas parle de Vérité première pour bien marquer le caractère unique de la Vérité qu'est Dieu – n'est pas une abstraction vide, mais le Dieu vivant et vrai. C'est d'abord lui que la foi nous fait connaître et, comme nous le verrons bientôt, c'est aussi par lui qu'elle nous le fait connaître. Comme le dit Thomas : « Parce que celui qui croit adhère à la parole d'autrui, ce qui semble principal, et ce qui paraît jouer le rôle de fin en toute croyance, c'est celui à la parole de qui on adhère. Sont quasi secondaires les vérités que l'on tient du fait de cette adhésion. Ainsi donc, celui qui possède la vraie foi chrétienne adhère au Christ par sa volonté pour ce qui ressortit vraiment à son enseignement »[5].

Si nous regardons matériellement ce à quoi la foi donne son assentiment, ce n'est plus seulement Dieu lui-même, mais encore beaucoup d'autres choses. Celles-ci ne tombent sous l'assentiment de la foi que par le côté où elles sont de quelque manière ordonnées à Dieu, c'est-à-dire en tant qu'elles sont des effets de la divinité qui aident l'homme à tendre à la jouissance de la divinité[6].

> Or, parce que la foi a principalement pour matière ce que nous espérons voir dans la patrie, selon l'*épître aux Hébreux* (11,1) : « La foi est la garantie des biens que l'on espère », tout ce qui nous ordonne directement à la vie éternelle appartient essentiellement à la foi : tels sont la trinité des personnes du Dieu tout-puissant, le mystère de l'incarnation du Christ, etc. [...]. En revanche, certaines choses sont proposées dans la Sainte Écriture, et nous devons y croire, sans qu'elles soient principalement visées, mais elles sont là pour la manifestation des premières ; ainsi qu'Abraham ait eu deux fils, qu'un mort ait été ressuscité au contact des

1. *Causa autem quare dicit « insipiens », est quia haec obiectio contra resurrectionem procedit ex principiis humanae sapientiae, quae tamdiu est sapientiae, quamdiu est subiecta sapientiae divinae ; sed quando recedit a Deo, tunc vertitur in insipientiam ; unde contradicat sapientiae divinae, vocat eam insipientem*, *In ep. ad Rom.* 12, lect. 1, n° 968.

2. *In ep. ad Rom.* 15, lect. 2, n° 1171. Et s'il parle de la certitude née des miracles en commentant *He* 3,9, il doit aussi tenir compte de *He* 2,4 où les miracles sont dits être des appuis au témoignage de ceux qui ont entendu la prédication de Jésus.

3. On consultera, entre autres, l'article de M. Labourdette, « La vie théologale selon saint Thomas : l'objet de la foi », *RThom*, 58 (1958), p. 597-622.

4. *ST* 2a 2ae q. 2 a 9.

5. *Quia vero quicumque credit alicujus dicto assentit, ille cujus dicto assentitur : quaso vero secundaria sunt ea quae quis tenendo vult alicui assentire*, *ST* 2a2ae q. 11 a. 1.

6. *ST* 2a 2ae q. 1 a. 1.

ossements d'Élisée, et d'autres faits de ce genre, qui sont rapportés dans la Sainte Écriture pour servir à la révélation de la majesté de Dieu ou de l'incarnation du Christ[1].

S'il arrive que des faits singuliers soient rapportés dans la doctrine sacrée, ce n'est pas à titre d'objet d'étude principal : ils sont introduits soit comme des exemples de vie, qu'invoquent les sciences morales, soit pour établir l'autorité des hommes par qui nous arrive la révélation divine, fondement même de l'Écriture ou de la doctrine sacrée[2].

Ce que nous venons de dire à propos du miracle et de la foi jette une lumière importante sur une certaine réserve de saint Thomas au sujet des miracles. Un premier motif de prudence est d'éviter la confusion entre les motifs qui rendent crédibles l'acte de foi et le motif formel de la foi, qui est Dieu lui-même comme vérité première. Le danger est de confondre effort naturel de l'homme et don surnaturel de la foi par Dieu. L'autre motif concerne l'objet matériel de la foi : Dieu lui-même en ses mystères. Il y aurait méprise à mettre sur la même pied le mystère de Dieu et beaucoup d'autres choses rapportés par l'Écriture et la Tradition, pour ne rien dire des traditions et pratiques tout humaines qui ont vu le jour au cours des siècles. Un certain merveilleux offre parfois des assises fragiles pour établir un lien avec le contenu de la foi. Il y a danger de scandaliser les fidèles et de provoquer le mépris de la foi si ces signes et pseudo-miracles s'avèrent faux. À trop vouloir prouver la foi sur la base d'arguments fragiles, il y a danger à rendre dérisoire la foi (*irrisio fidei*)[3].

Les miracles donnent une connaissance « per causas » de Dieu comme auteur de la révélation ou du miracle

Nous avons vu que l'Aquinate parle du miracle comme d'un argument. Parmi les quatre significations accordées, par Thomas, au mot « *argumentum* », deux sont liés à ce genre de processus rationnel qui va des principes à une conclusion, c'est-à-dire au raisonnement. L'*argumentum* est l'élément clé d'un raisonnement et c'est lui qui permet d'accéder à la vérité de la conclusion[4]. De même qu'à partir des effets connus nous remontons à l'existence de Dieu, de même à partir des miracles nous remontons à la cause cachée, seule capable d'expliquer un tel

1. *ST* 2a 2ae q. 1 a. 6 ad 1m. Cf. 1a q. 32 a. 4; 2a 2ae q. 2 a. 5. Sur ce qui est essentiel à la foi, voir aussi *ST* 2a2ae q. 1 a. 8.

2. *ST* 1a q. 1 a 2 ad 2m. Cf. *In 2Sent.* d. 24 a. 1 ad 2m. Il dira en *In 2Sent.* d. 23 q. 2 a. 4 qla 2 ad 1m. *Fides non est de aliquo temporali sicut de objecto; sed in quantum pertinet ad veritatem aeternam quae est objectum fidei sic cadit sub fide, sicut fides credit passionem in quantum Deus est passus.*

3. *In 2Sent.* d. 1, q. 1 a. 5 sol. (texte traduit par G. Emery, *La Trinité créatrice*, p. 498).

4. En plus de ces deux sens, notre auteur reconnaît deux autre sens qui nous concernent moins directement *[...] argumentum multipliciter dicitur : quandoque enim significat ipsum actum rationis discurrentis de principiis in conclusiones; et quia tota vis argumenti consistit in medio termino, ideo quandoque etiam medius terminus dicitur argumentum; et inde etiam est quod quandoque librorum prooemia argumenta vocantur in quibus est quaedam praelibatio brevis totius operis subsequentis; et quia per argumentum aliquid manifestatur et principium manifestationis est lumen, ipsum lumen quo aliquid cognoscitur potest dici argumentum, De ver.* q. 14 a. 2 ad 9m, éd. Léon., vol. 22, p. 443-444, lignes 357-369. Voir aussi *In 3Sent.* d. 23 q. 2 a. 1 ad 4m.

phénomène dépassant les capacités de la nature, c'est-à-dire Dieu[1]. Il faut bien noter cependant que ce genre de raisonnement ne permet pas de connaître l'essence même de la cause, mais de savoir qu'elle existe et qu'elle est dotée d'un certain nombre de propriétés. Comme les miracles ont la fonction de confirmer la vérité annoncée et de garantir la sainteté de la personne parlant au nom de Dieu, les miracles nous permettent donc de conclure à l'existence de Dieu comme garant de la vérité qui est révélée ou encore de la sainteté de la personne réalisant le miracle. Ils ne nous donnent pas de lumière particulière sur le contenu même de la révélation, mais nous montrent que Dieu a parlé ou agi par l'intermédiaire de cette personne. Comme le dit notre auteur

> [...] si un prophète prédisait dans un discours inspiré par le Seigneur un événement futur, et s'il produisait un signe en ressuscitant un mort, par ce signe même celui qui le voit recevrait dans son intelligence une conviction telle qu'il connaîtrait clairement que la chose est dite par Dieu, qui ne ment pas; et pourtant l'événement futur, celui qui est prédit, ne serait pas évident en soi si bien que cela ne détruirait pas la raison de foi[2].

Toute une série d'expressions utilisées par l'Écriture et par le Docteur angélique nous orientaient déjà vers une compréhension du miracle comme manifestation et confirmation de la parole et de l'agir de Dieu dans notre monde. Le texte le plus souvent cité par saint Thomas quand il s'agit du rôle des miracles n'est-il pas *Mc* 16,20 : « [Les disciples] s'en allèrent prêcher en tout lieu, le Seigneur agissant avec eux et confirmant la parole par les signes qui l'accompagnaient »? Le miracle apparaît comme un signe confirmant et appuyant la parole ou la personne qui accomplit le miracle, non pas comme une preuve du contenu même de cette révélation[3]. De là l'importance de pouvoir établir l'authenticité d'un miracle.

CREDERE DEO OU LE MOTIF DE LA FOI

L'inévidence de la foi

Cependant la connaissance que nous avons de Dieu, aussi haute et surnaturelle soit-elle en raison de la Vérité première à laquelle elle donne accès, ne relève pas

1. « Il y a deux sortes de démonstrations : l'une par la cause que l'on nomme *propter quid;* elle part de ce qui est antérieur, en réalité, par rapport à ce qui est démontré. L'autre, par les effets, que l'on nomme démonstration *quia*; elle part de ce qui n'est premier que dans l'ordre de notre connaissance. C'est pourquoi, toutes les fois qu'un effet nous est plus manifeste que sa cause, nous recourons à lui pour connaître la cause [...]. Or, de tout effet, on peut démontrer que sa cause propre existe, si du moins les effets de cette cause sont plus connus pour nous qu'elle-même; car, les effets dépendant de la cause, dès que l'existence de l'effet est établie, il suit nécessairement que la cause préexiste [...] », *ST* q. 2 a. 2. Voir à ce sujet Aristote *Rhét.* 1, 2 (A, 1357, b 1-25) et *In Post. An.* 1, 14, n° 7.

2. *si aliquis propheta praenuntiaret in sermone Domini aliquid futurum, et adhiberet signum mortuum suscitando, ex hoc signo convinceretur intellectus videntis ut cognosceret manifeste hoc dici a Deo, quia non mentitur; licet illud futurum quod praedicitur in se evidens non esset, unde per hoc ratio fidei non tolleretur*, *ST* 2a2ae q. 5 a. 2. Cf. *SCG* 3, 154.

3. Parmi les expressions qui vont en ce sens, il y a *indicium : ST* 2a2ae q. 5 a. 2; *SCG* 3, 154; *confirmatio : ST* 3a q. 43 a. 1; *De pot.* q. 6 a. 9 ad 17m; *attestatio : SCG* 3, 154; *manifestatio : In Iohannem* 9, lect. 3, n° 1351; *ostensio : In Matth.* 8, lect. 3, n° 724.

de la vision et de l'évidence, mais d'une connaissance de foi. Or, le propre de la foi est d'adhérer à une vérité qui est proposée en raison de l'autorité de la personne qui propose cette vérité. Il est vrai que l'autorité d'une personne tient à la fois des gestes qu'elle a posés, de ses comportements, des paroles qu'elle a dites. Celui qui s'apprête à croire ce qu'elle lui propose possède des arguments en faveur de cette personne. Mais bien souvent, la seule façon d'accéder à ce que nous dit la personne est de croire cette personne. Les procédures judiciaires offrent un parallèle instructif. Sur la base des témoignages, nous pouvons en arriver à une certitude morale qui est bien souvent la seule qui nous est accessible[1]. Il s'agit d'une opinion, non d'une évidence, et cette opinion peut être plus ou moins solide selon la qualité du témoin. Alors nous touchons de plus près ce qui fait l'essence de la foi : s'en remettre à quelqu'un en raison de son autorité. La foi sera d'autant plus parfaite que l'objet sera inévident et l'appui au témoin, total. Comme le dit Thomas : « La raison formelle des choses à croire peut être prise de notre côté. À cet égard, la raison formelle de ce qui est à croire réside en ce que cela échappe à notre vue (*et sic ratio formalis credibilis est ut sit non visum*)[2].

Dieu comme medium et comme objet de la foi surnaturelle

Transposée dans l'ordre de la foi théologale, cette comparaison nous montre que nous ne pouvons croire à Dieu qu'en nous appuyant sur lui-même se révélant à nous : *Fides nostra non habet auctoritatem neque ab angelis, neque ab aliquibus miraculis factis, sed a revelatione Patris per Filium et Spiritum Sanctum*[3]. Nous ne croyons pas à cause de tous les éléments de crédibilité, tels les miracles, mais en raison de Dieu lui-même se révélant :

> Ce qui nous amène à croire au Christ, c'est en premier lieu la raison naturelle – « Depuis la création du monde, les[perfections] invisibles [de Dieu] sont rendues visibles à l'intelligence par ses œuvres » (*Rm* 1,20) – ; puis le témoignage de la Loi et des prophètes – « Maintenant, sans la Loi, a été manifestée la justice de Dieu, à laquelle rendent témoignage la Loi et les prophètes » (*Rm* 3,21) ; enfin la prédication des Apôtres et des autres – « Comment croiront-ils à celui qu'ils n'ont pas entendu ? Et comment entendront-ils si personne ne prêche ? » (*Rm* 10,14). Mais quand l'homme, conduit ainsi comme par la main, croit, il peut alors dire que ce n'est pour aucune de ces raisons qu'il croit : ni à cause de la raison naturelle, ni à cause des témoignages de la Loi, ni à cause de la prédication des autres, mais

1. *In actibus humanis, super quibus constituuntur iudicia, et exiguntur testimonia, non potest haberi certitudo demonstrativa, eo quod sunt circa contingentia et variabilia; et ideo sufficit probabilis certitudo, quae ut in pluribus veritatem attingat*, *ST* 2a2ae q. 70 a. 2.

2. *ST* 2a2ae q. 1 a. 6 ad 2m. Dans *In 3Sent.* d. 23 q. 3 a. 3 sol. 1 il écrit : *De ratione fidei est quod credens assentiat aliquibus quae non videt, nec secundum se, nec resolvere ea potest ad ea quae videt, sed inclinatur ad credendum ex aliqua ratione quae sufficit ad determinandum assensum in illud quod creditur, quamvis non sufficiat ad inducendum visionem eius quod creditur [...]. Ratio autem haec inducens ad credendum potest sumi* ***vel ex aliquo creato****, sicut quando per aliquod signum inducimur [...] ad aliquod credendum vel de Deo, vel de aliis rebus;* ***vel sumitur ab ipsa Veritate increata****, sicut credimus aliqua quae nobis divinitus dicta sunt per ministros* (les caractères gras sont de nous).

3. *Contra errores Graecorum* 1, c. 30, dans *Opuscula*, vol. 40, éd. Léon., p. A 86, lignes 9-12.

uniquement à cause de la vérité elle-même – « Abraham crut à Dieu, et cela lui fut imputé à justice » (*Gn* 15,6)[1].

Le motif de la foi surnaturelle envers Dieu est Dieu lui-même se révélant. Comme nous venons de le voir, chercher des preuves, des faits, des évidences pour accepter de croire, c'est se méprendre sur ce qui est demandé. C'est entrer dans une dynamique d'évidence ne pouvant être assouvie que par la vision béatifique où nous verrons Dieu tel qu'il est. La foi est une adhésion qui se fait dans le clair-obscur sans évidence sur l'objet même de la foi. L'appui sur lequel nous pouvons baser notre foi n'est ici, comme dans tout témoignage, que la personne même qui témoigne. Or, dans la foi chrétienne, c'est Dieu qui témoigne de lui-même, voilà ce que signifie le fait que Dieu se révèle à travers diverses personnes et événements, révélation atteignant son point culminant lors de la venue parmi nous du Verbe de Dieu, se révélant par ses paroles et ses gestes. Dieu ne peut avoir de meilleur témoin pour se révéler que lui-même ! C'est dire que Dieu est à la fois l'objet tout à fait surnaturel de notre foi et le motif de notre foi : *Non enim fides de qua loquimur assentit alicui nisi quia est a Deo revelatum; unde ipsi Veritati divinae innititur tanquam medio*[2]; *Veritas prima se habet in fide et ut medium et ut objectum*[3].

La raison en est donnée par saint Thomas dans un texte d'une grande importance. Nous nous permettons de le citer en entier :

> L'objet de tout habitus cognitif contient deux choses : ce qui est matériellement connu, qui est comme le côté matériel de l'objet; et ce par quoi l'objet est connu, qui en est la raison formelle. Ainsi, dans la science de la géométrie, ce qui est matériellement su, ce sont les conclusions; mais la raison formelle du savoir, ce sont les moyens de démonstration par lesquels les conclusions sont connues. Ainsi donc, dans la foi, si nous regardons la raison formelle de l'objet, ce n'est rien d'autre que la vérité première; la foi dont nous parlons ne donne pas en effet son assentiment à une chose si ce n'est parce que Dieu l'a révélé : c'est dire que la vérité divine elle-même est comme le moyen sur lequel s'appuie cette foi[4].

1. *Inducunt autem nos ad fidem Christi tria. Primo quidem ratio naturalis. Ad Rom. 1, 20: « Invisibilia Dei a creature mundi per ea quae facta sunt, intellecta conspiciuntur ». Secundo testimonia Legis et Prophetarum. Rom. 3, v. 21 : « Nunc autem iustitia Dei sine Lege manifestata est, testificata a Lege et Prophetis ». Tertio praedicatio Apostolorum et aliorum. Rom. 10, 14 : « Quomodo credent sine praedicante ? » Sed quando per hoc homo manuductus credit, tunc potest dicere, quod propter nullum istorum credit : nec propter rationem naturalem, nec propter testimonia legis, nec propter praedicationem aliarum, sed propter ipsam veritatem tantum; Gen. 15,6: « Credidit Abraham Deo, et reputatum est ei ad iustitiam », In Iohannem* 4, lect. 5, n° 662 au sujet de la foi des Samaritains.

2. *ST* 2a2ae q. 1 a. 1.

3. *De ver.* q. 14 a. 8 ad 9m.

4. *Dicendum quod cuiuslibet cognoscitivi habitus obiectum duo habet, scilicet id quod materialiter cognoscitur, quod est sicut materiale obiectum; et id per quod cognoscitur, quod est formalis ratio obiecti. Sicut in scientia geometriae materialiter scita sunt conclusiones; formalis vero ratio sciendi sunt media demonstrationis, per quae conclusiones cognoscuntur. Sic igitur in fide, si consideramus formalem rationem obiecti, nihil est aliud quam veritas prima : non enim fides de qua loquimur assentit alicui nisi quod est a Deo revelatum; unde ipsi veritati divinae fides innititur tamquam medio, ST* 2a2ae q. 1 a. 1.

Nous pouvons alors comprendre la phrase de Thomas où il dit que « Celui qui croit a un motif suffisant pour l'induire à croire. Il y est induit en effet par l'autorité de l'enseignement divin que des miracles ont confirmée, et, qui plus est, par l'inspiration intérieure de Dieu qui invite à croire »[1]. Nous reviendrons un peu plus loin sur cet instinct intérieur. Pour l'instant, il est important de noter que celui qui croit ne donne pas sa foi à la légère. Cependant il n'est pas dans la vision, et c'est pourquoi la raison de mérite n'est pas supprimée[2]. La foi ne vient pas au terme d'une vision immédiate de Dieu ou encore d'un raisonnement de type scientifique, car cette vision et ce raisonnement dépasseraient notre raison naturelle. Elle ne serait alors plus « foi », mais bien vision ou science. La foi n'est cependant pas donnée à la légère, de manière arbitraire et irrationnelle, car le contenu de la foi a pour lui des éléments extérieurs en sa faveur, des motifs de crédibilité.

La proclamation de la Parole de Dieu, les prophéties, les miracles et toutes les interventions de Dieu ou de ses envoyés ne suffisent donc pas à expliquer le motif qui fait que quelqu'un croit. Ils appartiennent aux motifs de crédibilité, non au motif formel de la foi. Le motif (ou objet formel *quo*) de la foi n'est rien d'autre que la Vérité Première elle-même. La foi ne donne pas son assentiment à une chose si ce n'est parce que Dieu l'a révélée ; c'est-à-dire que la vérité divine elle-même est comme le moyen sur lequel s'appuie la foi[3]. L'action de Dieu au plus profond de l'homme est la seule cause proportionnée qui permet d'adhérer à l'objet surnaturel de la foi, Dieu lui-même.

Croire et savoir

Thomas reprend le problème ailleurs en étudiant le rapport entre ce que l'intelligence croit et ce qu'elle voit. La foi implique un assentiment de l'intelligence à ce que l'on croit[4]. Mais l'intelligence adhère à quelque chose de deux façons : ou bien parce qu'elle y est portée par l'objet, lequel tantôt est connu par soi-même comme on le voit dans les principes premiers qui sont matière de simple intelligence ou de vision, tantôt cet objet est connu par autre chose, comme on le voit dans les conclusions qui sont la matière de la science. Toute science est donc possédée, en définitive, grâce à quelques principes évidents par eux-mêmes. En ce sens tout ce qui est « su » se ramène à ce qui est « vu » selon saint Thomas[5]. C'est dire aussi que dans la connaissance de vision et de science l'assentiment n'est pas soumis au libre arbitre : celui qui voit et celui qui en arrive à une conclusion scientifique est contraint à donner son assentiment[6].

L'intelligence peut aussi adhérer à quelque chose sans y être pleinement portée par son objet propre, mais en s'attachant volontairement, par choix, à un

1. *Dicendum quod ille qui credit habet sufficiens inductivum ad credendum : inducitur enim auctoritate divinae doctrinae miraculis confirmatae, et, qui plus est, interiori instinctu Dei invitantis. Unde non leviter credit, cum habeat sufficiens inductivum ad credendum*, *ST* 2a2ae q. 2 a. 9 ad 3m.

2. *ST* 2a 2ae q. 2 a 9 ad 3.

3. *In 3Sent.* d. 24 a. 1 sol 1 ; d. 25, q. 1 a. 1 qla 1 ; ad 4m ; *De ver.* q. 14 a. 1 obj 6 ; a. 2 ; a 8 ; *ST* 2a 2ae q. 1 a. 1 ; q. 5 a. 3 et a. 4 ad 1m ; *In Iohannem* 4, lect. 5, n° 662.

4. Cf. *ST* 2a 2ae q. 1 a. 4.

5. Cf. *ST* 2a 2ae q. 1 a. 5.

6. *ST* 2a 2ae q. 2 a. 9 ad 2.

parti plutôt qu'à un autre. Et si l'on prend parti avec un reste d'hésitation et de crainte en faveur de l'autre, on aura une opinion; mais si l'on prend parti avec certitude et sans aucun reste d'une telle crainte, on aura une foi. Dans les deux cas, l'intelligence n'a pas accès à la chose elle-même, elle demeure aveugle à l'intelligibilité propre de la chose qui lui permettrait de voir ou de savoir. Si l'intelligence restait ainsi totalement étrangère à la chose, elle ne pourrait jamais adhérer à elle, ne pouvant pas évaluer de façon juste ce qui est dit de la chose. Même chose pour la volonté qui resterait dans un doute invincible, incapable de prendre un parti plutôt qu'un autre.

Or, même si elles n'ont pas accès immédiatement à la chose, l'intelligence et la volonté peuvent être sollicitées par des éléments extrinsèques à la chose: des conjectures, des témoignages, des signes [1] qui disent quelque chose de cette chose. L'autorité de ces éléments extrinsèques fera en sorte que la proposition, nonobstant sa vérité intrinsèque ou sa fausseté, sera plus ou moins crédible. Autre chose de croire, autre chose d'établir la valeur des éléments qui témoignent en faveur de cette foi. Si ces éléments relèvent de l'évidence ou encore sont établis par les raisonnements certains de la science, l'autorité de ceux-ci est très forte, la plus forte possible en fait. Si ces éléments sont plus faibles, n'étant eux-mêmes que des opinions ou le témoignage de la foi d'une personne, ils auront une autorité moindre, en tant qu'éléments extérieurs de crédibilité.

C'est à ce second niveau, celui de la crédibilité de la chose proposée à croire qu'interviennent miracles et prophéties. Ils ne donnent pas la foi – Dieu seul la donne –, mais ils amènent l'homme à croire [2] en rendant les vérités à croire respectables, dignes de foi, crédibles. Des miracles comme l'Incarnation et la Résurrection font partie du contenu de la foi. D'autres miracles, comme la guérison des malades, relèvent des miracles qui servent à conduire à la foi [3]. Les miracles rendent donc crédibles et la personne qui les fait et la doctrine que celle-ci enseigne. Ils ne nous livrent aucune certitude de foi théologale et la raison en reste à des conjectures, à des opinions tant qu'elle ne s'appuie pas sur Dieu lui-même se révélant. Cette opinion peut être une opinion véhémente, renforcée par des raisons et d'un point de vue subjectif, être très ferme. Elle n'en demeure pas moins privée de l'évidence et elle n'est pas une vision de la réalité surnaturelle. Demander plus que cela aux miracles, ce serait demander aux hommes de croire aux miracles pour en arriver à croire au Christ et à la révélation qu'il nous a apportée.

CREDERE IN DEUM OU LES DISPOSITIONS MORALES DU SUJET (SCANDALE ET ADHÉSION)

La proposition de ce qui est à croire par la parole et le miracle ne suffisent cependant pas à expliquer que certains croient alors que d'autres, placés dans les

1. *ST* 2a 2ae q. 1 a 4 ad 2m.
2. *ST* 2a 2ae q. 2 a 1 ad 1m.
3. « Parmi les miracles de Dieu, certains sont de foi comme celui de l'enfantement virginal et celui de la résurrection du Seigneur, et aussi celui du sacrement de l'autel [...]. Mais certains miracles ont pour but de confirmer la foi, et ceux-là doivent être manifestes », *ST* 3a q. 29 a. 1 ad 2m.

mêmes circonstances objectives, ne croient pas. Le Christ lui-même se plaint de cette incrédulité à plusieurs reprises dans l'Évangile[1]. L'Évangile lui-même témoigne qu'un grand nombre de témoins de ses prédications et de ses miracles n'ont pas cru en Jésus.

Le refus de croire

Le miracle de la résurrection de Lazare[2] constitue pour plusieurs témoins la ligne de départage dans leur attitude vis-à-vis Jésus. Certains croient en la divinité du Christ alors que d'autres se scandalisent de son miracle au point de chercher à le tuer. Le même miracle est, pour les uns, occasion d'adhérer au Dieu révélé par Jésus Christ alors que pour d'autres, il est cause de scandale. Le miracle est le même pour les uns et pour les autres et il est capable de mener à la foi, mais pour ce faire le cœur de l'homme doit être bien disposé[3].

Les *maiores* du peuple, les grands-prêtres et les pharisiens notamment, reconnaissent les miracles de Jésus comme des faits réels (le nombre, la grandeur et le caractère public de ceux-ci empêchent de les méconnaître). Le Christ lui-même leur a d'ailleurs enseigné et a fait devant eux des miracles. Après la résurrection de Jésus, l'Esprit Saint, par l'entremise des apôtres, a lui aussi témoigné de la divinité de Jésus[4]. Ils le reconnaissent d'ailleurs comme Messie[5]. Là n'est pas le problème. Le problème est leur refus de croire. Ce refus, déjà annoncé par le prophète Isaïe[6] relève du libre arbitre de ces gens. En fait, une malice les habite depuis le début et les rend aveugles et stupides[7]. Ils refusent de croire, car ils ont

1. « S'ils n'écoutent pas Moïse, ni les prophètes, même si quelqu'un ressuscite des morts ils ne seront pas convaincus » *Lc* 16,31 ; « Malheureuse es-tu, Chorazin ! Malheureuse es-tu Bethsaïda ! Car si les miracles qui ont eu lieu chez vous avaient eu lieu à Tyr et à Sidon, il y a longtemps qu'elles se seraient converties [...] » ; *Jn* 10,13 ; « Jésus dit à Thomas : Parce que tu m'as vu, tu as cru : bienheureux ceux qui, sans avoir vu, ont cru » (*Jn* 20,29).

2. *Jn* 11.

3. *Abusus miraculorum in his qui miraculis detrahebant, non aufert eorum efficaciam ad fidem confirmandam quantum ad illos qui erant bene dispositi*, *De pot.* q. 6 a. 9 ad 17m.

4. *Supra Dominus tractans de persecutione quae discipulis a Iudaeis superventura erat, rationem assignavit : quia nesciunt eum qui misit eum. Sed quia ignorantia excusare solet, ideo hic eos ostendit esse [[ostendit omnino esse]] esse inexcusabiles : et hoc dupliciter. 1) Primo per ea quae ipse personaliter circa eos fecit et docuit. [[Primo ostendit eos inexcusabiles esse propter veritatis doctrinam [1.1]] ; secundo propter signorum evidentiam, ibi « Si opera non fecissem » [1.2] ; 2) secundo per ea quae in eius absentia futura erant, ibi « Cum autem venerit Paraclitus »* ; *In Iohannem* 15, lect. 5, n° 2044 ; *Hic ostendit quod non sunt excusabiles propter ea quae post eum superventura erant, quia habitui erant alia testimonia, scilicet Spiritus Sancti, et etiam Apostolorum [...], In Iohannem* 15, lect. 5, n° 2058. Ce qui apparaît entre doubles crochets [[ ]] est la correction suggérée par le R. P. L. Reid, éditeur du commentaire, qui a aimablement mis à notre disposition son texte non encore publié.

5. Cf. *In Iohannem* 15, lect. 5, n° 2049. Dans son *Commentaire sur 1 Co* et dans la *Somme*, Thomas leur accorde une connaissance de Jésus comme Fils de Dieu, connaissance cependant conjecturale et, de toute façon, contrecarrée par leur haine et leur envie : *Ipsum autem esse verum Filium Dei non pro certo sciebant, sed aliqualiter coniecturabant; sed haec coniecturalis cognitio obscurabatur in eis ex invidia et cupiditate propriae gloria, In ep. ad Cor.*, n° 93 ; *Videbant enim evidentia signa divinitatis ipsius, sed ex odio et invidia Christi ea pervertebant; et verbis eius quibus se Dei Filium fatebatur credere noluerunt, ST* 3a q. 47 a. 5

6. *Is* 6,1.

7. *Movebant autem eos ad dubitandum miracula Christi ; unde dicebant « Quid facimus, quia hic homo multa signa facit ? » Caeci sunt, adhuc eum hominem vocantes, cuius tantam susceperunt*

peur de perdre leur pouvoir spirituel et temporel au profit de Jésus. Pour satisfaire leur ambition, ils préfèrent se perdre et conduire les autres à la même fin[1] : « Ils aimèrent davantage la considération des hommes que celle de Dieu », comme le dit Jean[2]. Plus profondément, ils refusent de croire parce qu'ils ont pris en haine le Fils et celui qui l'a envoyé[3].

La foi équivoque des démons ou la raison qui force à « croire »

Une telle disposition contraire à la foi se retrouve chez les démons. Sans entrer dans le détail de la pensée de saint Thomas à leur sujet, ils nous permettront de mieux saisir le rôle des miracles dans la genèse de la foi. En effet, selon l'épître de *Jacques* (2,19), les démons « croient et tremblent ». La foi dont il s'agit a ceci de particulier, selon notre auteur, qu'elle est en quelque sorte « forcée » par l'évidence perçue des signes de la foi et ne mérite pas de louange à cause de cela (*Daemonum fides est quodammodo coacta ex signorum evidentia, et ideo non pertinet ad laudem voluntatis ipsorum quod credunt*). Non pas qu'elle ait l'évidence même des choses de la foi, mais ce qu'elle perçoit d'une manière plus pénétrante que l'intelligence humaine l'amène à conclure à l'action de Dieu. Elle est vaincue par ce qu'elle voit au point d'estimer qu'elle ne peut faire autrement que de croire à ce qui est dit. Les démons voient en effet beaucoup d'indices évidents par lesquels ils perçoivent que l'enseignement de l'Église vient de Dieu,

divinitatis demonstrationem. Nam, ut ipse dicit supra 5,30 : « Opera quae dedit mihi Pater ut faciam, sunt que ipsa [[sunt que]] testimonium perhibent de me ». Sunt etiam non minus insipientes quam caeci : quia dubitant quid eos facere oporteat, cum nihil aliud eis faciendum erat, quam credere ; supra 6,30 : « Quod signum facis, ut credamus tibi ? » Sed ecce quod multa signa fecit, et adhuc dicunt : « Quia hic homo multa signa facit ». « Excaecavit enim eos malitia eorum » (Sap 2,21), In Iohannem 11, lect. 7, n° 1569.

1. *Materia autem dubitationis fuit quia timebant damna eos secutura. Et ponit duo quantum ad hoc. Primo amissionem principatus spiritualis; et quantum ad hoc dicit : « Si dimittimus eum sic, omnes credent in eum » : quod quidem secundum rei veritatem optabile erat omnibus, nam fides quae est ad Christum [[in Christum]], salvat et ad vitam aeternam perducit; infra 20,31 : « Haec scripta sunt ut credatis [...] et ut credentes vitam habeatis in nomini eius ». Sed quantum ad eorum pravam intentionem eis horrendum videbatur, cum crederent, nullum eorum ambitione seipsos et alios retrahunt a salute [...], In Iohannem* 11, lect. 7, n° 1570; *Secundo ponit ambitionem possessionis temporalis, cum dicit « Et venient Romani, et tollent nostrum locum, et gentem » : quod videtur ex hoc sequi, secundum Augustinum. Quia si omnes in Christum crederent, nemo remaneret qui adversus Romanos templum Dei defenderet [...]. Et [...] melius videtur dicendum, secundum Chrysostomum, quod ideo hoc dicebant quia videbant Christum honorari a populo tamquam rex [...] ideo timebant quod si hoc audirent Romani [...] reputarent ipsos Iudaeos rebelles et venientes contra eos, destruerent civitatem et gente; infra 19,12 : « Omnis qui se regem facit, contradicit Caesari », In Iohannem* 11, lect. 7, n° 1571 ; *Sed attende eorum miseriam, quia nihil timent perdere nisi temporalia, de vita aeterna non cogitantes; Deut 23,28 : « Oculus Iacob ad terram », In Iohannem* 11, lect. 7, n° 1572.

2. *Jn* 12,37-43.

3. *Hic ostendit ex qua radice peccatum infidelitatis incurrerent : scilicet ex odio, propter quod operibus visis non credebant. Unde dicit « Nunc autem viderunt », scilicet opera quae in eis fecit, « et oderunt me et Patrem meum »*; *Prov.* 1,29 : *« Eo quod exosam habuerunt disciplinam, et timorem Domini non susceperunt ». Et, « sicut Gregorius dicit, sunt nonnulli in Ecclesia qui non solum bona non faciunt, sed etiam persequuntur, et quae ipse facere negligunt, etiam in aliis detestantur : unde horum peccatum non ex infirmitate aut ignorantia, sed ex solo studio perpetratur », In Iohannem* 15, lect. 5, n° 2056.

bien qu'ils ne voient pas les réalités mêmes que l'Église enseigne, par exemple que Dieu est trine et un, ou quelque chose de ce genre [1].

Cet équilibre nouveau entre l'intelligence et la volonté chez les démons est bien marquée par le déplaisir qu'ils ont à croire. L'obligation morale où les démons et les hommes se trouvent fait en sorte que la volonté influence l'intelligence afin que celle-ci donne son assentiment, mais au plan psychologique la situation est tout autre. Dans le cas des démons, la volonté est comme contrainte à adhérer par l'évidence des signes extérieurs constatés, alors que dans le cas des fidèles, s'il y a contrainte, celle-ci est liée à la soumission et à l'adhésion au mystère de Dieu pressenti dans les œuvres. Dans un cas l'adhésion est œuvre de contrainte, dans l'autre œuvre de dévotion, d'amour de quête de bonheur. Cette dernière réalise au plus haut point la définition même de la foi qui est d'adhérer librement à la parole du témoin. Dans l'autre cas, les démons se rabattent sur les signes plutôt que de s'abandonner à l'auteur des signes.

L'essence même de la foi est d'adhérer d'abord et avant tout à Dieu lui-même, puis aux paroles et aux signes qu'il utilise comme nous l'avons signalé [2]. Dans un texte du commentaire sur les *Sentences* Thomas aborde précisément la question de la foi des démons sous cet angle et distingue deux manières d'assentir à ce que l'on ne voit pas. La première est celle qui se fie aux choses qu'elles voient pour en arriver par l'intelligence à la conclusion qu'il lui faut croire à ce qu'elle ne voit pas. C'est la façon propre des démons. L'aspect forcé de l'assentiment donné par les démons est indiqué par le déplaisir qu'ils ont à consentir : « La foi des démons est en quelque sorte une foi forcée par l'évidence des signes. Et c'est pour cela qu'il n'y a pas à louer leur volonté parce qu'ils croient » et un peu plus loin il ajoute : « Il déplaît aux démons que les signes de la foi soient si évidents qu'ils se trouvent contraints à croire » [3]. La deuxième adhère à ce qu'elle ne voit pas, non par une conclusion de l'intelligence, mais par un mouvement de la volonté. Son adhésion est alors basée sur la Vérité incréée elle-même [4]. C'est pourquoi saint

1. Cf. *ST* 2a 2ae q. 5 a 2. Cf. aussi 1a q. 64 a. 2 ad 5m; 3a q. 76 a. 7; *De ver.* q. 14 a. 9 ad 4m; *In 3Sent.* d. 23 q. 3 a. 3 qla 1. Voir aussi J. Beumer, « "*Et daemones credunt*" (*Jac II*, 19). Ein Beitrag zur positiven Bewertung des *fides informis* », *Gr.*, 22 (1941), p. 231-251.

2. Cf. *ST* 2a2ae q. 11 a. 1 déjà cité plus haut.

3. *ST* 2a2ae q. 5 a. 2 ad 1m et ad 3m respectivement.

4. *De ratione fidei est quod credens assentiat aliquibus quae non videt, nec secundum se, nec resolvere ea potest ad ea quae videt, sed inclinatur ad credendum ex aliqua ratione quae sufficit ad determinandum assensum in illud quod creditur, quamvis non sufficiat ad inducendum visionem eius quod creditur [...]. Ratio autem haec inducens ad credendum potest sumi* ***vel ex aliquo creato****, sicut quando per aliquod signum inducimur [...] ad aliquod credendum vel de Deo, vel de aliis rebus;* ***vel sumitur ab ipsa Veritate increata****, sicut credimus aliqua quae nobis divinitus dicta sunt per ministros. Et primo modo dicta fides cogit intellectum ad credendum per hoc quod non apparet aliquid contrarium; sed secundo modo intellectus non cogitur sed ex voluntate inclinatur. Et primo modo est fides in daemonibus, in quantum ex ipsa naturali cognitione simul et ex miraculis quae vident supra naturam esse multo subtilius quam nos, coguntur ad credendum ea quae naturalem ipsorum cognitionem excedunt; non autem secundo modo, In 3Sent.* d. 23 q. 3 a. 3 sol. 1 (les caractères gras sont de nous); *In eis [scil. daemonibus] intellectus cogitur ad assentiendum; unde non omnino ex libera voluntate inclinatur, In 3Sent.* d. 23 q. 3 a. 3 ad 3m.

Thomas dit équivoque la notion de foi utilisée pour parler de la foi des démons et de celle des fidèles [1].

Miracle, adhésion et intelligence

À la différence des démons qui sont contraints de croire selon les raisonnements tirés de ce qu'ils constatent, les fidèles qui croient sont dignes de louange et de mérite. L'amour et le zèle religieux de Marie-Madeleine, de Pierre et de Jean, représentent de façon exemplaire la réaction de ceux et celles qui ont accepté de tout leur cœur les miracles et l'enseignement de Jésus. Avec le récit des apparitions du Ressuscité aux femmes et aux disciples en *Jn* 20, l'atmosphère est tout autre que celle des chapitres précédents où le refus de croire, la haine et la jalousie avaient préséance. Le vocabulaire lui-même change au profit du vocabulaire de la foi, de l'amour et de la dévotion [2].

La figure de Marie-Madeleine est tout l'opposé de celle de ces hommes méchants, étant le modèle d'un cœur aimant et croyant. Son amour pour le Christ [3] la pousse à venir en tout premier lieu au tombeau du Seigneur [4] et à annoncer aux disciples la bonne nouvelle de sa résurrection [5]. Après la venue de Pierre et de Jean au tombeau, c'est encore son amour qui lui mérite l'apparition des anges [6] et celle

1. *Daemones non voluntate assentiunt his quae credere dicuntur, sed coacti evidentia signorum [...] quamvis illa signa non faciant apparere id quod creditur [...]. Unde et credere aequivoce dicitur de hominibus fidelibus et daemonibus, nec est in eis fides ex aliquo lumine gratiae infuso, sicut est in fidelibus*, *De ver.* q. 14 a. 9 ad 4m, éd. Léon., vol. 22, p. 464, lignes 169-179.

2. Les mots *invidia*, *malitia* und *odium* ne sont pas utilisés une seule fois par Thomas, alors que le vocabulaire de l'amour surabonde dans le commentaire par rapport au texte évangélique : *devotio-devoveo :* 0 dans le texte évangélique en question, 7 fois dans le commentaire ; *amor-amare* : 6 fois dans le texte, 26 fois dans le commentaire ; *dilectio-diligere* : 4 dans le texte, 48 dans le commentaire. Statistiques tirées de R. Busa, *Index Thomisticus*... aux mots concernés.

3. *Dicendum secundum Augustinum, quod Maria Magdalena ferventior et devotior erat ad Christum aliis mulieribus : unde Lc 7,47 dicitur : « Dimissa sunt ei peccata multa, quoniam dilexit multum ». Et ideo eam Evangelista specialius nominat. Et inde est quod prius ei apparuit Dominus, Mc 16,9. Sap 6,14 : « Preoccupat eos qui se concupiscunt, ut illis se prior ostendat »*, *In Iohannem* 20, lect. 1, n° 2472.

4. *[...] ante lucem primae sabbati venit ad monumentum : nam nimius ardor amoris eam sollicitabat; Cant. 8,6 : « Lampades eius lampades ignis atque flammarum », scilicet caritatis*, *In Iohannem* 20, lect. 1, n° 2473.

5. *Consequenter cum dicit : « Cucurrit ergo ad Simonem Petrum » ponitur rei visae denuntiato. Ex nimio enim amore non distulit nuntiare discipulis quod vidit ; sed « cucurrit, et venit ad Simonem Petrum », et « alium discipulum quem diligebat Iesus [...]. Sic qui audit verba Dei, debet festinus aliis dicere ». Apoc. 22,17 : « Qui audit dicat, Veni ». « Sed ad illos qui praecipui erant, et Christum ferventius diligebant, ut aut secum quaererent, aut secum dolerent »*, *In Iohannem* 20, lect. 1, n° 2476.

6. *Jn* 20,10-13. *Devotio autem mulieris, quae meruit angelorum visionem, commendatur ex tribus. Primo quidem ex eius constantia, quam commendabilem reddidit, primo, discipulorum recessus [...] Maria stabat ad monumentum. Nam discipulis recedentibus, infirmiorem sexum fortior et ferventior in eodem loco figebat affectus*, *In Iohannem* 20, lect. 2, n° 2490-2491 ; *Secundo commendatur eius devotio ex lacrymarum affluentia, quia « plorans » [...] sed Maria Magdalena lacrymis quidem compunctionis abundavit tempore suae conversionis, quando quae in civitate peccatrix, amando veritatem lavit lacrymis maculis criminis. Abundavit etiam lacrymis devotionis in Christi passione et resurrectione, ut habetur hic*, *In Iohannem* 20, lect. 2, n° 2493 ; *Tertio commendatur eius devotio ex inquisitionis diligentia. Unde dicit « Dum ergo fleret, inclinavit se et prospexit in monumentum ». « [...] Et ideo quia eum habere non poterat, volens saltem videre locum ubi positus fuerat [...] quia amanti semel aspexisse non sufficit, cuius vis amoris intentionem multi-*

du Christ[1]. Sa confession de foi au Christ comme Seigneur et Maître est la conséquence de son amour profond pour cet homme qui la rend capable, avec l'aide du Christ, de reconnaître sa sainteté et sa divinité[2]. Elle est à juste titre appelée Apôtre des apôtres[3].

Parmi les apôtres, Pierre et Jean jouent un rôle particulier. La pêche miraculeuse[4] témoigne du lien étroit entre eux et Jésus. Après le miracle, Jean est le premier à comprendre qu'il s'agit du Maître ressuscité, alors que Pierre se jette à la mer. La ferveur de Pierre et l'intelligence de Jean à comprendre le mystère du Christ forment un contraste saisissant avec la haine et le manque d'intelligence du mystère du Christ que l'on retrouvait chez plusieurs Juifs[5].

Les bonnes dispositions à servir le Christ de tout son cœur sont vérifiées quand le Christ demande trois fois à Simon Pierre s'il l'aime. À l'opposé de bien des témoins de ses miracles qui préfèrent leur personne et leur propre honneur à celui de Dieu, Pierre témoigne de son amour pour le Christ, amour qui ira jusqu'à

plicat inquisitionis [...]. Inclinavit autem se, et prospexit, quia caritas Christi eam urgebat [...] », In Iohannem 20, lect. 2, n° 2494.

1. *« Haec cum dixisset », scilicet Maria Magdalena ad angelum, « conversa est retrorsum » (Ioh* 20,14) [...] *ostenditur etiam per hoc, quod si aliquis Christum videre desiderat, oportet quod ad eum convertatur. Zach. 1,3 : « Convertimini ad me, ait Dominus exercituum et convertar ad vos ». « Illi ad eum perveniunt qui se totaliter in eum, per amorem convertunt ». Sap.* 4,14 : *« Praeoccupat eos qui se concupiscent », In Iohannem* 20, lect. 3, n° 2505.

2. *Et [Maria Magdalena] dicit eis [angelis] : « Tulerunt Dominum de monumento et nescimus ubi posuerunt eum » [...]. « Dominum meum », ad designandum propensiorem caritatem, et famulatus affectum, In Iohannem* 20, lect. 1, n° 2476 ; *Mulier autem haec aliquam fidem habebat de Christo sicut de sancto viro, unde et magistrum eum vocabat; necdum ad hoc pervenerat ut cognosceret eum aequalem Patri et unum cum Deo. Et ideo dicit « Noli me tangere », idest, non constituas finem tuae notionis in eo quod credis de me, « Nondum enim ascendi ad Patrum meum », scilicet in corde tuo, quia non credis me esse unum cum eo; quod tamen postea credidit. Nam in eius intimis sensibus quodammodo Christus ascendit ad Patrem, qui sic in ea profecerat ut Patri cognoscat aequalem, In Iohannem* 20, lect. 3, n° 2517.

3. Cf. *In Iohannem* 20, lect. 3, n° 2519.

4. *Jn* 21,1-19.

5. *Posita inductione ad cognoscendum Christum quae fuit multitudo piscium captorum, eis a Christo praestita, hic consequenter ponitur ordo recognitionis, et primo ponit quomodo in ea se habuit Ioannes; secundo quomodo se habuit Petrus; tertio quomodo se habuerunt alii discipuli, In Iohannem* 21, lect. 2, n° 2591 ; *Ioannes autem est perspicax in cognoscendo, statim Christum cognovit; et ideo dixit Petro quem prae ceteris diligebat, et etiam quia prior erat inter alios, « Dominus est », motus ad hoc ex captura piscium [...], In Iohannem* 21, lect. 2, n° 2592 ; *Petrus vero ponitur fervens ad consequendum : cuius fervor apparet primo quantum ad promptitudinem, unde dicit « Simon Petrus, cum audisset quia Dominus est, succinxit se (erat enim nudus) et misit se in mare. Alii autem discipuli navigio venerunt ». Simon Petrus cum audisset, non distulit, sed statim praeparat se ad eundem. Eccl. 8,5 « Ne tardes converti ad Dominum, neque differas de die in diem ». Secundo quantum ad reverentiam eius ad Christum : quia noluit nudus prae pudore accedere, « sed tunica succinxit se, erat enim nudus », et propter caliditatem terrae, et propter expeditionem operis [...]. Tertio quantum ad eius securitatem : quia ex nimia dilectione noluit cum navi ire, quia retardabatur, sed « misit se in mare », ut citius perveniret ad Christum, In Iohannem* 21, lect. 2, n° 2593 ; *Et ut Chrysostomus dicit, ponitur hic optime conditio Ioannis et Petri : quia Ioannes altior intellectu, Petrus ferventior affectu, In Iohannem* 21, lect. 2, n° 2594. Cf. aussi *In Iohannem* 21, lect. 2, n° 2595.

donner sa propre vie[1]. Il devient ainsi le modèle du véritable berger qui se préoccupe davantage du bien de son troupeau que de son avantage[2].

Le désir de la vie éternelle

Derrière ces figures de Marie-Madeleine, de Jean et de Pierre se tiennent, en définitive, tous les hommes désirant la vie éternelle et les Biens mystérieux que nous promet celui qui a autorité[3]. Comme la volonté est ordonnée au bien, il s'agira pour tous les témoignages d'être considérés sous l'aspect formel du bien pour que la volonté y soit ordonnée. Parce que la volonté y trouve son bien, elle y tendra et influencera l'intelligence à adhérer au contenu intelligible que contient ce bien.

> La volonté peut déterminer l'intelligence en choisissant comme objet d'adhésion tel jugement déterminément et précisément pour un motif d'ordre volontaire et non point intellectuel, à savoir la bonté ou la convenance de la dite adhésion. C'est ainsi par exemple qu'un homme en croit un autre parce qu'il y voit quelque décence ou quelque utilité. Nous aussi, chrétiens, nous sommes portés à croire le message révélé parce que nous est promise, si nous croyons, la récompense de la vie éternelle; c'est l'attrait de cette récompense qui porte la volonté à l'assentiment de foi malgré l'absence de motifs intellectuels[4].

L'ACTION INTÉRIEURE DU SAINT-ESPRIT

Prédication, miracles et instinct intérieur

Les bonnes dispositions intérieures à accueillir la prédication et les miracles attirent notre attention sur la dimension intérieure de l'acte de foi. Mais ces dispositions psychologiques et morales suffisent-elles en définitive à rendre raison de l'acte de foi posé chez l'un et refusé chez l'autre ? Le refus de croire peut toujours être compris comme une prérogative humaine qui, par malice, refuse le don de Dieu. L'acte de foi, lui, peut-il s'expliquer simplement par une bonne

1. *Examinatio autem est de dilectione : « Diligis me », inquit, « plus his ? » Et hoc quidem satis convenienter Petrus prius in peccatum ceciderat [...] nec idoneus erat ut praeferratur, nisi prius eius culpa aboleretur: quod non fit nisi per caritatem. 1Petr 4,8: « Caritas operit multitudinem peccatorum ». Et ideo oportuit ut per examinationem manifestaretur eius caritas [[manifestaret eius caritatem]], non sibi qui scrutatur renes et corda, sed aliis [...]. Inde est quod Petro [[Petrus]], qui cum Dominus moreretur, timuit et negavit, resurgens Dominus amorem inseruit, et fugavit timorem, In Iohannem* 21, lect. 3, n° 2617.

2. *Congruit etiam haec examinatio officio. Multi enim pastorale officium assumentes, utuntur eo sicut seipsos amantes. 2 Tim* 3,1 : *« Instabunt tempora periculosa et erunt homines seipsos amantes ». Et qui non amat Dominum, non est idoneus praelatus; sed magis ille qui non quaerit quae sua sunt, sed quae Iesu Christi, et hoc amore eius. 2 Cor* 5,14 : *« Caritas Christi urget nos ». Congruit etiam officio quantum ad utilitatem proximorum : ex abundantia enim caritatis est quod aliqui diligentes interdum quietem propriae contemplationis intermittant, ut procurent proximorum utilitatem [...]. Et ideo necessaria est examinatio de dilectione ad praealtum, In Iohannem* 21, lect. 3, n° 2618.

3. Cf. M.-D. Chenu, *La psychologie de la foi dans la théologie du XIIIe siècle*, p. 180, dans *Étude d'histoire littéraire et doctrinale du XIIIe siècle*, 2e série, Paris-Ottawa, 1932, p. 163-191.

4. *De ver.*, q. 14 a 1. Traduction tirée de R. Aubert, *Le problème de l'acte de foi*, Paris, 1945, p. 57 (lire toute la section 47-71).

disposition à croire? Est-il le fruit de la seule liberté humaine se disposant à accueillir Dieu dans sa vie. À ce compte, l'homme aurait le pouvoir de se bien disposer envers Dieu et donc, d'être la cause de son propre salut. La question est importante pour notre sujet, car elle peut donner ou refuser aux miracles et à tous les éléments de crédibilité un poids plus ou moins considérable si l'homme peut par ses propres forces en arriver à croire ou à vouloir croire.

C'est à travers ses différentes œuvres que Thomas mettra en place sa réponse qui consiste à tenir que, dans la vie de grâce, tout est de Dieu. C'est lui qui conduit de l'intérieur de l'homme à la foi par l'instinct du Saint-Esprit[1], c'est lui qui infuse la grâce de la foi. L'expression *instinctus interior* apparaît pour la première fois dans le *Commentaire des Sentences* pour bien mettre en évidence la différence entre l'appel de Dieu qui passe par des moyens extérieurs (*vocatio exterior*) comme la prédication et l'appel intérieur (*vocatio interior*) qui se fait par le don de l'*instinctus interior*, mouvement vers le bien mis en l'homme par Dieu lui-même[2]. Cette première annotation est brève et ne dit pas tout sur cet *instinctus interior*. Cette action de Dieu intervient à différents moments de la conversion, menant parfois à une conversion imparfaite, tantôt à une conversion parfaite[3]. L'instinct intérieur apparaît comme une des façons pour Dieu d'atteindre l'homme, sans avoir encore le rôle central qu'il aura plus tard dans la genèse de la foi[4]. Même perspective en *De veritate* q. 24 a. 15.

Restent néanmoins quelques passages du *Commentaire des Sentences* qui laissent entendre que l'homme est capable de croire par ses propres forces. Au deuxième livre des *Sentences*, par exemple, il semble nier la nécessité d'une aide divine pour mener à la conversion[5]. À y regarder de plus près cependant, il nie plutôt qu'une intervention spéciale de Dieu soit nécessaire pour que la volonté exerce son action (*alia gratia, a qua elicitur substantia actus*), car l'action générale de Dieu envers tous les êtres suffit pour rendre compte de la substance

1. Saint Thomas n'est pas le seul à parler de l'instinct intérieur. Cela est même classique à son époque. P. Duroux, dans son livre *La psychologie de la foi*, Paris, 1963, p. 106 mentionne Albert le Grand, *In Iohannem* V, 38 et Bonaventure, *In 3Sent.* d. 24 dub. 2 : *Ideo generaliter dicit Apostolus fidem ex auditu esse magis principaliter ratione auditus interioris quam exterioris.* Sur l'instinct du Saint-Esprit chez saint Thomas, voir J. Alfaro, « Supernaturalitas fidei iuxta s. Thomam », *Gr.*, 44 (1963), p. 501-542 et 731-787 ; H. Bouillard, *Conversion et grâce chez S. Thomas d'Aquin. Étude historique*, « Théologie », n° 1, Paris, 1944 ; S. Pinckaers, « L'instinct et l'Esprit au cœur de l'éthique chrétienne », *Novitas et Veritas vitae. Aux sources du renouveau de la morale chrétienne, Mélanges offerts au Professeur Servais Pinckaers, à l'occasion de son 65e anniversaire*, C.-J. Pinto de Oliveira (éd.), Fribourg, 1991, p. 213-223 ; M. Seckler, *Instinkt und Glaubenswille nach Thomas von Aquin*, Mainz, 1961 ; E. Schillebeeckx, « L'instinct de la foi selon S. Thomas d'Aquin », *RSPhTh*, 48 (1964), p. 377-408 ; J. H. Walgrave, « Instinctus Spiritus Sancti. en proeve tot Thomas-interpretatie », *EThL*, 45 (1969), p. 417-431 (résumé en français).

2. *In 4Sent.* d. 17 q. 1 a. 1 ad 2m. La *vocatio interior* est associée à l'*instinctus interior* qui est le *motus ad bonum a Deo inmissus*.

3. *In 4Sent.* d. 17 q. 1 a. 2 qc. 1 ad 1m.

4. *Unde potest contingere quod aliquis dum est in proposito et in intentione peccandi, subito ejus voluntas convertitur ad Deum, vel ex aliquo exteriori occasionem accipiens, sicut fuit in Paulo ; vel etiam ex aliquo interiori instinctu quo cor hominis movetur a Deo, In 4Sent.* d. 17 q. 1 a. 2 ad 1m.

5. *In 2Sent.* d. 5 q. 2 a. 1.

des actes posés par les créatures, comme il l'avait déjà indiqué[1]. Un peu plus loin il affirme que Dieu donne sa grâce quand l'homme fait ce qui est en son pouvoir et que le libre arbitre suffit pour causer l'acte de la conversion[2] et encore : « En accord avec les autres auteurs, nous disons donc que l'homme peut se préparer à recevoir la grâce sanctifiante par son seul libre arbitre »[3]. La motion ordinaire de Dieu par laquelle il meut les corps et les esprits semble suffire à expliquer l'acte de foi posé par l'homme en raison de ses capacités naturelles[4].

La triade prédication, miracle, instinct intérieur n'apparaît expressément que dans les années 1269-1272 avec la deuxième question *De Quodlibet*[5], le commentaire sur *Jean*[6] et la *Somme de théologie*[7]. La nécessité de cet instinct intérieur pour parvenir à la foi n'est clairement mentionnée qu'à partir de la *Somme de théologie*[8]. Les hommes auraient pu entendre sa prédication et voir ses miracles,

1. Cf. *In 2Sent.* d. 3 q. 4 ad 1m.

2. *In 2Sent.* d. 15 q. 1 a. 3 : *Quidam enim dicunt quod ad conversionem meritoriam exigitur duplex gratia : una gratum faciens, quae informat conversionis actum, et meritorium reddit; alia gratis data, a qua elicitur substantia actus, et quae liberium arbitrium inclinat ad volendum. Sed istam gratiam ponere non videtur necessarium [...] quia si homo facit quod in se est, Deus dat ei gratiam [...] ad eliciendum actum conversionis sufficit liberium arbitrium, quod se ad habendam gratiam per hunc actum praeparat et disponit; sed efficacia conversionis ad meritum non potest esse nisi per gratiam; unde unus et idem motus est in quo gratia infunditur, qui est dispositio ad gratiam secundum quod exit a liberio arbitrio, et meritorius, secundum quod gratia informatur [...].*

3. *Et ideo aliis consentiendo dicimus quod ad gratiam gratum facientem habendam ex solo libero arbitrio se homo potest praeparare : faciendo enim quod in se est, gratiam a Deo consequitur*, *In 2Sent.* d. 28 q. 1 a. 4.

4. Et c'est à cette interprétation que semble s'être accroché M. Seckler, *op. cit.* : « Die Hilfe Gottes ist nichts anderes als die transzendentale Bewegung der Kreatur zum Guten durch Gott. Das auxilium, das Gott dem Menschen zur Vorbereitung auf die Gnade gewährt, ist kein aktueller Impuls, keine aktuelle übernatürliche Gnade im heutigen Sinne des Wortes, sondern jene Bewegung Gottes, die dem Menschen die innere Dimension der Rückkehr erstellt », p. 178.

5. Les *quodlibets* 1 à 6 et 12 sont datés de 1268-1272 selon J.-P. Torrell, *Initiation*..., p. 492.

6. Le commentaire sur Jean date des années 1270-1272 par J.-P. Torrell, *Initiation*..., p. 496. Dieu nous donne l'aide nécessaire de différentes manières, notamment à travers la prédication, les miracles et l'appel intérieur : *Credere autem est super potenciam hominis naturalem, unde ex dono Dei provenit [...] homo igitur tenetur credere secundum hoc quod adiuuatur a Deo ad credendum. Adiuuatur autem a Deo aliquis ad credendum tripliciter. Primo quidem per interionem uocationem, de qua dicitur Iohannis VI : Omnis qui audit a Patre et didicit, uenit ad me ; et Romanorum VIII : Quos predestinauit, hos uocauit. Secundo, per doctrinam et predicationem exteriorem, secundum illud Apostoli ad Romanos VII : Fides ex auditu, auditus autem per uerbum Christi. Tercio, per exteriora miracula; unde dicitur I ad Corinthios XIV quod signa sunt infidelibus, ut scilicet per ea prouocentur ad fidem*, *Quodl.* 2 q. 4 a. 1 (voir aussi ad 2m et 3m); a. 6; *In Iohannem* 6, lect. 5, n° 935; 15, lect. 15, n° 2055; moins précis en *In Iohannem* 5, lect. 6, n° 820.

7. Cf. *ST* 2a2ae q. 2 a. 9 ad 3m. La 2a2ae est datée de 1271-1272 par J.-P. Torrell, *Initiation*..., p. 487.

8. *Et ideo oportet ponere aliam causam interiorem, quae movet hominem interius ad assentiendum his quae sunt fidei. Hanc autem causam Pelagiani ponebant solum liberium arbitrium hominis; et propter hoc dicebant quod initium fidei est ex nobis, inquantum scilicet ex nobis est quod parati sumus ad assentiedum his quae sunt fidei; sed consummatio fidei est a Deo, per quem nobis proponuntur ea quae credere debemus. Sed hoc est falsum. Quia cum homo, assentiendo his quae sunt fidei, elevetur supra naturam suam, oportet quod hoc insit ei ex supernaturali principio interius movente, quod est Deus [...]. Et ideo fides quantum ad assensum, qui est principalis actus fidei, est a Deo interius movente per gratiam [...]*, *ST* 2a2ae q. 6 a. 1. *In ep. ad Rom.* 8, lect. 6, n° 707 : *Alia vero vocatio est interior [...]. Et haec vocatio est necessaria, quia cor nostrum non se ad Patrem*

sans cette aide intérieure, ils ne pouvaient pas croire en lui. Même la parole proclamée par le Fils en personne ne suffisait pas à les mener à la foi. Il fallait l'action intérieure de l'Esprit[1]. Il mentionne aussi dans la *Somme* l'erreur du jeune Augustin à ce sujet[2]. Sans cette aide intérieure, considérée comme une œuvre de Dieu, ils auraient été excusables de ne pas croire, cela étant au-delà de leurs capacités naturelles[3]. C'est dire par la même occasion l'importance relative des miracles pour mener à la foi. En ce qui concerne la prédication ou à tout le moins quant à ce qui permet d'avoir accès à un certain contenu explicite de la foi, sa place est assurée dans la genèse de la foi, car nul ne peut s'en passer. Même un homme isolé quelque part devrait bénéficier d'une révélation sous une forme ou une autre pour pouvoir accepter ou refuser la foi[4].

converteret, nisi ipse Deus nos ad se traheret. – Io 6,44 : « Nemo potest venire ad me, nisi pater qui misit me traxerit eum. » Thr. 5,21 : « Converte nos, Domine, ad te, et convertemur ». Et etiam haec vocatio est efficax in praedestinatis, quia huius modi vocationi assentiunt. Io 6,45 : « Omnis qui audivit a patre meo et didicit, venit ad me ».

1. « De même que la mission du Fils eut pour effet de conduire au Père, de même la mission du Saint-Esprit est de conduire les croyants au Fils [...]. Le Fils, étant le Verbe, nous apporte la doctrine, mais l'Esprit-Saint nous rend capables de la recevoir [...]. Ainsi quand Jésus dit : « Il vous enseignera toutes choses », il s'agit donc de ceci : Quoi que l'homme apprenne du dehors, si l'Esprit-Saint, de l'intérieur, ne lui donne l'intelligence, c'est peine perdue : « Si l'Esprit n'habite le cœur de l'auditeur, en vain discourt le docteur. « C'est le souffle du Tout-Puissant qui donne l'intelligence » (*Jb* 32,8). À tel point que même le Fils, parlant par l'organe de son humanité, est impuissant s'il n'opère de l'intérieur par l'Esprit-Saint. Il faut se souvenir de ce qu'il a dit plus haut : « Quiconque entend ce qui vient du Père et reçoit son enseignement vient à moi » (*Jn* 6,45) [...]. L'Esprit nous fait savoir toutes choses, nous inspirant et nous dirigeant intérieurement, et nous élévant aux choses spirituelles », *In Iohannem* 14, lect. 6, n° 1958-1959.

2. « S. Augustin reconnaît lui-même qu'il s'est trompé en pensant que le commencement de la foi venait de nous, et que sa consommation nous était donnée par Dieu : il se rétracte à ce sujet », *ST* 2a 2ae q. 114 a. 5 ad 1m. Voir H. Bouillard, *op. cit.*, p. 91-122.

3. Au sujet de *Jn* 15,5 *Si opera non fecissem in eis quae nemo alius fecit, peccatum non haberent* saint Thomas écrit : *Si nos loquamur de quibuscumque miraculis, haberent excusationem, si in eis facta non fuissent per Christum. Nullus enim potest ad Christum venire per fidem nisi tractus; supra 6,44 : « Nemo potest venire ad me, nisi Pater, qui misit me, traxerit eum » [...]. Unde si nullus esset qui eos traxisset ad fidem, excusabiles essent de infidelitate. Sed est attendendum, quod Christus attraxit verbo, signis visibilibus et invisibilibus, scilicet movendo et instigando interius corda; Prov. 21,1 : « Cor regum in manu Dei ». Est ergo opus Dei instinctus interior ad bene agendum, et qui ei resistunt, peccant alias frustra dixisset Stephanus Act. 7,5 : « Vos semper Spiritui sancto restitistis » [...]. Est ergo hoc quod Dominus dicit « Si opera non fecissem in eis quae nemo alius fecit », intelligendum non solum de visibilibus, sed etiam de interiori instinctu, et attractu doctrinae : quae quidem si in eis non fecisset, peccatum non haberent.* Cf. *In Iohannem* 15, lect. 5, n° 2055.

4. Dans le *De ver.* q. 14 a. 11, Thomas se demande si une certaine connaissance explicite de la foi est toujours nécessaire au salut. Sa réponse, nuancée, est affirmative. Elle tient compte de ce qui est essentiel ou non à la foi, du caractère explicite ou implicite de ces connaissances, des obligations diverses des personnes selon leurs statuts. Pour ce qui est de la situation extrême d'un homme qui aurait été élevé seul ou parmi les bêtes, Thomas s'appuie sur la volonté générale de salut de Dieu pour affirmer avec certitude que d'une façon ou d'une autre, cet homme aura accès aux vérités nécessaires au salut : *Si enim aliquis taliter nutritus [in silvis vel inter bruta animalia nutriatur], ductum naturalis rationis sequeretur in appetitu boni et fuga mali, certissime est tenendum, quod ei Deus vel per internam inspirationem revelaret ea quae sunt ad credendum necessaria, vel aliquem fidei predicatorem ad eum dirigeret, sicut misit Petrum ad Cornelium, Act X.*

Ce rôle de l'instinct rejoint une multitude de passages où Dieu est dit agir sur les cœurs, au plus secret de l'homme, pour les incliner ou les attirer vers lui [1]. Saint Paul est une première source d'inspiration pour saint Thomas. Dans sa lettre aux *Romains*, il aborde à plusieurs reprises le problème de la genèse de la foi et remarque que, malgré la prédication et les miracles, « Tous ne croient pas à l'Évangile » (*Rm* 10,14). Thomas de commenter : « Pas de foi sans prédicateur, mais cependant tous ne croient pas à l'envoyé de Dieu. L'Apôtre dit cela pour montrer que la parole extérieure n'est pas la cause suffisante de la foi, si le cœur de l'homme n'est pas attiré du dedans par la vertu de Dieu : « Quiconque a entendu l'enseignement du Père et s'en est instruit, vient à moi (*Jn* 6) ». Plus loin il précise le rôle de l'audition et du don de Dieu : « [...] deux choses concourent à la foi : l'une est l'inclination du cœur à croire, et ceci ne vient pas de l'audition, mais du don de la grâce ; l'autre est la détermination de l'objet croyable, et ceci vient de l'audition » [2]. Plus loin, au chapitre 15 (17-19), l'Aquinate parle en détail du rôle de la prédication et des miracles dans la genèse de la foi et ajoute encore une fois que tout cela ne suffit pas à engendrer la foi, mais qu'il y faut l'action de l'Esprit Saint [3].

C'est cependant dans son commentaire de l'évangile de *Jean* qu'il développe le plus cet aspect. Il nous livre un véritable petit traité de l'action de Dieu attirant à lui les hommes à l'occasion de *Jn* 6,44 (*de tractionis Patris*) [4]. Il distingue une

1. « Mais puisque la révélation extérieure et l'objet n'ont pas seuls la puissance d'attirer, puisque l'instinct intérieur qui pousse et meut à croire le possède aussi, le Père en attire beaucoup au Fils par cet instinct, effet de l'opération divine qui meut intérieurement le cœur de l'homme à croire (*per instinctum divinae operationis moventis interius cor hominis*) : "Dieu lui-même est celui qui opère en nous le vouloir et son accomplissement" (*Ph* 2,13) "Avec des liens humains, je les attirerai dans les liens de la charité" (Os 11,4) "Le cœur du roi est dans la main du Seigneur : il l'incline partout où il veut" (*Prov* 21,1) », *In Iohannem* 6, lect. 5, n° 935 ; *attraxit [Christus] [...] signis [...] invisibilibus, scilicet movendo et instigando interius corda; Prov. 21,1 : Cor regum in manu Dei, In Iohannem* 15, lect. 5, n° 2055 ; *ex supernaturali principio interius movente, ST 2a2ae q. 6 a. 1; quodam superiori instinctu moventur [...] quia ipsum motum voluntatis [...]. Spiritus Sanctus in eis causat, In ep. ad Rom.* 8, lect. 3, n° 635.

2. *In ep. ad Rom.* 10, lect. 2, n° 842 et 844.

3. *Tertio ostendit quomodo Gentes ad hanc obedientiam adduxerit. Quia autem supra 10,17 dictum est « fides ex auditu, auditus autem per verbum Christi », ideo dicit « in verbo », id est per verbum praedicationis fidei. Argumenta autem fidei praedicatae sunt bona conversatio praedicantis, et quantum ad hoc subdit « et factis », quasi scilicet per recta opera vos ad fidem allexi, Matth 5,16 : « Videant opera vestra », etc. ; et opera miraculorum, quibus Deus dat testimonium doctrinae praedicatae, secundum illud Mc ult., 20 : « Domino cooperante et sermonem confirmante sequentibus signis ». Unde subdit « in virtute signorum », id est miraculorum minorum, puta sanationes aegritudinum ; « et prodigiorum », id est maiorum miraculorum, quae ex sua magnitudine aliquid magni portendunt, id est ostendunt. Sed hoc totum non sufficeret nisi Spiritus Sanctus intus corda audientium ad fidem commoveret. Unde dicitur Act. 10,44 quod, loquente Petro verba fidei, cecidit Spiritus Sanctus super omnes qui audiebant verbum. Et ideo subdit « in virtute Spiritus Sancti ». – Hebr. 2,4 : « Contestante Deo signis et prodigiis et variis Spiritus Sancti distributionibus », In ep. ad Rom.* 15, lect. 2, n° 1171.

4. *Sic ergo multipliciter Pater trahit ad Filium, secundum multiplicem modum trahendi absque violentia in hominibus. I- Nam aliquis homo 1)* ***trahit aliquem persuadendo ratione****; et hoc modo Pater trahit homines ad Filium, demonstrando eum esse filium suum; et hoc dupliciter : 1a)* ***vel per internam revelationem :*** *Matth 16,17 : « Beatus es, Simon Bariona, quia caro et sanguis non revelavit tibi », scilicet Christum esse Filium Dei vivi, « sed Pater meus » ; 1b)* ***vel per miraculorum operationem****, quam habet a Patre; supra 5,36 : « Opera quae dedit mihi Pater, ipsa testimonium perhibent de me ». Item 2)* ***aliquis trahit alium alliciendo****; [...] Et hoc modo illi qui attendunt ad*

action de Dieu dite extérieure qui met en branle la faculté rationnelle et la volonté de l'homme (*revelatio exterior*) et une action dite intérieure (*instinctus interior*). La faculté rationnelle est mise à contribution quand une révélation lui est faite comme ce fut le cas pour les apôtres ou encore quand son intelligence est sollicitée par les miracles. Sa volonté est, quant à elle, attirée par les biens qui lui sont présentés, que ce soit la gloire de Dieu ou la vérité. L'action intérieure (*instinctus interior*) dont il s'agit ici n'est pas une révélation intérieure comme ont reçue les prophètes, il ne s'agit pas d'informations ou de quelque réalité offerte de l'extérieur à l'intelligence, mais d'une action à l'intime de la volonté de l'homme comme Dieu seul peut le faire[1]. Ce dernier mode d'action se distingue radicalement du premier. En effet, le premier mode d'intervention consiste en la proposition de biens à l'intelligence ou à la volonté, que ce soient une révélation ou un miracle, alors que dans le deuxième, c'est la faculté elle-même qui est touchée. En effet, Dieu imprime un mouvement à la volonté et lui donne ainsi, de façon transitoire, une capacité nouvelle d'agir. La volonté est haussée à la sublimité du Dieu révélé. L'instinct intérieur exprime l'intime contact entre la liberté humaine et Dieu. Il ne nous met pas en relation avec telle ou telle vérité révélée, mais avec Dieu lui-même comme Vérité première[2].

Le rôle moteur de l'Esprit-Saint

L'« instinct naturel » que l'on retrouve chez les bêtes[3] et les hommes révèle déjà cet aspect dynamique. La chose est évidente chez Thomas et les études de M. Seckler et J. Alfaro en donnent un bon résumé[4]. Par instinct, il faut entendre

Iesum [[accedunt ad Christum]] 2a) ***propter auctoritatem paternae maiestatis****, trahuntur a Patre. Quicumque enim credit in Christum propter hoc quod credit eum Filium Dei, hunc Pater trahit ad Filium, idest paterna maiestas [...]. Sic ergo trahuntur a Patre, sua maiestate allecti; sed trahuntur etiam a Filio, admirabili 2b)* ***delectatione et amore veritatis****, quae est ipse Filius Dei [...]. II-Sed quia* ***non solum revelatio exterior, vel [[nec]] obiectum, virtutem attrahendi [trahendi] habet, sed etiam interior instinctus impellens et movens ad credendum****, ideo trahit multos Pater ad Filium per instinctum divinae operationis moventis interius cor hominis ad credendum [[cor hominis]]; Phil 2,13 : « Deus est qui operatur in nobis velle et perficere »; Oseae 2,4 : « In funiculis Adam traham eos in vinculis caritatis »*; Prov 21,1 : *« Cor regis in manu Domini : quocumque voluerit inclinabit illud »*, *In Iohannem* 6, lect. 5, n° 935 (les numéros et les caractères gras sont de nous).

1. L'action intérieure et immédiate de Dieu sur la volonté est une prérogative divine et elle se démarque de l'influence que peuvent avoir d'autres créatures sur l'homme. Dieu seul meut immédiatement la volonté de l'homme. Cf. *ST* 1a q. 105 a. 4.

2. *[...] interior instinctus, quo Christus poterat se manifestare sine miraculis exterioribus, pertinet ad virtutem prime veritatis, que interius hominem illuminat et docet*, *Quodl.* 2 q. 4 a. 1 ad 3m.

3. *In brutis autem fit impetus ad opus per instinctum naturae, quia scilicet appetitus eorum statim apprehendo convenienti vel disconvenienti, naturaliter movetur ad prosecutionem vel fugam. Unde ordinatur ab alio ad agendum [...]*, *ST* 1a2ae q. 17 a. 2 ad 3m.

4. On trouvera de longs développements sur le sens du mot « *instinctus* » dans les œuvres de saint Thomas et dans la littérature les précédant chez M. Seckler, *op. cit.*, p. 19-66. En se basant sur une multitude de textes thomasiens, J. Alfaro, dans son article « Supernaturalitas fidei iuxta S. Thomam... », en donne la définition suivante : *Instinctus naturalis est igitur iuxta S. Thomam tendentia interna indeliberata ad agendum, a Creatore in natura ipsa entium cognoscitivorum impressa, finalismo dynamico praedita, necessitans vel saltem inducens ad operandum determinato modo et in ipso actu tendendi ad suum terminum exercite et obscure experta. Haec notio verificatur primario in inclinatione innata animalium; eius tamen verificatio in ordinatione facultatum*

une impulsion intérieure irrésistible à agir dans le sens de son achèvement, impulsion reçue comme de l'extérieur par un être capable de connaissance.

Au plan surnaturel, c'est à l'Esprit Saint qui s'est manifesté de façon subite et imprévisible à la Pentecôte[1] qu'est approprié ce dynamisme. Les textes de saint Thomas sur l'Esprit-Saint sont étonnants par leur exhubérance et leur conception dynamique de l'action de celui-ci[2]. Quand il parle du Saint-Esprit, les mots comme *motio*, *impulsio*, *impetus*, *vita* se multiplient. Dans son sermon *Emitte Spiritum*», par exemple, sermon prêché à l'Université de Paris, à l'occasion de la Pentecôte, lors de son deuxième séjour parisien (1268-1272)[3], Thomas insiste sur le mouvement occasionné par l'Esprit. Ce mouvement est même irrésistible. Les noms «Amour» et «Vie» donnés à l'Esprit vont dans le même sens[4]. Dans un texte de la même époque, il précise ainsi ce rôle de l'Esprit-Saint:

> Ceux qui sont menés par l'Esprit sont conduits par lui comme on est mené par un guide ou par un conducteur; c'est ce que fait en nous l'Esprit lorsqu'il nous éclaire intérieurement sur ce que nous devons faire: «Ton Esprit bon me conduira» (*Ps* 142,10). Mais puisque celui qui est ainsi conduit n'agit pas de lui-même, l'homme spirituel n'est pas seulement instruit par l'Esprit-Saint, son cœur aussi est mû par lui. Il faut donc donner un sens plus fort à l'expression «ceux qui sont conduits par l'Esprit de Dieu». On dit en effet que les êtres qui sont menés le sont par un instinct supérieur. Ainsi nous disons des animaux qu'ils ne se conduisent pas eux-mêmes mais qu'ils sont menés, c'est-à-dire qu'ils sont mûs par leur nature et non de leur propre mouvement à produire certaines actions. De même, ce n'est pas en premier lieu par sa propre volonté mais par un instinct du Saint-Esprit que l'homme spirituel est poussé à faire quelque chose, ainsi que le dit Isaïe (59,19): «Il viendra comme un fleuve impétueux que précipite le souffle du Seigneur, ou Luc (4,1) qui dit du Christ qu'il fut mené au désert par l'Esprit. Cela n'exclut pas pour autant que les hommes spirituels agissent par leur volonté et leur libre arbitre, car c'est l'Esprit-Saint qui cause en eux le mouvement même de leur volonté et de leur libre

spiritualium versus earum obiectum formale, ens qua verum et bonum, singulare momentum habet ad intelligendum characterem instinctivum inclinationis fidei infusae ad suum obiectum formale, Veritatem Primam propter se ipsam credibilem, p. 751-752.

1. *Ac* 2.

2. Pour une première approche sur la place de l'Esprit-Saint chez Thomas d'Aquin on consultera avec profit: J.-P. Torrell, *Saint Thomas d'Aquin, maître spirituel*, «Vestigia», n° 19, Fribourg-Paris, 1996, p. 203-298.

3. Le texte définitif de ce sermon n'a pas encore été publié, mais nous a été aimablement communiqué par le R.P. Louis Bataillon, O.P. Un parallèle se trouve en *SCG* 4, 20-22.

4. Le passage le plus intéressant se situe au milieu du texte et débute par *Secundo Spiritus sanctus importat motus impulsionem [...]* (lignes 97-125). *Tercio nomen spiritus uidetur importare motus impulsionem*, lignes 47-48; *[...] Spiritus sanctus quos sanctificat impetu suo ad bene agendum mouet*, lignes 171-172; *Patet modo Spiritus sancti proprietas et quod est uiuendi, essendi et mouendi origo*, lignes 182-184 en lien avec Ac 17,28. Il cite de façon significative le livre d'Esther *Non est qui possit resistere eius uoluntati*, lignes 111-112.

arbitre, selon ce que dit l'épître aux Philippiens (2,13) : « C'est Dieu qui opère en nous le vouloir et le faire [1].

Cette action de Dieu sur l'homme trouvera son expression privilégiée dans les dons du Saint-Esprit. Ceux-ci sont donnés par Dieu afin de favoriser une action prompte de l'homme aux motions reçues, ce qui les distingue des vertus théologales disposant de façon stable à la vie de Dieu et elles-mêmes activées par la volonté de l'homme. Ces dons présupposent la vie de grâce en l'homme et les vertus théologales qui sont comme une certaine aptitude à être mû par Dieu. Aussi parfaites qu'elles soient, elles ont encore besoin d'être aidées par les dons qui perfectionnent les puissances de l'âme selon qu'elles sont mues par le Saint-Esprit » [2]. Comme il l'écrit lui-même :

> [...] tant qu'il s'agit d'être mû par la raison, les vertus humaines suffisent à perfectionner l'homme dans son agir intérieur ou extérieur. Mais s'il s'agit d'être mû par Dieu, il faut qu'il y ait en lui des perfections plus hautes qui le disposent à être mû divinement. Ces perfections sont appelées des dons, non seulement parce qu'elles sont infusées par Dieu, mais parce que, grâce à elles, l'homme est rendu parfaitement disponible (*prompte mobilis*) à l'inspiration divine, ainsi qu'il est dit en Isaïe (50,5) : « Le Seigneur m'a ouvert l'oreille et je n'ai pas résisté ; je ne suis pas retourné en arrière ». Le Philosophe dit lui aussi que ceux qui sont mus par un instinct divin n'ont pas à délibérer selon la raison humaine ; ils n'ont qu'à suivre l'instinct intérieur, car ils sont mus par un principe meilleur que la raison humaine [3].

Lien entre l'instinct et l'habitus de foi

Cet instinct de l'Esprit Saint nous échappe tellement que certains le confondent avec l'habitus infus de foi. Pourtant, il n'est pas une qualité surnaturelle stable infusée par Dieu en la nature humaine comme l'habitus de foi. Il a l'existence transitoire et fugitive (*esse fluens*) d'une motion. Il est une touche divine qualifiant surnaturellement le mouvement du libre arbitre dans son mouvement vers Dieu. D'ailleurs, que ce soit dans la *Somme de théologie* ou ailleurs, l'acte de croire est défini formellement comme l'adhésion de l'intelligence à la vérité divine sous l'impulsion d'une volonté humaine, un acte du libre arbitre ordonné vers Dieu, mais qui nécessite la motion de la grâce [4]. Cela ne va pas sans poser la question du lien qui existe entre cet instinct intérieur et l'habitus de foi.

1. *In ep. ad Rom.* 8, lect. 3, n° 635 (trad. de J.-P. Torrell, *Thomas d'Aquin, maître spirituel...*, p. 271).

2. Cf. *ST* 3a q. 7 a. 5 ad 1m ; voit aussi *Super Isaiam* 11, éd. Léon., vol. 28, p. 79, ligne 127.

3. *ST* 1a2ae q. 68 a. 1. Pour l'expression *bene mobilis a Spiritu Sancto* voir *ST* 2a2ae q. 121 a. 1 ; 1a2ae q. 111 a. 4 ad 4m ; 2a2ae q. 8 a. 5 ; q. 19 a. 9 ; q. 52 a. 1. Ces renseignements sont tirés de J.-P. Torrell, *Thomas d'Aquin, maître spirituel...*, p. 276 note 22. Pour une présentation toute récente des dons du Saint Esprit chez Thomas, voir U. Horst, *Die Gaben des Heiligen Geistes nach Thomas von Aquin*, « Veröffentlichungen des Grabmanns-Institutes zur Erforschung der mittelalterlichen Theologie und Philosophie », n° 46, Berlin, 2001. Le rôle dynamique de l'Esprit est très bien mis en évidence aux pages 59 à 79 et dans la conclusion aux pages 167-179.

4. Cf. *ST* 2a2ae q. 2 a. 9. Un peu plus loin dans la même question il ajoute que « celui qui croit a un motif suffisant pour l'induire à croire (*habet sufficiens inductivum ad credendum*). Il y est induit par

Alfaro, dans son article magistral sur la surnaturalité de la foi et l'instinct intérieur[1], soutient en plusieurs endroits que, pour Thomas, l'instinct intérieur est la motion propre de l'habitus infus de foi[2] ou encore, en termes plus techniques, que cet instinct est l'acte second de l'*habitus infus*[3]. Il soutient trouver de nombreux textes où l'instinct est dit provenir de l'habitus[4]. Il admet pourtant que nulle part Thomas n'identifie purement et simplement instinct et habitus[5].

Bouillard, dans son livre *Conversion et grâce*, plaidait pour un semblable rapprochement. Il soutenait, entre autres, que « la grâce sanctifiante est envisagée moins comme forme créée que comme motion de Dieu dans l'âme » chez Thomas[6] et que « l'*infusio gratiae* est une notion complexe où sont incluses à la fois et confusément l'idée de forme et celle de motion »[7]. D'ailleurs, ajoutait-il, « une motion divine qui par elle-même et sans habitus, ferait accomplir à l'âme

l'autorité de l'enseignement divin que des miracles ont confirmé, et, qui plus est, par l'inspiration intérieure de Dieu qui invite à croire », *ST* 2a2ae q. 2 a. 9 ad 3m. À la q. 6 a. 1, il revient sur la grâce spéciale qu'est cette motion intérieure de Dieu dans l'assentiment de foi : *Fides, quantum ad assensum, qui est principalis actus fidei, est a Deo interius movente per gratiam* [...].

1. J. Alfaro, « Supernaturalitas fidei iuxta s. Thomam », *Gr.*, 44 (1963), p. 501-542 et 731-787.

2. À la page 753, on lit : *terminus « interior instinctus » designat motionem propriam habitus infusi* et la référence à *ST* 1a2ae q. 108 a. 1 ad 2. La référence en question traite de la loi nouvelle comme grâce du Saint Esprit (*principalitas legis novae est gratia Spiritus Sancti, quae manifestatur in fide per dilectionem operante*) et développe divers aspects de la grâce, notamment des œuvres extérieures (les sacrements) qui engendrent la grâce en nous et de la grâce intérieure qui produit des œuvres (*et ex gratia interiori, per quam caro spiritui subditur, exteriora quaedam opera sensibilia producantur*). Dans l'ad 2m on trouve le texte auquel se réfère probablement Alfaro où le terme habitus est mis en lien le mouvement dont il serait la source (*Quod autem homo agit ex habitu suae naturae convenienti ex seipso agit, quia habitus inclinat in modum naturae [...]. Quia igitur gratia Spiritus Sancti est sicut interior habitus nobis infusus inclinans nos ad recte operandum, facit nos libere operari ea quae conveniunt gratiae, et vitare ea quae gratiae repugnant*), mais jamais une identification est faite entre habitus et mouvement. D'ailleurs une inclination qui se fait selon le mode propre à la nature fournit la disposition adéquate pour qu'un mouvement surgisse, encore faut-il que le branle soit donné à cette nature pour que le mouvement se manifeste. Enfin, cet ad 2m parle d'une loi de liberté qui nous est donnée par l'instinct intérieur *Secundo, quia hujusmodi praecepta vel prohibitiones facit nos libere implere, inquantum ex interiori instinctu gratiae ea implemus*. Une page plus loin (p. 754) il écrit dans le même sens : *instinctus interior dicitur motio propria habitus infusi hominem supra suam naturam et illum aptantem ut possit niti in Prima Veritate propter se ipsam* renvoie à *ST* 2a2ae q. 6 a 1 c. et ad 3m. Ce texte n'offre pas d'équivalence entre *habitus* et *instinctus*.

3. *Haec omnia sufficienter indicant S. Thomam « interiorem instinctu » concipere ut motionem actualem provenientem ab habitu infuso fidei : « interior instinctus » designat inclinationem infusam habitualem in actu secundo*, p. 764.

4. *Cum interior instinctus sit donum creatum, hominem interne elevans ut credere Deo possit, exsurgit quaestio de connexione inter hunc instinctum et habitum fidei infusae intercedente. S. Thomas, qui identitem habitus supernaturalis fidei et « luminis fidei » expresse asserit, nullibi affirmat identitatem « interioris instinctus » cum habito infuso vel cum « lumine fidei » [...]. « Interiorem instinctum » describit formulis exprimentibus actualem motionem internam Dei potius quam habitum infusum. Pluries tamen clare indicat illam motionem ex habitu infuso provenire, scilicet, eam esse actualizationem inclinationis habitualis infusae*. Les renvois aux notes 286 et 287 ne permettent pas de conclure à la dépendance de l'instinct par rapport à l'habitus. Le lien, à notre avis, est que la motion de Dieu atteint une personne qui jouit de l'habitus.

5. Cf. p. 763.

6. H. Bouillard, *op. cit.*, p. 158.

7. *Ibid.*, p. 170.

des actes dépassant sa nature, ferait violence à l'âme »[1]. Une telle explication de la grâce ne peut qu'être matière à caution, à tout le moins en ce qui concerne la pensée de Thomas[2]. L'instinct intérieur doit en effet être distingué du *lumen fidei* qui désigne précisément l'habitus de foi[3]. Selon les dires mêmes de l'Aquinate, le don qui est fait aux hommes pour les mener à la foi doit s'entendre et de cet instinct et de cet habitus. Commentant un passage clé à ce sujet (« Tout ce que me donne la Père viendra à moi » *Jn* 6, 37) Thomas écrit : « Par ce don [de la foi], on n'entend pas seulement l'habitus qu'est la foi et ce qui est du même ordre, mais encore l'appel intérieur à croire. Quoi que l'homme fasse en vue du salut, cela relève totalement d'un don de Dieu »[4].

Préparation à la foi et découverte du semi-pélagianisme

Il ne fait pas de doute que la foi elle-même nécessite toujours l'intervention gracieuse de Dieu. Aucune hésitation possible sur cela, même en des textes qui mettent en évidence la participation libre de l'homme dans la genèse de la foi : la foi est un habitus infus[5].

Dans son *Commentaire des Sentences* Thomas dit que l'homme ne peut se préparer à recevoir la grâce habituelle sans une aide de Dieu. Cette aide pour se préparer à croire, cependant, ne doit pas être conçue à la manière d'une grâce habituelle. Elle est plutôt une action extérieure ou intérieure de Dieu[6], une touche de la divine providence qui peut se manifester en des choses extérieures comme une admonition, une maladie ou encore en un acte intérieur par lequel Dieu intervient en l'homme. De cette manière, on peut parler d'une grâce nécessaire pour se

1. *Ibid.*, p. 196.

2. *Cf.* la recension critique du livre de Bouillard à l'époque par L.-B. Gillon, *RThom* 46 (1946), p. 603-612.

3. Le *lumen fidei* ne fait pas que mener à la foi, il fait voir : *Lumen fidei facit videre ea quae creduntur.* Cf. *In 3Sent.* d. 2 a. 1 ad 4m ; *ST* 2a2ae q. 1 a. 4 ad 3m ; a. 5 ad 1m. Il désigne l'habitus de foi : *lumen infusum, quod est habitus fidei, In 3Sent.* d. 23 q. 2 a. 1 ad 4m.

4. *dicendum est, quod in datione ista non solum intelligitur habitus, qui est fides et huiusmodi, sed etiam interior instinctus ad credendum. Quidquid autem facit ad salutem, totum est ex dono Dei, In Iohannem* 6, lect. 4, n° 919.

5. Dans son commentaire des *Sentences* nous lisons : « Dans la foi il y a quatre choses à considérer, ce qui est à croire, la raison qui détermine la volonté à croire, la volonté impérant l'intelligence, et l'intelligence exécutant l'acte. Dès lors, quant à sa détermination et à son acte qui est produit par nous, bien que l'habitus soit infus, la foi résulte de quatre choses qui sont en notre pouvoir : 1) Quant aux choses à croire, il est dit que la foi vient de l'audition, parce que la détermination des objets de foi a lieu en nous soit par une parole intérieure, par laquelle Dieu nous parle, soit par la prédication extérieure ; 2) Quant à la raison qui induit la volonté à croire, on dit que la foi vient de la vision de quelque chose montrant que c'est Dieu qui parle en celui qui annonce la foi ; 3) Par rapport à l'imperium de la volonté, on dit que la foi vient de la volonté ; 4) Par rapport à l'exécution de l'acte par l'intelligence, on dit que l'acte de foi émane de l'intelligence », *In 3Sent.* d. 23 q. 3 a. 2 ad 2m.

6. *homo non potest se ad gratiam praeparare, nec aliquod bonum facere sine Dei auxilio [...]. Nec tamen oportet quod illud auxilium semper sit per aliquem habitum infusum ; sed potest esse per multa quae exterius sunt salutis occasio, et per ipsum actum interiorem quem Deus in nobis causat, In 2Sent.*, d. 28 q. 1 a. 4 ad 2m.

préparer à la grâce habituelle[1]. Deux raisons sont données : la première est la nécessité d'initier le premier mouvement quand l'homme reçoit quelque chose de neuf ; la deuxième est la nécessité de recevoir la perfection nouvelle selon le mode approprié pour que cela ait son effet. Comme il s'agit de la grâce qui excède toute connaissance et toute capacité humaine naturelle, c'est Dieu lui-même qui doit diriger l'homme sur ce chemin inconnu[2].

Dans le *De veritate* q. 24 a. 15, il est établi que l'homme ne peut se préparer à la grâce habituelle (*ad habendum gratiam*) sans l'aide de Dieu. Saint Thomas parle de la providence de Dieu qui, de l'extérieur ou de l'intérieur, agit en l'homme par différentes actions ponctuelles. Il ne nie pas la nécessité d'un changement intérieur plus permanent à l'homme, mais ne développe pas le comment de ce changement[3]. En effet, si la grâce reçue est habituelle, elle peut être donnée à tous : alors elle est plutôt un bien naturel ; elle peut être donnée seulement à certains : il faut alors savoir quelle est la raison de cette distribution à ces quelques élus, ce qui revient à reprendre la question du départ. De plus, si l'homme reçoit cette grâce sans faire quelque chose, il n'y a pas à proprement parler de préparation[4].

Sur cette question de la préparation à la foi, de l'*initium fidei*, Augustin lui-même avait d'abord enseigné que l'homme pouvait se disposer à croire et avoir en lui par ses propres forces le désir de croire. Il devait sur le tard se rétracter et combattre notamment les positions de Cassien et des moines de Marseille à ce sujet, ceux que l'on devait, à partir du XVIe siècle, appelés semi-pélagiens. Le second Concile d'Orange (529) devait déclarer que l'homme ne peut consentir à la foi ni au commencement de la foi sans l'aide du Saint-Esprit, qui donne à l'homme le goût de consentir et de croire[5].

1. *Si autem per gratiam gratis datam intelligant divinam providentiam, qua misericorditer homo ad bonum dirigitur; sic verum est quod sine gratia homo non potest se praeparare ad habendum gratiam gratum facientem*, *In 2Sent.* d. 28 q. 4 a. 1 ad 2m.

2. *Quia impossibile est hominem incipere aliquid de novo, nisi sit aliquid quod ipsum moveat [...] oportet quod ad hoc inducatur aliquibus exterioribus actionibus, utpote exteriori admonitione, aut corporali aegritudine [...] vel aliquo interiori instinctu, secundum quod Deus in mentibus hominum operatur; vel etiam utroque modo [...]. Secundo, quia non qualiscumque motus voluntatis est sufficiens praeparatio ad gratiam [...] sed oportet esse aliquem determinatum modum. Qui quidem modus homini notus esse non potest, cum ipsum donum gratiae cognitionem hominis excedat : non enim potest scriri modus praeparationis ad formam, nisi forma ipsa cognoscatur [...]. Unde patet quod liberum arbitrium non potest se ad gratiam praeparare, nisi ad hoc divinitus dirigatur*, *In 2Sent.* d. 28 q. 1 a. 1 ad 2m.

3. *Dicendum quod quidam dicunt quod homo non potest se praeparare ad gratiam habendam nisi per aliquam gratis datam : quod quidem non videtur esse verum, si per gratiam gratis datam intelligant aliquod habituale gratiae donum [...]*, *De ver.* q. 24 a. 15, éd. Léon., vol. 22, p. 725, lignes 37-42.

4. *si homo per liberum arbitrium non potest se ad gratiam praeparare, facere quod in se est non erit praeparare se ad gratiam*, *De ver.* q. 24 a. 15, éd. Léon., vol. 22, p. 725, lignes 63-66.

5. Au canon 5, nous lisons : « Si quelqu'un dit que l'accroissement de la foi comme aussi son commencement (*Si quis, sicut augmentum, ita etiam initium fidei*) et l'attrait de la croyance par lequel nous croyons en celui qui justifie l'impie et qui nous fait parvenir à la régénération du saint baptême, ne sont pas en nous un don de la grâce, c'est-à-dire par une inspiration du Saint-Esprit qui redresse notre volonté en l'amenant de l'infidélité à la foi et de l'impiété à la piété, mais qu'ils nous sont naturels, il s'avère l'adversaire des dogmes apostoliques [...]. Ceux qui déclarent naturelle la foi par laquelle nous croyons en Dieu en viennent à considérer, d'une certaine manière, comme fidèles tous

Or, comme l'ont montré Bouillard[1] et Seckler[2], Thomas a découvert la problématique semi-pélagienne uniquement vers les années 1259-1260. La *Somme contre les Gentils* (3,149) est la première œuvre où il en est fait mention. Entre le commentaire sur les *Sentences* et la *Somme contre les Gentils*, il y a eu, tout probablement lors de son séjour en Italie (1259-1260), la découverte des documents du IVe Concile d'Orange concernant la crise semi-pélagienne de l'*initium fidei* et la lecture des œuvres mêmes de Saint Augustin à ce sujet (*De predestinatione sanctorum* et *De dono perseverantiae*). Il y a eu aussi la lecture de l'ouvrage intitulé *De bona fortuna*, compilation de passages tirés d'une œuvre du IIe siècle avant J.-C., les *Magna moralia*, et de l'*Éthique à Eudème* d'Aristote. Elle ne fut traduite en latin que dans la deuxième moitié du XIIIe siècle et saint Thomas en fut un de ses premiers lecteurs[3]. Seckler ajoute comme troisième source de réflexion chez l'Aquinate l'influence de la morale stoïcienne et de la philosophie du droit.

Dans la *Somme contre les Gentils*, Thomas parle de l'erreur des Pélagiens (entendre les « semi-pélagiens ») au sujet du commencement de la foi et il rejette leur erreur : « Par là est exclue l'erreur des Pélagiens, qui disaient que ce secours nous est donné à cause de nos mérites et que le commencement de notre justification vient de nous, tandis que son achèvement vient de Dieu »[4]. À partir de cette date, les commentaires bibliques vont dans le même sens[5]. Dans deux quodlibets datant de 1269[6] il fait le point en toute clarté. Dans l'un de ceux-ci on peut lire :

> Il faut éviter l'erreur de Pélage. Il a affirmé que par le libre arbitre l'homme pouvait accomplir la loi et mériter la vie éternelle et qu'il n'avait besoin du secours divin que pour savoir ce qu'il avait à faire [...]. Mais cela paraissait trop peu, que nous tenions de Dieu la science seulement, tandis que nous tiendrions de nous la charité par laquelle sont accomplis les préceptes de la loi. Aussi dans la suite les Pélagiens affirmèrent que le commencement de l'œuvre bonne vient à l'homme de lui-même, quand il consent à la foi par le libre arbitre; mais l'achèvement lui vient de Dieu. Or, la préparation appartient au commencement de l'œuvre bonne. Il appartient donc à l'erreur pélagienne de dire que l'homme puisse se préparer à la grâce sans le secours de la grâce divine; et c'est contraire à l'Apôtre qui dit aux Philippiens (1,6) : « Celui qui a commencé en vous l'œuvre bonne, l'achèvera lui-même »[7].

Il fait aussi intervenir Aristote pour fonder en raison sa position. En effet, comme nous venons de le voir, la volonté ne peut se mettre en mouvement qu'à la

ceux qui sont étrangers à l'Église du Christ», dans H. Denzinger, *Symboles et définition de la foi catholique*, P. Hünermann et J. Hoffmann (éd.), n° 375.

1. Cf. H. Bouillard, *op. cit.*, p. 92-134.

2. Cf. M. Seckler, *op. cit.*, p. 90-170.

3. Cf. T. Deman, « Le *Liber de Bona Fortuna* dans la théologie de Saint Thomas d'Aquin », *RSPhTh*, 17 (1928), p. 38-58.

4. *SCG* 3, 149. Même explication au chap. 152.

5. Par exemple en *In 2 ep. ad Cor.* 3, lect. 1, n° 86; *In ep. ad Phil.* 1, lect. 1, n° 12; *In ep. ad Rom.* 7, lect. 3, n° 579.

6. *Quodl.* 1 q. 4 a. 2; *Quodl.* 2 q. 4 a. 1.

7. *Quodl.* 1 q. 4 a. 2.

suite d'une élection, elle-même résultat d'une délibération. Or la suite des délibérations peut être sans fin. Il faut donc postuler une première cause hors de la série des délibérations qui mette en branle la volonté. Ce ne peut être que Dieu lui-même[1].

Dans la *Somme de théologie* la position à ce sujet est ferme : « L'homme ne peut se préparer à recevoir la lumière de la grâce sans y être aidé gratuitement par Dieu qui le meut intérieurement »[2]. Dans son *Commentaire sur Jean*, sa position est complète et limpide, comme nous l'avons déjà vu : « Par ce don [de la foi], on n'entend pas seulement l'habitus qu'est la foi et ce qui est du même ordre, mais encore l'appel intérieur à croire. Quoi que l'homme fasse en vue du salut, cela relève totalement d'un don de Dieu » (*Quidquid autem facit ad salutem, totum est ex dono Dei*)[3].

LES MIRACLES DANS L'ÉCONOMIE DU SALUT

Après avoir examiné le rôle des miracles dans la genèse personnelle de la foi, il nous semble important de les situer dans la trame générale de l'histoire du salut. C'est ce que fait d'ailleurs saint Thomas dans son *Commentaire sur la 1re épître aux Corinthiens* (12,4-11), où il est question des dons de l'Esprit.

Parmi les dons de l'Esprit, certains sanctifient le récipiendaire en faisant de lui la demeure de l'Esprit Saint (*gratiae gratum facientes)*. Ils sont les plus importants[4]. D'autres, appelés charismes (*gratiae gratis datae*), sont donnés à certaines personnes en vue de l'utilité commune dans l'Église[5]. Ils ne sont pas donnés pour la sanctification personnelle de celui qui les reçoit, mais pour amener autrui au salut. Ils « sont pour les hommes comme des invites à rejoindre la fin ultime »[6]. Thomas divise ces derniers en trois groupes. Si certains dons permettent de porter le salut par la parole (don de sagesse, don de science, don de foi), d'autres confirment cette parole par des signes (don des guérisons, don des miracles, don de prophétie, don du discernement des esprits) ; d'autres, enfin, permettent d'expliquer la parole reçue (don des langues, don d'interpréter la Révélation)[7]. Tous ces dons et ces charismes, non pas seulement les miracles, sont des manifestations de l'Esprit dans l'Église, ils en sont la manifestation éloquente pour tous. Saint

1. *Indiget autem divino auxilio non solum quantum ad exteriora movencia, prout scilicet ex divina providencia procurantur homini occasiones salutis, puta predicationes, exempla, et interdum egritudines et flagella, sed etiam quantum ad interiorem motum, prout Deus cor hominis movet ad bonum […]. Et quod est necessarium, probat Philosophus in quodam capitulo De bona fortuna : homo enim agit voluntate ; voluntatis autem principium est electio, et electionis consilium ; si autem queretur quare consiliari incipiat, non potest dici quod ex consilio consiliari inceperit, quia sic esset in infinitum procedere ; unde oportet aliquod exterius principium esse quod moveat mentem humanam ad consiliendum de agendis ; hoc autem oportet esse aliquid melius humana mente ; non igitur corpus celeste […] sed Deus […]*, *Quodl.* 1 q. 4 a. 2.

2. *ST* 1a2ae q. 2 a. 6.

3. *In Iohannem* 6, lect. 4, n° 919.

4. Cf. *ST* 1a2ae q. 111 a. 5.

5. *In 1 ep. ad Cor.* 12, lect. 2, n° 725.

6. *ST* 1a 2ae q. 111 a. 5.

7. *In 1 ep. ad Cor.* 12, lect. 2, n° 727.

Thomas dira même, en empruntant les mots utilisés pour parler des fins des miracles, que tous ces dons servent à manifester la sainteté d'une personne et à confirmer la doctrine proposée [1].

La perspective s'élargit et s'approfondit dans le *Somme contre les Gentils* [2], où saint Thomas reprend le texte de Paul en le mettant dans sa juste perspective de la communication du mystère de Dieu à la multitude des hommes. Le problème fondamental est l'impossibilité pour l'homme, par ses seules capacités naturelles, d'avoir accès aux choses mêmes de Dieu. Sa capacité de connaître passe par les sens, le visible, le palpable, alors que l'objet de la foi est ce que l'on ne voit pas, ce qui dépasse infiniment nos capacités naturelles de connaître. Il faudra donc qu'il acquière cette connaissance, non par ses propres capacités, mais en la recevant de quelqu'un qui a cette connaissance. Dans le cas de la foi, cela ne peut venir ultimement que de Dieu qui est le seul à se comprendre parfaitement et à voir naturellement son essence. Partout et toujours ce sera Dieu qui, en définitive, donnera la lumière surnaturelle pour accéder à son mystère, c'est lui qui donnera sa grâce divine pour élever la raison naturelle à la certitude surnaturelle.

Cela ne veut cependant pas dire que les créatures n'ont aucun rôle à jouer. Il est vrai que Dieu aurait pu décider de communiquer à tous les hommes, directement et sans intermédiaire, cette connaissance qu'il a de lui-même. Mais, dans sa sagesse et pour rendre ses créatures coopératrices de son œuvre, il a préféré le faire grâce à des intermédiaires (les anges qui voient sa face; les prophètes et les apôtres choisis par lui; ceux qui eurent à la communiquer en interprétant les Écritures) qui transmettent les secrets de Dieu à tous ceux qui sont invités à croire [3]. Ces prophètes et ces apôtres ont joui comme aucun autre homme d'une révélation immédiate et intérieure de la part de Dieu qui fonde la certitude de leur foi et en fait ses témoins privilégiés [4].

Les différents dons sont accordés à ces intermédiaires selon leur mission propre. Aux prophètes, aux apôtres et à ceux que Dieu a choisis pour bénéficier de la révélation immédiate et intérieure de Dieu et prêcher sa parole, il a donné la sagesse, dont le propre est la connaissance du divin; et la science des choses de la

1. *In 1 ep. ad Cor.* 12, lect. 2, n° 726. Miracles et dons du Saint Esprit sont aussi expressément liés comme confirmation sensible de la parole annoncée : *Sciendum est autem quod testimonium est per loquelam; loquela est signum sensibile. Deus autem duplici signo sensibili contestatus est, scilicet, miraculis et donis Spiritus Sancti, In ep. ad Hebr.* 2, lect. 1, n° 99.

2. *SCG* 3, 154.

3. Voir aussi *ST* 2a2ae q. 6 a. 1 ; 3a q. 42 a. 1 et a. 4 ; q. 45 a. 3 ad 4m ; q. 55 a. 1 et a. 2.

4. En plus du passage de *SCG* 3, 154 que nous étudions, Thomas revient sur cet aspect dans son commentaire de l'épitre aux Romains (10,15) où il parle de la foi comme résultant d'une écoute intérieure pour les prophètes et les apôtres et d'une écoute extérieure pour les autres hommes : *Ille enim homo credere dicitur quae sibi ab aliis dicuntur quae ipse non videt [...]. Est autem duplex auditus : unus quidem interior, quo quis audit a Deo revelante [...] alius autem auditus est, quo aliquis audit ab homine exterius loquente [...]. Primus autem auditus non communiter pertinet ad omnes, sed proprie pertinet ad gratiam prophetiae, quae est gratia gratis data distincte aliquibus, sed non omnibus [...], In ep. ad Rom.* 10, lect. 2, n° 837. Dans *In Iohannem* 6, lect. 5, n° 935, l'Aquinate parle de *revelatio interior.* Sur la certitude engendrée par cette révélation, il écrit : *De his quae expresse per spiritum prophetiae propheta cognoscit, maximam certitudinem habet quod haec sunt divinitus sibi revelata [...] alioquin [...] fides quae dictis prophetarum innititur certa non esset, ST* 2a2ae q. 171 a. 5.

création en tant qu'elles se réfèrent à leur créateur. En vue de communiquer aux autres ce qu'ils ont reçu, ils ont la grâce de la parole pour autant que l'exige ce qui est utile à ceux que l'on instruit; et le don des langues, pour atteindre toutes les nations.

Les mystères de Dieu ont beau être prêchés par des gens ayant reçu une révélation, rien ne garantit que leur parole sera reçue par leurs auditeurs qui, eux, n'ont pas reçu cette révélation intérieure. Comment pourraient-ils facilement acquiescer à des vérités qui les dépassent infiniment? Comment pourraient-ils se fier à des inconnus leur prêchant de si grandes vérités? Dieu a pourvu à ces difficultés en accordant aux prédicateurs la capacité de faire des choses proprement divines (les miracles) et de connaître des choses exclusivement connues de Dieu (les prophéties)[1]. Les miracles et les prophéties confirment avec l'autorité même de Dieu l'enseignement et la mission de ces prédicateurs, les prophéties de manière encore plus efficace que les miracles[2].

Ces prédicateurs (dont les prophètes et les apôtres) moururent et laissèrent derrière eux des écrits qui servirent à propager la foi. Certains hommes durent être préposés à l'interprétation de ces écrits, ce qui, comme la révélation, est une grâce de Dieu. Enfin, à tous ceux qui croient à la révélation et à son interprétation, Dieu a fait le don du discernement des esprits afin qu'ils ne soient pas trompés par les faux miracles et les fausses prophéties[3]. Les divers dons de la grâce énumérés en *1Co* 12 ont donc pour but de permettre à l'Église de grandir et de s'organiser dans sa mission terrestre. Les dons sont divers et ne se limitent pas aux seuls miracles, comme ils ne se limitent pas à une seule personne. Cela représente en quelque sorte la dimension ecclésiologique du miracle, donné pour l'édification de l'Église. Cette dimension sera un critère important pour distinguer la vrai miracle du faux. On comprend alors pourquoi le don des miracles fait partie, selon saint Thomas, des trois charges qui relèvent des Apôtres: le pouvoir d'enseigner, le pouvoir de faire des miracles et le pouvoir de gouverner[4].

1. Sur la division des signes en choses que Dieu seul peut faire (les miracles) et sur celles qu'il peut seul connaître (les prophéties), voir aussi *In 1 ep. ad Cor.* 12, lect. 2, n° 728.

2. *Sed efficacior est modus per prophetias et praenoscentiam futurorum converti quam per miracula. Ipsi enim daemones, et aliqui homines eorum auxilio aliqua mira praetendere possunt; sed futura praedicere solius divinae virtutis est, In Iohannem* 1, lect. 16, n° 320.

3. Il est intéressant de noter que le discernement des esprits est compté avec le don des miracles et la capacité de prophétiser comme confirmation de la parole dans le commentaire de saint Thomas sur *1Co* 12, lect. 2, n° 728. Ici miracles et prophéties seulement sont vus comme des signes servant à confirmer la parole.

4. *Maiores autem ministri in Ecclesia sunt apostoli ad quorum officium tria pertinent, quorum primum est auctoritas gubernandi fidelem populum, quae proprie pertinet ad officium apostolatus; secundo facultas docendi; tertio potestas miracula faciendi ad confirmationem doctrinae, In 1 ep. ad Cor.* 12, lect. 3, n° 755.

CHAPITRE V

LES CRITÈRES DU MIRACLE

La doctrine du miracle de saint Thomas fait les distinctions au plan théorique entre les miracles, les faits naturels et les faux miracles réalisés par les magiciens et les démons. Mais ces distinctions se butent au problème délicat de la reconnaissance pratique des vrais miracles. Comment en arriver à porter un jugement sur tel ou tel fait extraordinaire et le déclarer miracle? Quels critères utiliser? À qui confier pareille évaluation[1]?

Des théologiens antérieurs comme Augustin[2], Grégoire le Grand[3], mais aussi et surtout des canonistes comme Henri de Suse, surnommé *Hostiensis* (*ca.* 1200-1271)[4], s'y étaient essayé avant lui. À l'époque de saint Thomas, Alexandre de Halès, Bonaventure et les autres docteurs de la scolastique s'étaient trouvés d'accord pour définir le miracle à la fois par son caractère surnaturel et par son utilité. En l'absence d'une doctrine précise et cohérente de la nature, le second critère finissait nécessairement par jouer un rôle essentiel : les vrais miracles, aux

1. L'objectif de ce chapitre est de rassembler les indications que l'on retrouve ici et là chez l'Aquinate. Il n'est cependant pas question d'aborder les questions théoriques sous-jacentes à la reconnaissance des miracles, c'est-à-dire leur possibilité et leur discernabilité en tenant compte des avancées scientifiques contemporaines. Certains s'y sont essayés avec plus ou moins de succès. Van Hove, par exemple, en fait grand cas. Cf. *op. cit.*, chap. 3 et 6, p. 160-228 et p. 316-383. La tentative en vaut le coup, mais elle ne correspond pas à l'approche historique que nous avons retenue.

2. Les textes principaux à ce sujet sont : *De Civ. Dei,* 10, c. 9 (*PL* 41,286); c. 12 (*PL* 41, 291); c. 16 (*PL* 41,291-295); 22 c. 10 (*PL* 41,772); *De utilitate credendi*, I, 16,34 (*PL* 42,90); *Contra Faustum* 12 c. 45 (*PL* 42,279); 26,3 (*PL* 42,481); *Lib. de div. quaest.* q. 79, n° 4 (*PL* 40,92); *En. In Ioa.* tr. 13, n° 17 (*PL* 35, 1501). Sur la théologie du miracle chez Augustin, voir P. de Vooght, « La notion philosophique du miracle… »; « Les miracles dans la vie… »; « La théologie du miracle… » et P. Courcelle, *Recherches sur les Confessions de S. Augustin*, Paris, 1950, p. 141-158.

3. Cf. P. Boglioni, *Miracle et merveilleux chez Grégoire le Grand*, « Cahiers d'études médiévales », n° 1, Montréal, 1974, p. 11-102.

4. Ce réputé canoniste parle de quatre conditions pour reconnaître l'authenticité des faits miraculeux : « qu'ils relèvent de Dieu et non de la magie, qu'il s'agisse de faits contraires à la nature, qu'ils ne procèdent pas de la récitation d'une formule (*non ex vi verborum*), mais des mérites du saint, enfin qu'ils servent à renforcer la foi des fidèles » *Henrico de Segusio […] Summa aurea*, édition de Lyon, 1568, l. III, p. 276-277, cité dans A. Vauchez, *op. cit*, p. 579, note 47.

yeux de ces théologiens, étaient opérés par de bons agents et étaient ordonnés à la gloire de Dieu [1].

Saint Thomas, contrairement à ce qu'en ont pensé van Hove et Monden [2], n'a pas négligé de nous laisser ici et là les éléments nécessaires pour identifier le vrai miracle. Il est très conscient des difficultés pratiques et cela transparaît notamment dans les passages où il traite des effets merveilleux accomplis par les créatures spirituelles. La créature spirituelle a la capacité d'intervenir sur les autres créatures, mais cette capacité est limitée au mouvement local [3]. Par ce mécanisme d'action elles peuvent aussi avoir une influence sur les sens extérieurs et l'imagination des hommes en altérant les humeurs [4]. Créer ou annihiler, changer la nature d'un corps en agissant immédiatement sur la matière première [5], guérir un aveugle de naissance, permettre à un aveugle de naissance d'imaginer des couleurs ou à un sourd de naissance d'imaginer des sons [6], ressusciter un mort [7], agir immédiatement sur l'intelligence ou la volonté [8], par exemple, échappent à leurs capacités.

Saint Thomas admet que certaines œuvres réelles accomplies par les créatures spirituelles ressemblent à s'y méprendre aux œuvres miraculeuses de Dieu : le bâton transformé en serpent, la production des grenouilles par les magiciens de Pharaon et les autres miracles survenus alors en Égypte [9], la production subite de pluie [10] et la quasi instantanéité de certaines guérisons [11] causées par ces créatures

1. Cf. Alexandre de Halès, *Summa theol.*, p. 2 q. 43 m. 1, m. 3 a. 2 et 3 ; Bonaventure, *In 2Sent.* d. 7 p. 2 a. 2 q. 2 ad 6m.

2. Cf. A. van Hove, *op. cit.*, p. 309-314 et L. Monden, *op. cit.*, p. 48-51. Par ailleurs, van Hove a bien étudié le problème de l'action des créatures spirituelles. Nous puisons chez lui (p. 296 *sq.*) plusieurs références à des textes importants de Saint Thomas.

3. Cf. *In 2Sent.* d. 8 q. 1 a. 2 ; *De pot.* q. 6 a. 3 et 5 ; *De malo* q. 16 a. 10 et 11 ; *Quodl.* 9 q. 4 a. 5 ; *SCG* 3, 103 ; *ST* 1a q. 110 a. 3 ; q. 111 a. 3 ; 1a2ae q. 80 a. 2.

4. *Possunt ergo daemones mirabiliter in nobis operari dupliciter : uno modo per veram corporis transmutationem ; alio modo per quamdam illusionem sensuum ex aliqua immutatione imaginationis. Neutra tamen operatio est miraculosa, De pot.* q. 6 a. 5 ; *apparitiones imaginariae causantur interdum in nobis ex locali mutatione corporalium spirituum et humorum, ST* 1a q. 111 a. 3. Voir aussi *In 2Sent.* d. 8 q. 1 a. 5 ; *De pot.* q. 6 a. 3 ad 13 m ; *De malo* q. 16 a. 11 ; *De ver.* q. 12 a. 8 ; *ST* 1a q. 111 a. 4 ; 1a 2ae q. 80 a. 2.

5. Saint Thomas revient à de très nombreuses reprises sur ce point. Cf. *In 2Sent.* d. 7 q. 3 a. 1 ; d. 8 q. 1 a. 2 ; *De pot.* q. 6 a. 3 ; *De malo* q. 16 a. 9 et 11 ; *Quodl.* 9 q. 4 a. 5 ; *SCG* 3, 103 ; *ST* 1a q. 91 a. 2 ; 1a q. 110 a. 2 ; q. 114 a. 4 ; q. 117 a. 3.

6. L'aveugle et le sourd de naissance ont absolument besoin des sensations propres (les *species*) au sens déficient pour pouvoir expérimenter quelque chose de ces sens. La créature spirituelle ne peut engendrer ce genre d'illusion si ces *species* font défaut. Cf. *De malo* q. 16 a. 11 ad 9m ; *ST* 1a q. 111 a. 3 ad 2m.

7. Cf. *In 2Sent.* d. 7 q. 3 a. 1 ; *De pot.* q. 6 a. 3 et 4 ; ST 1a q. 91 a. 2 ad 1m ; q. 110 a. 4 ; q. 114 a. 4 ; *In Iohannem* 10, lect. 5, n° 1431.

8. La créature spirituelle n'est pas à l'origine de l'inclination de la volonté. Elle n'agit qu'en usant la persuasion ou en excitant les passions. Cf. *ST* 1a q. 111 a. 2.

9. *Ex* 7 et 8. Cf. *De pot.* q. 6 a. 5 ; *De malo* q. 16 a. 9 et 10 ; *ST* 1a q. 114 a. 4 ad 2m ; 2a2ae q. 178 a. 1 et 2.

10. Cf. *ST* 1a q. 112 a. 2.

11. *nihil prohibet, daemonum arte, velocius aliquem posse sanari quam per naturam si sibi relinquatur, quia hoc etiam videmus per artem hominis fieri ; non tamen videtur quod possint subito sanari (licet aliquos alios effectus possint facere quasi subito), quia medicinae corpori humano exhibitae operantur ad sanitatem quasi instrumenta ; natura autem est sicut agens principale [...], De pot.* q. 6 a. 5 ad 2m.

spirituelles rendent très difficile la reconnaissance de ces faits comme miracles authentiques [1]. Le tableau se complique du fait que les démons peuvent aussi produire des illusions en utilisant les forces naturelles ou en affectant l'imagination : résurrections apparentes [2], apparitions de défunts [3], images diverses [4]. Quand il en parle, saint Thomas s'attarde surtout au problème des miracles accomplis par les démons. N'est-il pas écrit, en effet, que la venue de l'Antéchrist, « aura été marquée par l'influence de Satan, de toute espèce d'œuvres de puissance, de signes et de prodiges mensongers [...] » [5]? Rappelons cependant que Thomas garde une réserve certaine par rapport au merveilleux de son époque comme nous l'avons indiqué plus haut au sujet des miracles en dehors de l'Écriture. Sa réticence est aussi perceptible au sujet de ce qui se rapporte aux pratiques magiques [6]. Il est clair cependant que tous ces faits extraordinaires ne sont pas, pour l'Aquinate, des miracles au sens propre du mot, car ils se font en vertu de causes naturelles [7]. Une fois cela dit, comment donc distinguer le vrai miracle du faux miracle ?

De façon générale, le discernement s'appuie sur la certitude que tous les agents créés, anges et démons y compris, restent en définitive soumis à l'autorité de Dieu [8] et que Dieu en sa bonté n'autorise pas ce qui conduirait automatiquement les hommes à leur perdition. C'est Dieu qui accordera à l'Antéchrist la permission de faire de faux miracles [9] et ceux qui y croiront le feront en refusant la vérité. Déjà le texte invoqué de *2Th* 2,9 est complété dans les versets qui suivent par une explication en ce sens. C'est parce qu'ils n'ont pas accueilli l'amour de la vérité qu'ils sont voués à la perdition, c'est parce qu'ils ont refusé de croire la vérité et pris parti pour le mal que leur est envoyée une influence qui les pousse à croire le mensonge [10]. Cela rejoint ce que dit l'évangile de Jean dans son onzième chapitre et le commentaire qu'en fait l'Aquinate [11].

Une aide particulière de Dieu pour distinguer les vrais miracles des faux miracles est même, dans certains cas, nécessaire : « [...] les mauvais esprits imitent les œuvres qui sont un sceau pour la foi, tant dans l'ordre des faits miraculeux qu'en celui de la révélation de l'avenir. Pour éviter que les hommes ainsi

1. Sans parler de certains miracles transmis par la tradition avec lesquels Thomas est visiblement mal à l'aise, comme le miracle survenu chez les Romains avant la venue du Christ : Augustin (*Civ. Dei* 10, c. 16, n° 2 (*PL* 41,295) rapporte qu'une vestale aurait transporté de l'eau dans un vase sans fond ! Cf. *De pot.* q. 6 a. 5 ad 5m.

2. *In 2Sent.* d. 7 q. 3 a. 1 et ad 2m ; *ST* 1a q. 114 a. 4 ad 2m.

3. Cf. *ST* q. 89 a. 8 ad 2m.

4. Cf. *ST* 1a q. 114 a. 4.

5. *2Th* 2,9.

6. Cette réserve a été bien démontrée par l'étude récente de T. Linsemann : *Die Magie bei Thomas von Aquin*, « Veröffentlichungen des Grabmanns-Institutes zur Erforschung der mittelalterlichen Theologie und Philosophie », n° 44, Berlin, 2000.

7. *ST* 1a q. 114 a. 4 et 2a2ae q. 178 a. 1 ad 2m.

8. Cf. *In 2Sent.* d. 7 q. 3 a. 1 ad 1m ; *De pot.* q. 6 a. 3 ad 5m et ad 7m ; *ST* 1a q. 117 a. 3 ad 2m ; 3a q. 44 a. 1 ad 4m ; *In Iohannem* 10, lect. 5.

9. Cf. *De pot.* q. 6 a. 5 ; *ST* 1a q. 114 a. 4 ad 1m ; 2a2ae q. 178 a. 1 ad 2m.

10. *2Th* 2, 10-12.

11. Cf. notre chapitre sur le miracle et la foi. Voir aussi *De pot.* q. 6 a. 5.

trompés ne croient au mensonge, il est nécessaire que par le secours de la grâce de Dieu, ils soient instruits du discernement des esprits, selon ce mot de Jean : “Ne croyez pas à tout esprit, mais voyez par l’épreuve si les esprits sont de Dieu” »[1]. Saint Thomas renvoie dans le même passage à *1Co* 12, 8-10 au charisme du discernement des esprits énuméré par saint Paul.

Thomas indique ici et là un certain nombre de critères pour reconnaître les vrais miracles, mais il serait vain de chercher chez lui un traité sur le sujet. À part un passage dans son commentaire des *Sentences*[2] et son opuscule *De sortibus*, Thomas est discret sur le sujet. Il est vrai qu’à son époque existait déjà une procédure juridique pour enquêter sur les miracles en vue d’établir la sainteté d’un personnage. Fidèle à son habitude, il a sans doute jugé plus à propos de s’en tenir à quelques principes généraux et de laisser aux autorités ecclésiastiques compétentes le soin de faire enquête et de statuer sur l’authenticité des miracles.

L’AUTHENTICITÉ DES FAITS EXTRAORDINAIRES (OU LE MIRACLE CONSIDÉRÉ EN SA MATÉRIALITÉ)

Avant de se prononcer sur la nature des faits soi-disant miraculeux, il importe d’abord de bien établir les faits dont il est question. La constatation simultanée des mêmes faits par de nombreux témoins est une première condition favorable notée par Thomas[3]. L’impossibilité d’expliquer le phénomène par la science en est une autre très importante. L’Aquinate, en effet, n’a de cesse de répéter dans sa notion d’étonnement qu’une chose peut paraître extraordinaire à l’un alors que pour l’autre, versé en science, elle s’explique par des causes naturelles. Enfin, la comparaison de ces faits extraordinaires avec les miracles et leurs contrefaçons contenus dans l’Écriture peut aussi permettre un certain repérage, ces miracles demeurant des modèles du genre. À ce sujet, rappelons que, pour Thomas, l’interprétation de l’Écriture doit veiller à respecter le sens littéral, en faisant néanmoins attention à ne pas rendre la foi ridicule face aux incroyants.

Dans son commentaire sur *Job*, Thomas parle de quatre signes indiquant le caractère extraordinaire des difficultés qui frappent Job : le caractère subit et instantané des événements, leur caractère total, leur très grand nombre, l’impossibilité d’y résister[4]. En effet, certains indices peuvent nous orienter vers le miracle,

1. *1Jn* 4,1. *Quia vero per malignos spiritus aliqua similia fiunt his quibus fides confirmatur, tam in signorum operatione quam in futurorum revelatione, [...] ne per huiusmodi homines decepti mendacio credant, necessarium est ut adiutorio divinae gratiae instruantur de huiusmodi spiritibus discernendis : secundum quod dicitur I Ioan., IV, I : Nolite omni spiritui credere, sed probate spiritus, si ex Deo sunt, SCG* 3, 154.

2. *In 2Sent.* d. 7 q. 3 a. 1 ad 2m.

3. Cf. *ST* 3a q. 76 a. 8.

4. « Job a compris que ses afflictions lui ont été infligées par le diable lui-même, mais avec la permission de Dieu [et en cela ils sont hors du cours ordinaire de la nature] ; et il en donne quatre signes évidents : d’abord que ce n’est pas insensiblement qu’il est déchu de la plus grande prospérité comme cela arrive dans les choses humaines, mais il s’est effondré subitement et totalement, ce qui ne peut se produire par un hasard soudain mais par la seule ordonnance divine [...]. Le second signe est qu’il s’est effondré totalement et il signifie cela en disant « il m’a saisi la nuque et il m’a brisé » [...]. Le troisième signe (de l’intervention du diable) est que ce n’est pas une seule adversité mais plusieurs à la

notamment la rareté du fait, son caractère inhabituel, son importance physique et, comme conséquence chez les témoins de tels événements, l'étonnement engendré. Mais ce ne sont que des indices qui ne signifient cependant pas automatiquement qu'il s'agit de miracles. Thomas reconnaît que le miracle peut être un événement rare[1], mais il soutient aussi que des guérisons qui se répéteraient jour après jour n'en seraient pas moins miraculeuses[2] et qu'un miracle comme celui de la transsubstantiation dans l'Eucharistie est un miracle quotidien[3].

La caractéristique du fait miraculeux la plus souvent mentionnée par Saint Thomas est son caractère instantané[4]. Non pas que tous les miracles se fassent instantanément, mais ceux qui surviennent de cette façon portent la trace de l'action divine. Certaines guérisons ou la conversion de l'apôtre Paul font appel au pouvoir infini de Dieu. L'action est instantanée, car elle se fait sans intermédiaire, sans mouvement, sans respecter l'ordre naturel habituel qui se réalise dans la durée. Or, cela n'est possible qu'à celui qui a un pouvoir immédiat sur la matière, sur les corps, sur l'intelligence, la volonté[5]. Dieu agit alors non pas à travers les accidents, voie normale de l'interaction pour les réalités naturelles, mais de l'intérieur de la substance dont il est la source. L'activité miraculeuse de Dieu ressemble par son caractère instantané à l'activité créatrice de Dieu : la création n'est pas un mouvement et par conséquent le devenir et le fait d'être devenu sont simultanés[6].

La disproportion entre le fait constaté et les moyens extérieurs qui le conditionne est une caractéristique du fait miraculeux. Plus que la rareté constatée du fait lui-même, cette disproportion a partie liée avec le caractère extraordinaire du miracle. Les changements naturels, en effet, se font à partir d'un substrat donné qui subit l'influence de certaines causes précises pour donner certains effets, comme la transformation de l'eau en vin. Les changements tiennent compte des possibilités limitées des êtres naturels et de la nécessité de les transformer à partir d'un substrat selon des étapes bien précises pour obtenir tel ou tel résultat. Or, quand la séquence est interrompue ou changée brusquement, l'intervention d'une cause inhabituelle et extérieure doit être soupçonnée[7].

fois qui l'ont écrasé et quant à cela il dit « il s'est servi de moi comme d'une cible » [...] il subit des dommages dans les biens extérieurs [...] il est frappé intérieurement quant à son affliction du corps [...] les blessures sont profondes jusqu'à l'intérieur, là où je trouvais le plaisir [...]. Le dernier signe est que sa tribulation venant de la divine providence il n'était pas possible d'y résister ni d'y apporter un remède », *In Iob* 16, éd. Léon., vol. 26, p. 102-103. Voir aussi p. 81. Sur l'immédiateté, voir aussi *In Iob* 1, éd. Léon., vol. 26, p. 13; sur le caractère total, voir *In Iob* 1, éd. Léon., vol. 26, p. 13 et 161-162; sur le nombre et la quantité, voir *In 2Sent.* d. 18 q. 1 a. 3 et *De pot.* q. 6 a. 2 ad 3m.

1. Cf. *In 4Sent.* d. 33 q. 1 a. 2 ad 2m; *SCG* 3, 101.

2. Cf. *In 2Sent.* d. 18 q. 1 a. 3 ad 2m.

3. Cf. *De pot.* q. 6 a. 2 ad 2m.

4. Cf. *In 2Sent.* d. 18 q. 1 a. 3 ad 4m; *De pot.* q. 6 a. 2 ad 3m; *ST* 1a q. 105 a. 8; *In 2 ep. ad Cor.* 12, lect. 4; *In ep. ad Hebr.* 2, lect. 1.

5. *ST* 1a q. 105 a. 1-4. Voir aussi *ST* 1a q. 45 a. 5 et 3a q. 75 a. 4.

6. *Dicendum quod in his quae fiunt sine motu, similiter est fieri et factum esse [...]. Unde cum creatio sit sine motu, simul aliquid creatur et creatum est*, *ST* 1a q. 45, a. 2, ad 3m. Sur la guérison par étape de l'aveugle en Mc 8,22, voir *ST* 3a q. 44 a. 3 ad 2m.

7. « Toute créature requiert pour son action un sujet sur lequel elle agit; il n'appartient en effet qu'à Dieu de faire quelque chose de rien, comme on l'a montré. Or tout agent qui présuppose un sujet à

La nature des faits miraculeux

Il est vrai que, le plus souvent, nous n'avons pas une connaissance parfaite de la nature des choses. Nous apprenons à les connaître à travers leurs manifestations, leurs activités extérieures pour, ensuite, remonter aux puissances qu'elles supposent et ainsi mieux comprendre à quelle réalité nous avons affaire. La connaissance de l'homme comme animal raisonnable y fait exception, étant donné l'expérience intime que nous en avons.

Cette distinction entre activités, puissances et essence d'une chose importe dans la question du miracle. En effet, c'est pour avoir confondu essence, puissances et activités des choses naturelles que les artiens parisiens nous semblent avoir rejeté la notion chrétienne de miracle comme impossible. La connaissance que nous donne l'observation permet de connaître les activités et, par là, nous invite à postuler l'existence des puissances correspondantes dans la réalité naturelle en question. Cette connaissance ne nous donne cependant pas accès à une compréhension totale de la réalité, et notre définition de cette chose est bien imparfaite, dépendante qu'elle est de nos observations. Le conceptualisme des artiens leur a fait croire que ce qu'ils connaissaient de la réalité les rendait aptes à juger de toutes les puissances et activités naturelles, et surtout à juger de ce qui était possible et impossible dans le cas de ces réalités. Il n'est donc pas surprenant de voir mentionner dans la condamnation de 1277 des articles concernant le possible et l'impossible tel que jugés par la seule raison philosophique [1]. Comme le note le censeur, ce qui est possible ou impossible peut se prendre de deux façons : de façon absolue (*simpliciter*) quand il y a exclusion mutuelle des termes utilisés dans la définition, comme cela est le cas quand on parle de cercle carré, ou

son action, ne peut réaliser que ce à quoi ce sujet est en puissance, car l'action de l'agent sur le sujet consiste à le réduire de la puissance à l'acte. Toute créature donc, de même qu'elle ne peut créer, ne réalise dans une chose que ce que contient sa puissance. Or beaucoup de miracles sont divinement accomplis lorsque le pouvoir divin réalise dans les choses ce qui n'était pas en leur puissance : tels la résurrection d'un mort, le recul du soleil, la simultanéité de deux corps. De tels miracles sont impossibles à tout pouvoir créé », *SCG* 3, 102. Voir aussi *De pot.* q. 6 a. 2 ad 3m et *ST* 1a q. 105 a. 8.

1. La proposition, n° 184 se lit comme suit : *Quod possibile vel impossibile simpliciter, id est, omnibus modis, est possibile vel impossibile secundum philosophiam* ; la proposition, n° 17 va dans le même sens : *Quod impossibile simpliciter non potest fieri a Deo, vel ab agente alio. Error si de impossibili secundum naturam intelligatur.* Voir aussi les propositions, n° 196-199 au sujet de l'Eucharistie dans R. Hissette, *op. cit.*, aux pages correspondantes. Boèce de Dacie disait déjà : *Apparet quod philosophum dicere aliquid esse possibile vel impossibile, hoc est illud dicere esse possibile vel impossibile per rationes investigabiles ab homine*, mais il ajoutait aussitôt : *Statim enim quando aliquis dimittit rationes, cessat esse philosophus, nec innititur philosophia revelationibus et miraculis. Cum ergo tu ipse dicis et dicere debes multa esse vera, quae tamen, si non affirmes vera nisi quantum ratio humana te inducere potest, illa numquam concedere debes, sicut est resurrectio hominum quam ponit fides – et bene ; in talibus enim creditur auctoritati divinae et non rationi humanae. Quaeram enim a te, quae ratio hoc demonstrat [...]. Philosophus tamen in fine II. De Generatione dicit rem corruptam posse redire eandem in specie, sed non eandem in numero. Nec propter hoc contradicit fidei, quia ipse dicit hoc non esse possibile secundum causas naturales. Ex talibus enim ratiocinatur naturalis. Fides autem nostra dicit hoc esse possibile per causam superiorem quae est principium et finis nostrae fidei, deus gloriosus et benedictus, De aeternitate mundi*, N. Green-Pedersen (éd.), dans *Boethii Daci Opera*, vol. 6, partie II, « Corpus philosophorum danicorum medii aevi », n° 6, 2, Hauniae, 1976, p. 364-365.

encore de façon relative (*secundum naturam*), quand ce qui est avancé est contraire aux lois habituelles de la nature. Siger et ses confrères ont tendance à confondre l'une et l'autre et à juger impossible de façon absolue ce qui ne correspond pas aux faits naturels constatés. Seule une impossibilité dans les termes est impossible de façon absolue [1].

Saint Thomas distingue, dans un texte du *De potentia*, trois sens au mot impossible [2]. Est impossible à une réalité quelque chose qui échappe aux puissances de cette réalité : l'homme peut marcher par ses propres capacités, mais il ne peut voler. Est encore impossible ce qui est empêché par un obstacle extérieur sur lequel on n'a pas d'emprise, telle la maladie rendant aveugle. Est aussi déclaré impossible ce qui est incompatible avec l'essence de cette réalité, ce qui est contradictoire avec sa définition, comme homme et être irrationnel sont contradictoires quand attribués à une même réalité sous le même aspect et en même temps [3].

L'impossibilité aux premier et deuxième sens (qui concernent les puissances naturelles ou les obstacles mis à l'exercice de ces puissances) ne concerne pas Dieu, car, étant le créateur de toutes choses, il en est le maître tout puissant. En ce sens Dieu peut faire ce qui est impossible à la nature. L'impossibilité du troisième genre est absolue, car elle ne représente pas une barrière à ce que Dieu peut faire, mais une barrière à ce qui peut exister. Les contradictoires ne peuvent exister dans le même sujet, sous le même aspect en même temps. Cet impossible ne peut donc pas exister et, par conséquent, ne peut être l'objet d'aucune action des créatures ou de Dieu : « Tous les objets qui n'impliquent pas contradiction sont compris parmi ces possibles à l'égard desquels Dieu est dit tout-puissant. Quant aux objets qui impliquent contradiction, ils ne sont pas compris dans la toute-puissance divine, parce qu'ils ne peuvent pas avoir raison de possible » [4].

Dans le cas célèbre de l'Eucharistie, tout l'effort de Thomas sera de rendre compte du mystère sans arriver à des absurdités métaphysiques [5]. Il lui faudra pour cela préciser la théorie relative à l'accident et revoir le rôle de la quantité par rapports aux autres accidents. En effet, si l'accident se définit comme ce qui inhère en un autre, alors le miracle de l'Eucharistie, où les accidents du pain et du

1. Au sujet des ambiguïtés de la doctrine de Siger à ce sujet, voir R. Hissette, *op. cit.*, p. 45-49. Thomas avait déjà reconnu une certaine imprécision de la doctrine d'Aristote à ce sujet en *ST* 1a q. 25 a. 4 ad 1m.

2. *Sic ergo aliquid dicitur impossibile fieri tribus modis. Uno modo propter defectum activae potentiae, sive in transmutando materiam, sive in quocumque alio; alio modo propter aliquod resistens vel impediens; tertio modo propter hoc quod id quod dicitur impossibile fieri, non potest esse terminus actionis. Ea ergo quae sunt impossibilia in natura primo vel secundo modo, Deus facere potest. Quia eius potentia, cum sit infinita, in nullo defectum patitur, nec est aliqua materia quam transmutare non possit ad libitum; eius enim potentiae resisti non potest. Sed id quod tertio modo dicitur impossibile, Deus facere non potest, cum Deus sit actus maxime, et principale ens. Unde eius actio non nisi ad ens terminari potest principaliter, et ad non ens consequenter. Et ideo non potest facere quod affirmatio et negatio sint simul vera, nec aliquod eorum in quibus hoc impossibile includitur. Nec hoc dicitur non posse facere propter defectum suae potentiae : sed propter defectum possibilis, quos a ratione possibilis deficit, De pot.* q. 1 a. 3. Voir *ST* 1a q. 25 a. 3 ; *De ver.* q. 2 a. 10 ad 2m.

3. Cf. *Métaphysique* 4, 6.

4. *ST* 1a, q. 25, a. 3. Voir aussi *De pot.* q. 1 a. 3 ; q. 6 a. 1 ad 5m ; *ST* 1a q. 25 a. 3.

5. *Ne tamen doctrina Ecclesiae circa hoc sacramentum infidelibus impossibilis videatur, conandum est ad hoc quod omnis impossibilitas excludatur, SCG* 4, 63.

vin ne sont pas « portés » par la substance propre, est impossible L'accident doit plutôt être défini comme ce qui a l'aptitude à inhérer en un autre, mais qui n'est pas toujours en acte d'inhérer en une substance. Alors la contradiction est évitée [1]. La quantité joue alors le rôle de sujet pour les autres accidents [2]. Le miracle est ici possible parce qu'une cause « étrangère » à la réalité naturelle, en l'occurrence Dieu, intervient. Le principe de causalité n'est donc pas remis en question.

LA FINALITÉ DES MIRACLES (OU LE CONTEXTE MORAL ET RELIGIEUX DES MIRACLES)

Le lien entre le miracle et le contexte moral et religieux a été récemment mis en valeur par L. Monden, L.S. O'Breartuin et R. Latourelle, comme nous l'avons vu dans notre recension des écrits. Le miracle est avant tout pour eux un signe de l'amour de Dieu et une invitation à entrer dans son plan de salut. Nous avons nous-même insisté plus haut pour dire que le miracle avait une fonction de révélation du mystère de Dieu et de son plan de salut. Il est donc normal que celui-ci se fasse à la suite de prière ou de la seule invocation du nom de Dieu [3]. Si tel est le cas, des miracles qui s'accompagneraient d'invocations ou d'actes contraires à la dignité de Dieu, à son saint nom, à ses enseignements et à ses commandements trahiraient ce qu'ils doivent servir. Il y aurait contradiction entre l'enseignement et les gestes posés. Ce que manifestent les miracles ne peut aller contre ce qu'enseignent la Parole de Dieu et la Tradition, car, nous l'avons vu, les miracles sont subordonnés à cette Parole et à cette Tradition. Un miracle qui nous apprendrait, par exemple, que Dieu n'est pas trine ou que Marie n'est pas sa mère n'a aucun sens.

La deuxième fonction du miracle, avons-nous dit, est de servir l'utilité des hommes et de l'Église : de mener au salut, à la foi, à la connaissance de Dieu, d'appuyer la vérité annoncée, d'authentifier la mission divine d'un envoyé de Dieu, de faire participer tout l'homme au salut. Il s'agit donc habituellement d'un bienfait physique ou spirituel. Le mal corporel ou l'épreuve n'est voulue que pour éprouver le juste comme ce fut le cas pour Job, ou pour châtier le pécheur, comme ce fut le cas de la femme de Lot [4] ou d'Ananie et de Saphire [5].

Le lien est si fort entre la vérité de la doctrine prêchée et le miracle qu'il faut dire qu'un vrai miracle ne saurait être fait pour appuyer expressément une fausse

1. *Et ideo haec non est vera definitio substantiae : Substantia est quod per se est; vel : Accidens est quod est in alio. Sed est circumlocutio verae descriptionis, quae talis intelligitur : Substantia est res, cuius naturae debetur esse non in alio. Accidens vero est res, cuius naturae debetur esse in alio. Unde patet quod, quamvis accidens miraculose sit non in subiecto, non tamen pertinet ad definitionem substantiae : non enim per hoc eius naturae debetur esse non in alio; nec egreditur definitionem accidentis, quia adhuc natura eius remanet talis, ut ei debeatur esse in alio*, *Quodl.* 9 q. 3 ad 2m. Voir aussi *In 4Sent.* d. 12 q. 1 a. 1, n° 25-26; *ST* 3a q. 77 a. 1 ad 2m.

2. *Alia accidentia sunt in dimensionibus sicut in subiecto*, *In 4Sent.* d. 12 q. 1 a. 1, n° 46.

3. Cf. *In 2Sent.* d. 18 q. 1 a. 3; *De pot.* q. 6 a. 2 ad 3m.

4. *Gn* 19, 26. Cf. *De malo* q. 16 a. 9 ad 3m.

5. *Ac* 5, 1-11.

doctrine[1]. De même le lien entre la sainteté et le miracle empêche un pécheur de faire un vrai miracle pour appuyer expressément ses prétentions à la sainteté. C'est donc dire que Dieu n'appuie pas les intentions mauvaises de l'homme qui cherche à tromper[2]. Un homme de mauvaise vie peut cependant accomplir un vrai miracle en autant que ce ne soit pas expressément pour confirmer ses fausses prétentions de sainteté[3]. Ce lien fort entre le miracle et l'intention droite de celui qui fait le miracle caractérise la doctrine de saint Thomas. Le Lombard restait imprécis à ce sujet dans ses *Sentences*[4] alors que saint Albert considérait comme possible que Dieu puisse accorder un miracle à un homme ayant l'intention mauvaise de tromper[5].

Quelqu'un qui accomplirait des œuvres, mêmes extraordinaires, dans un autre but que ceux-ci les disqualifierait comme miracles. Les magiciens, par exemple, font leur soi-disant « miracles » dans un but tout différent et par une tout autre autorité que les saints. Ils le font en cherchant leur propre gloire, alors que les saints cherchent la gloire de Dieu. Les magiciens agissent pour quelques profits privés, alors que les saints agissent pour l'avantage public et par ordre de Dieu[6].

Saint Thomas examine aussi la situation inverse, où le raisonnement se bâtit à partir d'un fait reconnu comme vrai miracle. La conclusion qu'on peut alors en tirer est que la doctrine que ce vrai miracle vient attester se doit d'être vraie, et que la sainteté que vient attester le vrai miracle doit être vraie[7]. Il y a d'ailleurs un parallèle à tracer entre la situation d'un pécheur qui fait un miracle et celle d'un

1. Cf. *De pot.* q. 6 a. 5; *Quodl.* 2 q. 3 a. *unicus* ad 4m; *ST* 2a2ae q. 5 a. 2; q. 96 a. 4; *In 2 ep. ad Thess.* 2, lect. 2; *In Iohannem* 9, lect. 3, n° 1349.

2. Cf. *Quodl.* 2 q. 3 a. *unicus* ad 4m; *ST* 2a2ae q. 178 a. 2; 3a q. 43 a. 1; *In ep. ad Cor.* 12, lect. 2; *In Iohannem* 9, lect. 3, n° 1349.

3. « Les miracles sont toujours de vrais témoignages de ce qu'ils confirment. Ainsi les méchants qui enseignent de fausses doctrines ne sauraient-ils jamais faire de véritables miracles pour confirmer leur enseignement, bien que parfois ils puissent en accomplir pour glorifier le nom du Christ qu'ils invoquent, et par la vertu des sacrements qu'ils pratiquent. Quant aux méchants qui annoncent la vérité, ils font parfois de vrais miracles pour confirmer leur enseignement, mais non pour attester leur sainteté » *ST* 2a2ae q. 178 a. 2 ad 3m. Voir aussi le corps de ce même article et *In 2 ep. ad Thess.* 2, lect. 2, n° 50.

4. Cf. *PL* 192,320 D.

5. *In 2Sent.* d. 18 a. 2, dans *Opera omnia...cura ac labore* A. Borgnet, Paris, 1890-1899, vol. 27, p. 313.

6. *ST* 1a q. 114 a. 4 ad 3. Dans un autre passage, Thomas cite Augustin (83 *Quaest.* q. 79. *PL* 40,92. *BAug* 10, 351) : « Il y a une grande différence entre les miracles des magiciens, ceux des bons chrétiens, et ceux des mauvais chrétiens : les magiciens les font en vertu de pactes privés avec les démons; les bons chrétiens en vertu de la justice publique; les mauvais chrétiens en vertu des signes seulement de cette justice », *ST* 2a2ae q. 178 a. 2 ad 3m.

7. *Sciendum est autem, quod omne miraculum factum testimonium quoddam est. Quandoque ergo miraculum fit in testimonium veritatis praedicatae; quandoque autem in testimonium personae facientis. Est autem attendendum, quod nullum verum miraculum fit nisi virtute divina; et quod Deus numquam est testis mandacii. Dico ergo quod, quandoque miraculum fit in testimonium doctrinae praedicatae, necessarium est doctrinam illam esse veram, etsi persona praedicans non sit bona. Quando etiam fit in testimonium personae, necesse est similiter quod persona illa sit bona. Constat autem quod miracula Christi fiebant in testimonium personae eius; supra 5,36 : « Opera quae dedit mihi Pater ut perficiam ea, testimonium perhibent de me ». Hoc ergo modo loquendo [[loquens]] caecus dixit, quod « numquam Deus peccatores audit [[exaudit]] », scilicet quod faciant miracula attestantia sanctitati peccatorum, In Iohannem* 9, lect. 3, n° 1349.

ministre indigne qui célèbre les sacrements. Dans les deux cas, Dieu se sert de la personne, non en raison de sa perfection morale, mais comme instrument de son action transitoire.

Ces considérations nous permettent de comprendre le rôle des miracles dans l'établissement de la sainteté d'une personne. Ils servent à établir avec une certitude morale la sainteté d'une personne, car les miracles sont des témoignages divins. On lit en effet dans l'épître aux *Hébreux* (2,4) : « Dieu a donné son attestation par des signes, des prodiges et toutes sortes de miracles ». Voilà pourquoi l'Église canonise les saints sur le témoignage des miracles, sachant que Dieu ne peut être le témoin de la fausseté [1].

Ces liens nous permettent aussi de comprendre pourquoi le Christ ne devait pas faire de miracles pendant son enfance. Les miracles auraient été inutiles, le Christ n'ayant pas commencé à prêcher et à mener sa vie publique de manière que l'on crût à la réalité de son humanité [2], but des miracles. Ainsi se trouvent condamnés les miracles attribués à Jésus enfant que l'on retrouve, notamment, dans les apocryphes.

Ne pas tenter Dieu

La notion d'utilité se combine au respect des causes secondes créées pour condamner les demandes farfelues et mal intentionnées de miracle. Saint Thomas en fait un péché contre la vertu de religion qu'il appelle la tentation de Dieu. Tenter Dieu, c'est le mettre à l'épreuve pour en savoir davantage sur ses capacités de connaissance et d'action [3]. La lettre aux *Hébreux* [4] renvoie par trois fois à l'épisode de l'Ancien Testament où le peuple tente Dieu au désert [5]. Malgré les hauts faits réalisées au profit du peuple élu, les Israélites n'ont de cesse de demander d'autres choses à Dieu. Ils ont perdu confiance en lui malgré les preuves de sa bienveillance [6]. Ils le mettent à l'épreuve de façon blâmable, car ils ne croient pas en lui et refusent eux-mêmes de faire ce qui leur revient, c'est-à-dire croire et obéir aux directives de Dieu. Il n'y aurait pas de faute à lui demander des biens utiles, mais impossibles à acquérir autrement que par une autre action miraculeuse de Dieu. Mais déjà ils ont les preuves de la bienveillance de Dieu à leur endroit [7].

1. Cf. *ST* 2a2ae q. 178 a. 2 obj. 3 (accordée).
2. Cf. *ST* 3a q. 43 a. 3.
3. Cf. *ST* 2a2ae q. 97.
4. *He* 3,7-9.15 ; 4,7.
5. *Ex* 17 et *Nb* 14.
6. *Et ideo dicit « probaverunt », id est, experiri voluerunt, « et viderunt », id est, effectus qui non poterant esse, nisi virtutis infinitae esset ille qui opera faciebat. Et hoc totum non uno die, sed « quadraginta annis », quibus scilicet manserunt in deserto, quia semper habuerunt manna et columnam ignis et nubis ; vel « probaverunt » quod viderunt me. scilicet in nullo defeci eis*, *In ep. ad Hebr.* 3, lect. 2, no180 ; *Aliud peccatum fuit peccatum tentationis. Frequenter enim tentaverunt Deum, quia quandoque pro aqua, quandoque pro carnibus, quandoque vero pro pane : ita quod decies tentaverunt ipsum*, *In ep. ad Hebr.* 3, lect. 2, n° 177.
7. *[...] tentare est experimentum sumere de re quam quis ignorat. Unde quod quis tentat Deum, procedit ex infidelitate. Sed sciendum est quod aliquando aliquis tentat Deum, non cum intentione tentandi et experiendi, verumtamen se habet ad modum tentantis. Qui enim utitur re sua propter utilitatem, non tentat proprie : puta si aliquis fugiens currat super equum suum, et si tentat, non tamen*

De la même façon, les autorités tentaient le Christ sur la croix en lui disant : « Si tu es le Fils de Dieu, descend de la croix »[1], étant déjà décidées à ne pas croire en lui[2]. S'exposer sans raison sérieuse à un danger en sollicitant l'aide miraculeuse de Dieu ou encore demander à Dieu des choses inutiles au salut sont d'autres exemples de ce que saint Thomas appelle tenter Dieu. À chaque fois, l'exercice responsable de la liberté humaine dans des domaines qui relèvent de sa compétence et de ses capacités est remplacé par un appel à l'intervention de Dieu. Au contraire, les saints qui font des miracles sont poussés par une nécessité ou une utilité réelles à demander le secours de la puissance divine[3].

L'exclusion des pratiques magiques

La réalisation de prodiges par les magiciens est le plus souvent lié à un pacte avec les démons. Ces hommes et leurs actions sont par le fait même condamnables. Pour savoir si l'on a affaire à ce genre de faux miracles, Thomas donne dans son commentaire des *Sentences* quatre grands principes. D'abord, les prodiges des magiciens se distinguent des vrais miracles par la vertu de celui qui l'accomplit : Dieu dans un cas, le démon dans l'autre. C'est dire par le fait même que les véritables miracles comme la résurrection d'un mort échappent à ces magiciens, leur domaine étant restreint à ce que peuvent faire les mauvais anges, c'est-à-dire influencer les sens et l'imagination des hommes et déplacer localement les choses[4]. Ensuite, les faux miracles concernent souvent des œuvres spectaculaires, mais inutiles et vaines. Ils ne cherchent pas non plus à confirmer les vérités de foi ou les bonnes mœurs, bien au contraire. Enfin, ils se réalisent dans des circonstances irreligieuses et immorales, non dans la piété et le respect de Dieu[5].

cum intentione tentandi. Sed quando ad nihil utile est quod facit, tunc tentat. Item si aliquis exponat se alicui periculo compulsus necessitate, sub spe divini auxilii, non tentat Deum. Si autem sine aliqua necessitate, tunc tentat Deum. Et sic dicit ipse, Matth 4,7 : « Non tentabis Dominum Deum tuum », quia necessitas nulla erat quod mitteret se deorsum. Sic isti tentaverunt Dominum, quia dubitaverunt de potestate Dei, clamantes contra Moysen, ac si Deus non posset eis dare cibum [...], In ep. ad Hebr. 3, lect. 2, n° 179.

1. *Mt* 27,40.

2. Cf. *In Matth.*, n° 2368 *sq.* Au sujet des ordalies du Moyen Âge qui sommaient Dieu de juger lui-même de la culpabilité de quelqu'un à travers, par exemple, l'épreuve du feu ou de l'eau, voir J.W. Baldwin, « The intellectual Preparation for the Canon of 1215 against Ordeals », *Spec.*, 36 (1961), p. 613-636.

3. Cf. *ST* 2a2ae q. 97 a. 1 ad 2m.

4. Cf. *ST* 1a q. 110 a. 3-4 ; q. 111.

5. *Signa facta per bonos possunt distingui ab illis quae per malos, fiunt tripliciter ad minus. Primo, ex efficacia virtutis operantis, quia signa facta per bonos virtute divina fiunt in illis etiam ad quae virtus activa naturae se nullo modo extendit, sicut suscitare mortuos et huiusmodi, quae daemones secundum veritatem facere non possunt, sed in praestigiis tantum quae diu durare non possunt. – Secundo ex utilitate signorum, quia signa per bonos facta, sunt de rebus utilibus, ut in curatione infirmitatum, et huiusmodi. Signa autem per malos facta, sunt in rebus nocivis vel vanis, sicut quod volant in aere, vel reddunt membra hominum stupida et huiusmodi [...]. – Tertia differentia est quantum ad finem, quia signa bonorum ordinantur ad aedificationem fidei et bonorum morum ; sed signa malorum sunt in manifestum nocumentum fidei et honestatis. Et quantum ad modum differunt, quia boni operantur miracula per invocationem divini nominis pie et reverenter ; sed mali quibus dam deliramentis, sicut quod incidunt se cultris et huiusmodi turpia faciunt. Et ita signa per*

L'Aquinate se fait un peu plus précis dans la *Somme contre les Gentils*[1]. Il parle de certaines caractéristiques des hommes qui cherchent à faire de faux miracles : ils ont un intérêt pour les astres, ils utilisent des herbes et des choses matérielles pour disposer la matière à l'influence maléfique[2]; ils emploient des formules précises (invocations, supplications, adjurations, ordres) en vue d'obtenir des effets précis (sans toutefois évoquer le nom de Dieu, du Christ ou d'un saint[3]), certains caractères ou figures déterminées comme signes destinés à une nature spirituelle, ils font des sacrifices, des prostrations et autres rites analogues comme signe de révérence à l'endroit d'une intelligence[4]; ils recherchent de mauvaises choses comme l'adultère, le vol, l'homicide et d'autres œuvres semblables[5]; le plus souvent ceux qui recourent à ces pratiques sont des hommes méchants[6].

L'INFLUENCE DE SAINT THOMAS

Les critères employés par saint Thomas se retrouveront chez plusieurs auteurs postérieurs, notamment, au XIVe siècle, chez le canoniste Johannes Andreae[7]. L'influence majeure s'exercera cependant beaucoup plus tard sur le pape Benoît XIV en son ouvrage devenu classique sur la béatification et la canonisation des serviteurs de Dieu. Le pape y donne, par exemple, des critères pour reconnaître une guérison comme extraordinaire[8] et discerner les vrais miracles des faux miracles[9]. On y reconnaît sans peine l'enseignement du commentaire des *Sentences*[10]. Benoît XIV oriente cependant la compréhension des miracles vers une compréhension plus juridique : les miracles sont limités par prudence et par

bonos facta, manifeste possunt discerni ab his quae virtute daemonum fiunt, In 2Sent. d. 7 q. 3 a. 1 ad 2m.

1. Cf. *SCG* 3, 104-107.
2. Cf. *SCG* 3, 104.
3. Cf. *ST* 2a2ae q. 178 a. 2.
4. Cf. *SCG* 3, 105.
5. Cf. *SCG* 3, 106.
6. Cf. *SCG* 3, 106.
7. *Nec est praetermittendum quod miraculum non potest directe probari, sive constat in modo sive in facto, utputa qualitudo febricitantis vel suscitatio mortui, cum testes habeant deponere secundum naturam et naturales sensus [...]. Sed in tali casu nulla causa naturalis potest assignari nec potest sensu percipi. Et ideo non potest probari sed probatur indirecte. Nam cognito quod hoc non fit secundum naturam, cognoscitur quod fit ultra, preter et supra naturam. Et sic indirecte potest probari*, Johannes Andreae, *In tertium Decretalium librum novella commentaria, De reliquiis et veneracione sanctorum, cap. Gloriosus*, cité dans A. Vauchez, *op. cit.*, p. 580, note 48.
8. *Ut sanatio inter miracula recenseatur, opus est, 1° ut morbus sit gravis et curatu vel impossibilis vel difficilis, 2° non sit in ultima parte status, ita ut paulo post declinare debeat, 3° non fuerint adhibita medicamenta, vel adhibita non profuerint, 4° ut sanatio sit subita, 5° ut sit perfecta, 6° quin ulla notabilis evacuatio aut crisis praecedat, 7° nec morbus sublatus redeat*, Benoît XIV, *De servorum Dei beatificatione et beatorum canonizatione*, vol. 4 (*De miraculis*), Bologna, 1734-1738, chap. 8, 1.
9. *Miracula falsa a veris discerni, efficacia, utilitate, modo, fine, persona et occasione*, Benoît XIV, *op. cit.*, chap. 7, 14-22.
10. Cf. *In 2Sent.* d. 7 q. 3 a. 1 ad 2m.

souci juridique aux faits sensibles pouvant faire l'objet d'une preuve à l'occasion d'un procès de canonisation. Par là les miracles d'ordre psychologique et les miracles intérieurs se voient exclus, non pas comme miracles en tant que tels, mais comme miracles pouvant servir objectivement de preuve dans de tels procès. L'influence de ce dernier se fera sentir jusqu'à nos jours [1].

1. Pensons seulement à la définition des miracles retenue par le concile Vatican I comme preuves et « signes très certains de la Révélation divine adaptés à l'intelligence de tous » (H. Denzinger, *Symboles et définition de la foi catholique*, P. Hünermann et J. Hoffmann (éd.), Paris, 1996, n° 3009). Il va sans dire que cette définition concerne avant tout les miracles extérieurs.

SYNTHÈSE ET CONCLUSION

LE CONFLIT DES INTERPRÉTATIONS

Notre étude a montré que, contrairement à ce que présupposent plusieurs auteurs comme van Hove et Monden, la doctrine du miracle n'allait pas de soi pour l'Aquinate. Il est vrai que, depuis Augustin, les miracles faisaient partie du patrimoine général de la réflexion théologique et que saint Thomas s'inscrit dans cette tradition. Mais, il est inexact de dire que cela se fait sans conflit. Le premier indice est l'implication de saint Thomas dans le débat. Dans le conflit qui l'oppose à Siger de Brabant et aux autres aristotéliciens radicaux de l'Université de Paris, saint Thomas engage toute sa personne et toutes ses énergies, sachant bien qu'il en va de l'intégration ou du rejet d'Aristote. Le conflit déborde de beaucoup la seule interprétation des textes du Stagirite au sujet de l'unicité de l'intellect ou encore de la doctrine sur les accidents eucharistiques.

Les interventions de la hiérarchie parisienne en 1270 et en 1277 montrent l'ampleur des questions liées à ce conflit et constituent un deuxième indice du caractère problématique des miracles à cette époque. En effet, plusieurs thèses enseignées ou attribuées à ces artiens rendant impossible une doctrine du miracle sont condamnées : Dieu ne connaît pas le monde ; le monde a toujours été et sera toujours ce qu'il est ; entre Dieu et les réalités existantes des intermédiaires doivent être posés ; Dieu agit par nécessité. Mais cette interprétation issue d'Avicenne et d'Averroès n'est pas la seule interprétation possible des textes d'Aristote. Saint Thomas, au contraire, y trouvera une doctrine permettant d'enseignant un Dieu créateur, provident et souverainement libre, parce que doué d'intelligence et de volonté.

L'interprétation chrétienne des miracles laisse elle-même place à plusieurs versions. Nous avons noté – et ce sera un troisième indice du caractère problématique des miracles – que saint Thomas se démarque vigoureusement de plusieurs théologiens de son époque au sujet du caractère proprement miraculeux de la Transfiguration, de la gloire du Ressuscité et de plusieurs autres phénomènes extraordinaires. Il n'accepte pas de voir en ces caractéristiques extraordinaires des traits stables et immanents à la réalité elle-même. Pour sauvegarder la consistance de la nature, il y voit plutôt l'intervention miraculeuse de Dieu suspendant les règles habituelles [1].

LES PRÉSUPPOSÉS PHILOSOPHIQUES DU MIRACLE

Nous avons aussi montré que l'enjeu du débat à l'époque de saint Thomas n'est pas tant la reconnaissance de l'existence des miracles par les artiens – les artiens de l'époque les acceptent au nom de leur foi –, mais la place de ceux-ci dans le champ rationnel. Les artiens y « croient » malgré la raison et les conclusions de la philosophie, car le miracle demeure pour eux philosophiquement impossible. L'ordre des choses est inversé : les miracles ne servent plus à confirmer la foi, ils sont objet de foi. En cela leur attitude ressemble à celle de bien des modernes pour qui les miracles constituent plutôt un obstacle à la foi. Ces événements rares et inexpliqués ne renvoient plus à l'action salvifique d'un Dieu qui a pris notre chair. Ils sont bien souvent des curiosités non encore expliquées par la science.

L'Aquinate n'accepte pas ce fidéisme qui juxtapose les miracles à la philosophie. Il cherche à même les principes d'Aristote et à lumière de la foi chrétienne à rendre compte philosophiquement du miracle. Pour ce faire, il fait appel à une vision commune du monde où l'être et le dynamisme de l'être sont les clés de lecture : il réhabilite l'être singulier et lui accorde la première place dans l'ordre des existants et comme source de connaissance, il y voit la réalisation de la bonté créatrice de Dieu et l'expression de sa surabondance d'être et non pas le produit du hasard et de la matière, au point où chaque être singulier est connu parfaitement par Dieu; il voit le monde comme un immense réseau ouvert d'interactions entre les êtres et avec le premier de ceux-ci, Dieu. Dans cette vision tout changement ne survient que s'il est provoqué par un être en acte qui fait passer l'être en puissance à l'acte. Rien n'est mû que dans la mesure où il est en puissance, rien ne meut que dans la mesure où il est en acte, et comme on ne peut pas être en puissance et en acte à la fois et sous le même rapport, il faut nécessairement que tout ce qui est en mouvement soit mû par un autre, comme l'affirme Aristote. Cela signifie donc que le changement est d'abord vu sous l'angle où il est subi et que toute réalité qui se meut a dû être mise en mouvement. La divergence entre Averroès et Thomas au sujet des corps inertes (source de leur mouvement à la manière des êtres vivants ou non) est un indice d'une divergence plus profonde. Si ce qui est a toujours été et sera toujours, alors la question des origines et du début du mouvement ne se pose pas pour Averroès. Au contraire, dans la pensée issue de la révélation chrétienne, le monde a connu un commencement dans le temps. Dans un cas, Dieu fait partie de la perfection formelle de l'univers et ne meut le monde que comme perfection désirée par les autres êtres. En christianisme, Dieu est

1. Nous pourrions mentionner comme quatrième indice –, mais il s'agit d'un autre secteur de recherche – le fait que Thomas décrit l'absence de miracles dans l'Islam « Il [Mahomet] n'a pas apporté de preuves surnaturelles, les seules à témoigner comme il convient en faveur de l'inspiration divine, quand une œuvre visible qui ne peut être que l'œuvre de Dieu prouve que le docteur de vérité est invisiblement inspiré », *SCG* 1, 6.

perfection et fin de toute chose, mais il est aussi cause de tout être et de tout mouvement.

Développées et poussées à l'extrême, ces deux positions ne peuvent qu'entrer en conflit : d'un côté, un Dieu qui est la perfection formelle de l'univers, mais qui lui demeure indifférent, de l'autre, un Dieu qui est une source surabondante, cause efficiente et fin béatifiante de tout ce qu'il crée. Comme l'écrivait un grand connaisseur de la pensée aristotélicienne, W. D. Ross,

> [...] profound modifications of his view were necessary if his prime mover were to be identified with the God whom Christians worship. The prime mover is not the creator of the universe, for both matter and the subordinate forms are uncreated and eternal; nor is He a providential ruler, since his thought is of himself alone; nor is he a God of love, since emotion of any sort would mar his life of pure contemplation. Still less does he meet the other set of demands, since his relation to the universe and to human spirits is (in lambda) described as one of transcendence alone [1].

Il n'est pas sûr non plus qu'une telle intervention cadre en définitive avec la logique même de cette vision philosophique : une telle influence ne risque-t-elle pas de brimer l'autonomie de ces réalités, d'intervenir en un monde fermé qui se suffit ?

L'enjeu fondamental de ces divergences implique la foi en un Dieu créateur et provident. Sans ce fondement radical la notion de puissance obédientielle par laquelle l'Aquinate tente de formaliser philosophiquement le rapport existant entre la créature et Dieu apparaît comme une pétition de principe et s'évanouit complètement.

L'ACTION IMMÉDIATE DE DIEU DANS LES MIRACLES

Ce qui choquait à l'époque et qui choque encore aujourd'hui est le caractère immédiat de l'action de Dieu dans le miracle. Non seulement Dieu agit en tout ce que font les créatures, mais, dans le miracle, il agit à la place des causes secondes (*ea quae fiunt a natura, fiunt etiam a Deo ; sed ea quae Deus miraculose facit, non fiunt a natura*[2]). Le miracle est accompli immédiatement par Dieu sans l'aide naturelle des créatures au delà du cours habituel des causes naturelles. Telle est la singularité métaphysique du miracle et le lien formel entre tous les miracles, qu'il s'agisse de miracles visibles ou invisibles, de guérisons ou de conversions subites, d'actions sur la nature ou des mystères de l'Incarnation ou de la résurrection. La définition habituelle du miracle parle d'une merveille au-delà de toutes les causes secondes (*dicitur esse miraculum, quod fit praeter ordinem totius naturae creatae*[3]). Les artiens de l'Université de Paris et bien des philosophes qui

1. W.D. Ross, *op. cit*, p. CLIII.
2. *De pot.* q. 6 a. 2 ad 7m.
3. Parmi les très nombreux textes à l'appui de cette affirmation, mentionnons *In 2Sent.* d. 18 q. 1 a. 3 ; *In 4Sent.* d. 45 q. 1 a. 1 ad 3m ; *De pot.* q. 6 a. 2, 3 et 9 ; *ST* 1a q. 91 a 2 et 3 ; q. 92 a. 4 ; q. 105 a. 6 et 7 ; q. 110 a. 4 ; 2a2ae q. 178 a. 1 ad 1 et ad 3m ; 3a q. 13 a. 1 ad 2m ; q. 43 a. 1, 2 et 4 ; *In Iohannem* 10, lect. 5, n° 1430.

suivirent ne peuvent accepter une telle « brèche » dans l'ordre de la nature car, pour eux, un acte n'est possible que pour un être capable de produire cet acte à partir de ses propres capacités. Que ce soit au sujet du miracle de l'Eucharistie pour Siger de Brabant, des autres miracles ou de l'évolution pour Weissmahr, ces auteurs craignent que l'autonomie des créatures ne soit pas respectée.

L'Aquinate partage cependant avec ces auteurs le souci de respecter la consistance propre des créatures. Au XIIIe siècle il est un grand représentant de ceux qui croient que la gloire de Dieu est d'autant plus manifeste que ses créatures sont elles-mêmes sources d'être et capables de se gouverner. Comme nous venons de le dire, il n'explique pas la Transfiguration, la gloire du Ressuscité, sa venue dans un lieu fermé et plusieurs autres phénomènes extraordinaires par des caractéristiques propres et inhérentes à ces êtres, mais il postule à chaque fois l'action miraculeuse de Dieu. Dans le cas de la venue du Christ ressuscité auprès de ses apôtres, saint Thomas redit à la suite d'Aristote que le lien entre la matière corporelle, ses dimensions et sa présence en un lieu est un lien naturel indestructible. Le corps glorieux ne peut donc se trouver dans un même lieu et en même temps qu'un autre corps en vertu d'une propriété qui lui serait innée, c'est-à-dire naturelle[1]. Seul Dieu peut permettre qu'une telle chose se produise en agissant miraculeusement. Le miracle vient donc à la défense des créatures. Le miracle ne se comprend d'ailleurs que par rapport à une nature solidement établie et respectée. Enlevez la nature, les miracles disparaissent, car qui dit miracle dit fait extraordinaire, c'est-à-dire hors du cours ordinaire de la nature. Comme confirmation de notre interprétation, souvenons-nous que la création ou la justification du pécheur, même si elles ne peuvent être que l'œuvre de Dieu, ne sont pas des miracles, échappant à la capacité de la nature à les produire. Souvenons-nous aussi de la doctrine de la causalité instrumentale qui cherche non pas à nier le rôle de la créature dans la production du miracle, mais, au contraire, à lui donner le maximum de place.

La causalité instrumentale

Nous avons montré, en effet, l'originalité et la hardiesse de l'approche thomasienne en ce domaine. La doctrine de la causalité instrumentale cherche à dire les rapports entre Dieu et les créatures. Les interactions entre Dieu et ses créatures posent un problème uniquement si la causalité de Dieu est vue comme agissant en concurrence avec la causalité des créatures. Ce qu'il faut dire avec saint Albert et saint Thomas, c'est que « Dieu n'enlève pas la causalité aux choses mais il la leur donne. Il n'est cependant pas nécessaire qu'elles causent quelque chose que Dieu ne cause pas, mais il suffit qu'elles causent d'une autre manière que Dieu »[2]. L'erreur est d'imaginer l'activité de Dieu à la manière d'une activité transitive dans le temps et l'espace, d'abord dans la création, puis dans la conser-

1. *Cum ergo gloria non tollat dimensiones corporis, dico quod corpus gloriosum non potest naturaliter esse cum alio corpore in eodem loco propter aliquam proprietatem inditam*, *Quodl.* 1 q. 10 a. 1.

2. Albert le Grand, *Super Dionysium De divinis nominibus*... VII, 20, p. 352.

vation et le gouvernement des êtres. Toutes ces activités, Dieu les accomplit sans mouvement et donc sans être soumis au temps et à l'espace[1]. L'extrême puissance de Dieu fait qu'il agit sans intermédiaire en toutes choses (*immediate in omnibus agit*), et qu'ainsi rien n'est éloigné de lui comme si Dieu en était absent[2].

À une vision où Dieu et les créatures sont en concurrence, l'explication par la causalité instrumentale veut offrir une alternative. La causalité instrumentale suppose que la cause instrumentale participe à l'activité de la cause principale sans se fondre avec elle. Le thaumaturge est saisi par la puissance de Dieu, il participe à sa *virtus* et peut alors être un instrument pour la réalisation du miracle. Il ne suffit donc pas d'appartenir à une série causale pour être instrument. La cause intermédiaire doit participer d'une façon ou de l'autre à la causalité de la cause principale. La hache ne peut sûrement pas jouer le rôle de l'artisan, ou le feu celui du forgeron, car ces réalités demeurent par leur essence différentes[3]. Mais la cause intermédiaire peut participer à l'activité de la cause principale, non selon l'essence, mais selon l'activité (*virtus*). L'instrument n'est pas cause de l'effet selon ce qu'il est ou selon ses puissances, mais en tant qu'il participe à la puissance de la cause principale et qu'il reçoit de celle-ci sa puissance instrumentale. Considérée formellement la puissance instrumentale n'est rien d'autre que la puissance (*virtus*) de la cause principale dans l'instrument, celle reçue de la cause principale par l'instrument. Le mouvement de l'instrument n'est pas en soi la causalité instrumentale, seulement celui qui provient de la cause principale, en tant que la cause principale utilise, dirige et détermine ce mouvement à partir de sa propre puissance. La hache par exemple est un instrument en autant qu'elle est utilisée par l'artisan pour fendre le bois et ainsi construire. Mais le pouvoir en question est possédé de manière transitoire (*per modum passionis transeuntis*) et sans avoir la totale capacité d'en faire ce qu'on veut. C'est dire que le thaumaturge est au service de Dieu.

Telle fut aussi la situation de l'humanité du Christ par rapport à sa divinité : l'humanité et la divinité agissent en communication l'une avec l'autre, et sa nature humaine participe à la vertu de la nature divine. Mais le cas du Christ est unique et inégalable en raison de l'union hypostatique. Les récits évangéliques de miracles témoignent de l'unité du Christ homme et Dieu et de sa parfaite maîtrise du pouvoir divin de faire des miracles. Ce sont ces récits de miracle et la réflexion des Pères grecs à leur sujet qui permettront à saint Thomas d'approfondir sa christologie et d'affirmer le rôle de l'humanité du Christ comme instrument propre et conjoint de sa divinité, position originale et nouvelle dans le Moyen Âge latin. Il faudra plusieurs années à l'Aquinate pour avoir la hardiesse d'appliquer à la grâce et aux sacrements les découvertes christologiques faites lors de l'étude des miracles dans des œuvres plus anciennes comme le *Commentaire des Sentences* et la *Catena aurea*.

1. Cf. *ST* 1a q. 104 a. 1 ad 4 m.
2. *ST* 1a q. 8 a. 1 ad 3m.
3. Cf. *ST* 3a q. 72 a. 3 ad 3m.

L'ENRACINEMENT BIBLIQUE DE LA DOCTRINE DU MIRACLE

Notre étude a aussi montré, après considération de tous les commentaires bibliques de notre auteur, que l'Aquinate n'est pas en « déficit scripturaire » quand il traite la question des miracles. Les Écritures sont pour lui l'inspiration fondamentale qui l'aide à élaborer sa doctrine du miracle. Aussi paradoxal que cela puisse paraître à ceux qui critiquent sa théologie du miracle comme trop éloignée de l'Écriture, les conflits avec les artiens de son époque témoignent de son désir de demeurer fidèle à l'héritage biblique. L'apport d'Aristote est venu consolider ce fond biblique. Nous avons vu en effet que notre Docteur se montrait très réticent à traiter d'autres choses que des miracles contenus dans l'Écriture. Les phénomènes merveilleux, les récits populaires, les lieux de pèlerinage n'ont à peu près pas de place dans son œuvre théologique, alors qu'ils en occupent une très grande dans les écrits et l'imaginaire de ses contemporains[1].

Quand il aborde l'interprétation des récits de miracle, tant dans l'Ancien Testament que dans le Nouveau, le Docteur angélique fait preuve de prudence. Sans entrer dans toute la question de l'interprétation des Écritures chez saint Thomas, qu'il nous suffise de rappeler que s'il appelle, à la suite d'Augustin, à croire tout ce qu'enseigne l'Écriture, il note aussi dans le même élan qu'il faut éviter de rendre la foi ridicule[2]. À ces considérations s'ajoutent les distinctions importantes sur ce que chacun est tenu de croire de façon implicite ou explicite[3].

L'influence des écrits bibliques se fait surtout sentir quand il s'agit de préciser la finalité des miracles. La définition formelle des miracles en tant qu'actes immédiats posés par Dieu sans la collaboration des créatures n'empêche nullement l'Aquinate de reconnaître à ceux-ci un réalité de signe. Pour cela il puise abondamment dans les récits évangéliques. Aussi quand il affirme que le miracle a comme rôle de révéler le mystère du Christ, de confirmer avec autorité la vérité annoncée ou encore la sainteté du thaumaturge, d'être une annonce du Royaume à venir, il s'appuie largement sur l'Écriture. En cela il rejoint la préoccupation d'auteurs comme Monden et Latourelle qui, dans l'élan du renouveau biblique, insistent justement sur le rôle de signe du miracle.

Cet apport est particulièrement évident quand il s'agit de comprendre le rôle des miracles dans la genèse de la foi. Le Docteur angélique n'a de cesse de répéter que la Parole est première et que les hommes n'ont pas à rechercher les miracles pour croire. Ceux-ci ne sont d'ailleurs ni nécessaires ni suffisants pour engendrer

1. On pourra se faire une bonne idée de la mentalité de cette époque en consultant par exemple P.-A. Sigal, *op. cit.* et B. Ward, *op. cit.*

2. « S. Augustin enseigne (*De Gen. ad litt.* 18, *PL* 34,260) qu'il y a deux règles à observer dans ces questions : 1. Tenir indéfectiblement que l'Écriture sainte est vraie. 2. Quand l'Écriture peut être expliquée de plusieurs manières, personne ne doit donner à l'une de ces interprétations une adhésion tellement absolue que, dans le cas où il serait établi par raison certaine que cela est faux, on ait la présomption d'affirmer que tel est le sens de l'Écriture : de peur que la Sainte Écriture n'en vienne à être tournée en ridicule par les infidèles, et qu'ainsi le chemin de la foi ne leur soit fermé », *ST* 1a q. 68 a. 1.

3. Cf. *ST* 2a2ae q. 2 a. 5.

la foi. Ils sont des aides à la foi, des *adminicula fidei*[1] qui secouent la torpeur religieuse des témoins du miracle, mettent en lumière leurs dispositions intimes à croire, donnent l'assurance que Dieu agit en ce monde. Mais ils ne donnent pas accès au mystère de Dieu lui-même. Seul le don de la foi théologale donne accès à Dieu connu comme Vérité première. Dans le miracle, Dieu est connu comme auteur d'un fait extraordinaire qui appelle une réponse de foi. La foi garde ainsi son caractère d'adhésion proprement surnaturelle et libre sous la motion de l'Esprit.

Les critères

L'Écriture est aussi une source primordiale quand il s'agit de porter un jugement sur l'authenticité des faits extraordinaires. Elle incite à rejeter comme miracle toute démarche qui chercherait à tenter Dieu et à utiliser les pratiques magiques pour en arriver à ses fins. Positivement, elle présente une multitude de miracles auxquels tous les autres doivent se référer comme à des modèles. Elle lui donne également les critères essentiels qui serviront à établir l'authenticité de tel ou tel fait extraordinaire. Dans son commentaire sur *Job*, saint Thomas développe d'ailleurs une série de critères dont le plus célèbre est l'instantanéité du fait miraculeux. À ceux-ci s'ajoutent l'exigence de non-contradiction à laquelle la Toute-Puissance de Dieu elle-même ne peut déroger et le contexte moral et religieux où se réalisent les miracles. Si l'on réunit sa doctrine éparse à ce sujet, on n'est pas loin d'avoir en main tous les éléments nécessaires pour juger de l'authenticité d'un fait merveilleux.

Reste néanmoins que l'Aquinate ne nous a pas laissé de traité systématique sur le discernement des miracles. Ce qui manque surtout au Docteur angélique, c'est une procédure d'enquête pour établir l'authenticité de tel ou tel miracle. L'absence d'une telle procédure ne relève pas à notre avis d'un manque d'intérêt ou d'une négligence du Docteur angélique comme le soutient van Hove, mais du respect de la diversité des fonctions dans l'Église. À l'époque – et Thomas a pu l'expérimenter pour le procès de canonisation de plusieurs Dominicains – il existe bel et bien une procédure ecclésiastique particulière et officielle concernant les miracles. Cette tâche incombe à ceux qui ont mission de gouverner l'Église et de proposer avec autorité, le cas échéant, telle ou telle personne comme digne d'un culte public.

Si, dans les premiers siècles, l'autorité n'avait le plus souvent que constaté et reconnu les vertus et les signes extraordinaires des saints vénérés par les croyants, les papes des XIIe et XIIIe siècles voulurent vérifier, par une procédure juridique, les vertus et les miracles des serviteurs jouissant déjà d'une réputation de sainteté. Comme le dit Jansen : « [...] l'enquête, confiée au XIIe siècle à l'autorité de l'évêque diocésain, puis contrôlée au XIIIe siècle par la Curie romaine, répondait au souci d'éviter une conception trop exclusivement thaumaturgique de la sainteté.

1. Cf. *In 3Sent* d. 21 q. 2 a. 3 ; *De pot.* q. 6 a. 9 ad 18m.

L'exemple des vertus du saint avait évidemment une valeur spirituelle et pastorale supérieure à celle des prodiges miraculeux »[1].

À partir de l'enquête sur Philippe de Bourges (1265-1266), un modèle classique s'impose, et ce, jusqu'à la fin du Moyen Âge. Le clergé local ou l'évêque demandait l'ouverture de l'enquête et procédait à une enquête préliminaire sur la *fama sanctitatis* dont jouissait le serviteur de Dieu. Le pape déléguait ensuite des commissaires pour enquêter localement sur la vie et les miracles posthumes du saint présumé (*informatio in partibus*). Les témoins étaient dûment identifiés et interrogés par les commissaires du pontife romain. Ensuite les actes notariés étaient acheminés à un groupe de cardinaux pour examen (phase curiale). Ils en dressaient eux-mêmes une *summarium*. Enfin, le pape réunissait cardinaux et évêques en deux consistoires secrets pour obtenir leur avis, puis il rendait sa sentence. Un troisième consistoire, public celui-là, permettait au pape de faire part de son intention d'inscrire le nouveau serviteur au catalogue des saints. La cérémonie liturgique suivait généralement quelques jours plus tard : elle permettait d'exposer à tous les vertus du nouveau saint, ainsi que ses miracles. Après quoi des bulles solennelles étaient acheminés au clergé et aux fidèles.

Pour qui sait combien grande est la différence entre les règles générales qu'un docteur peut mettre de l'avant dans son enseignement et leur application à un cas concret, la prudence est de mise. Le parallèle avec les questions relatives à la pauvreté nous montre chez Thomas la même compréhension de la diversité des missions dans l'Église. Science théologique et autorité pastorale sont distinctes. Thomas juge même qu'il est parfois impossible de faire la part entre les vrais et les faux miracles sans jouir du charisme du discernement des miracles.

L'IMPORTANCE DES MIRACLES COMME INTERVENTIONS SALVIFIQUES

La place qu'occupe le miracle dans la théologie de l'Aquinate correspond à celle qu'il occupe dans la foi chrétienne : une place importante, mais relative. Comme les contemporains de Jésus, nous sommes appelés à prendre position, à accepter ou à rejeter les faits extraordinaires réalisés au nom de Jésus comme des signes nous invitant à croire à la vérité du message du Christ et à sa sainteté. Notre situation n'est pas plus aisée que celle de ses disciples. Nous aussi sommes appelés à examiner la bonne ou la mauvaise disposition de nos cœurs face à sa Parole et à ses actes ; nous aussi sommes invités à reconnaître en cet homme Jésus et en son Corps continué qu'est l'Église l'action de Dieu, seule capable d'accomplir de telles choses ; nous aussi sommes interpellés à confesser la présence insurpassable de Dieu en cet homme ; nous aussi sommes appelés à dire oui par la foi aux vérités qu'il nous propose pour ainsi participer à la vie même de Dieu. Le miracle constitue toujours un appel à la conversion.

1. P. Jansen, « Canonisation », dans *Dictionnaire historique de la papauté*, (sous la dir. de P. Levillain), Fayard, Paris, 1994, p. 272. Pour une description détaillée de la période qui nous intéresse (XIIIe siècle), voir A. Vauchez, *op. cit.*, p. 13-67.

Pourtant, tout ce que nous considérons spontanément comme miracles (les miracles survenus en Égypte, ceux des prophètes de l'Ancienne Alliance, tous ceux du Christ et de ses disciples) voient leur place relativisée chez l'Aquinate. Par rapport à la Parole annoncée et consignée dans les Écritures, les miracles sont clairement seconds, servant de signes pour révéler, confirmer et annoncer ce qui y est déjà dit. Par rapport à la vie chrétienne, le pouvoir de faire des miracles peut supporter à certaines conditions la prétention à la sainteté du thaumaturge, mais ne constitue pas la perfection de la vie dans le Christ. Comme le rappelait saint Paul, le don des miracles fait partie des charismes ayant pour but non pas de sanctifier celui qui le reçoit, mais d'amener autrui au salut[1]. Saint Thomas rappelle d'ailleurs qu'il vaut mieux vivre dans la vertu que de faire des miracles[2].

Plus radicalement, les miracles voient leur rôle relativisé, non pas parce qu'ils perdent chez saint Thomas leur capacité de susciter l'étonnement ou qu'ils disparaissent comme fait historique au seul profit du message (Thomas serait alors le précurseur du rationalisme moderne), mais bien parce qu'ils doivent céder le pas aux plus grands des miracles que sont l'Incarnation, la Résurrection et l'Eucharistie, surtout l'Incarnation, source et perfection de tous les miracles. L'essentiel de l'activité miraculeuse de Dieu se réalise au plus haut point en ces miracles-mystères où Dieu agit immédiatement en sa création pour amener les hommes au salut[3].

Que dire alors des miracles par rapport à la grâce de Dieu ! Nulle proportion entre le signe et la réalité, entre le miracle et la grâce de Dieu. Une guérison faite au nom du Christ, aussi spectaculaire soit-elle, est bien peu de chose par rapport à la vie de Dieu qui débute en l'homme qui croit que cette guérison témoigne de la mission divine du Christ et de sa divinité et qui oriente toute sa vie vers la rencontre définitive avec le Père éternel du Christ.

Nous pourrions et devrions nous passer des guérisons et d'autres signes extraordinaires, quoique cela rendrait plus difficile à certains l'accès à Dieu. Nous ne pouvons cependant pas nous passer des miracles qui sont objets de foi comme l'Incarnation, l'Eucharistie et la Résurrection. Les premiers miracles comme les guérisons ont pour fonction de nous mener à reconnaître le Christ comme homme et comme Dieu, à adhérer au mystère du Christ qui donne sa chair et son sang pour nous communiquer son esprit, à revivre de l'Esprit à la fin des temps. Dans l'histoire du salut qui origine en Dieu et retourne à lui, les miracles sont ces actes immédiats posés par un Dieu sauveur venu jusqu'à nous pour nous communiquer sa vie. Ils correspondent à la structure même de la révélation chrétienne : Dieu qui prend notre chair dans le Christ, qui vit au milieu de nous, qui proclame la venue du Règne de Dieu et qui accomplit des gestes appuyant ses prétentions. À qui

1. Cf. *1Co* 12.

2. *Magnum est facere miracula sed maius est virtuose vivere*, *In Matth.* 10, lect. 1, n° 819.

3. La doctrine de l'Aquinate, comme nous l'avons vu, distingue en effet les miracles qui confirment les vérités de la foi et ceux qui font partie de ces vérités : « Parmi les miracles de Dieu, certains sont de foi, comme celui de l'enfantement virginal et celui de la résurrection du Seigneur, et aussi celui du sacrement de l'autel. C'est pourquoi le Seigneur a voulu qu'ils soient plus cachés afin qu'on ait plus de mérite à y croire. Mais certains miracles ont pour but de confirmer la foi, et ceux-là doivent être manifestes », *ST* 3a, q. 29, a. 1 ad 2m.

rejette cette manière d'agir de Dieu, l'histoire du salut, les sacrements et la vie même de l'Église deviennent rapidement incompréhensibles.

Attaquer la possibilité même du miracle (non pas de tel ou tel miracle) n'est pas simplement remettre en question la théologie et la philosophie patiemment élaborées par le Docteur angélique, sous la conduite d'Augustin, puis d'Aristote. C'est plus fondamentalement remettre en cause la structure même du salut se réalisant dans l'histoire par la venue jusqu'à nous du Verbe de Dieu telle que la conçoit l'Aquinate. Le scandale causé par le miracle, si scandale il y a, atteint l'action de Dieu agissant dans notre monde, dans notre vie, dans notre cœur pour y réaliser son dessein de salut.

Les miracles chrétiens ont ceci de particulier qu'ils nous ouvrent à la volonté salvifique du Père de Jésus Christ et qu'ils manifestent les attentions de Dieu qui veut nous associer pour toujours à son amour manifesté dans la personne du Christ. L'émerveillement vécu face aux faits extraordinaires survenant au nom du Christ peut être le chemin vers le Père de Jésus Christ et vers l'émerveillement qui n'aura pas de fin.

ANNEXE

LES FAITS MIRACULEUX DE L'ANCIEN TESTAMENT LES PLUS SOUVENT CITÉS PAR SAINT THOMAS

1. *Ex* 14, 14-31 : *Dieu ouvre un passage à travers la mer (18 mentions)*

- *In ep. ad Hebr.* 11, n° 623

Ex 14,14 : *vos tacebitis et Dominus pugnabit pro vobis*

- *In ep. ad Hebr.* 11, n° 619

Ex 14,15 : *dixit Dominus, Quid clamas ad me...*

- *In Ps.* 3 c
- *In Matth.* 2, n° 202
- *In ep. ad Rom.* 8, n° 644

Ex 14,15-22

- *In 1 ep. ad Cor.* 5, n° 246 : *ultimo virtute beneficii transivit populus mare rubrum*
- *ST* 3a q. 46 a. s.c. 4 : *de Aegypto Dei populo recedente, Moyses mare virga divisit, et Pharaonem prostravit, et populum Dei redemit*
- *ST* 3a q. 44 a. 4 obj. 3 : *mare divisit Moyses*
- *ST* 2a2ae q. 174 a. 4 obj. 2 : *Moyses divídit mare rubrum*
- *In Ps.* 28 c bis : *Vox Domini fuit super aquas, maris divisi*
- *In 1 ep. ad Cor.* 12, n° 728 : *cum mare dividitur*
- *ST* 3a q. 39 a. 4 obj. 1 : *in transitu maris rubri Aegyptii sunt submersi*
- *ST* 2a2ae q. 108 a. 1 ad 5m : *Aegyptii submersi sunt in mari rubro persequentes filios Israel*
- *In Ps.* 26 b : *Factum est in vigilia matutina, et ecce ascendit Dominus super castra, et percussit*
- *In Ps.* 52 : *fugiamus Israelem, Dominus enim pugnat pro eis contra nos*
- *De reg. princ.* 1,1 c. 7, 772 : *Ipse est qui videns afflictionem populi sui in Aegypto et audiens eorum clamorem, Pharaonem tyrannum deiecit cum exercitu suo in mare*

Ex 14,31 : *Viderunt filii Israel manum magnam, quam exercuerat Dominus contra Aegyptios*
- *In ep. ad Rom.* 9, n° 782
- *In ep. ad Rom.* 9, n° 793

2. *Ex* 16 : *la manne et les cailles (12 mentions)*

- *In Iohannem* 6, n° 904 : *de manna dicitur*
- *ST* 3a q. 73 a. 6 obj. 2 : *transitum maris rubri subsecutum est manna*
- *ST* 3a q. 41 a. 4 ad 1m : *Dominus filiis Israel miraculose manna praebuit in deserto, ubi aliunde cibus haberi non potuit*
- *In ep. ad Rom.* 2, n° 187 : *filii Israel murmuraverunt pro defectu panis et aquae*
- *In Iohannem* 1, n° 181 : *respexerunt ad solitudinem, et viderunt gloriam Domini in nube*
- *In Matth.* 24, n° 1967 : *maiestas Domini apparuit in nube*
- *ST* 3a q. 80 a. 10 ad 2m : *manna quotidie populo dabatur in deserto*
- *In 2 ep. ad Cor.* 8, n° 308 : *Qui multum scilicet collegerat de manna, id est qui amplius habuit quam gomor, non abundavit, id est non habuit ultra sufficientiam suam; et qui modicum non minoravit, id est non defecit ei, quia omnes aequaliter abundabant, ut dicitur Exod. XVI, 18*
- *In Matth.* 27, n° 2411 : *praecepit Dominus quod die veneris colligerent de manna ad duos dies*
- *In Iohannem* 19, n° 2404 : *dicitur quodin sabbato non colligerent manna, sed in sexta feria colligerent duplum*
- *ST* 1a2ae q. 102 a. 4 ad 6m : *Imple gomor ex eo, et custodiatur in futuras retro generationes, ut noverint panes de quibus alui vos in solitudine*
- *In ep. ad Hebr.* 9, n° 420 : *urna aurea habens manna, et hoc in memoriam illius beneficii eis praestiti*

3. *Ex* 19, 12-25 ; 24,12-18 : *Dieu rencontre Moise sur le Sinai (11 mentions)*

Ex 19,12-13
- *In ep. ad Hebr.* 12, n° 702 : *Omnis qui tetigerit montem, morte morietur. Manus non tanget eum, sed lapidibus opprimetur, aut confodietur, sive iumentum fuerit, sive homo, non vivet*

Ex 12, 16
- *In Matth.* 3, n° 299 : *apparuit Dominus in legislatione, in fulgure et in tonotruo*
- *De pot.* q. 6 a. 4 : *coeperunt audiri tonitrua ac micare fulgura, et nubes densissimas operire montem*
- *ST* 3a q. 44 a. 4 obj. 3 : *factum est tonitruum in monte Sinai quando lex dabatur*

– *In ep. ad Rom.* 8, n° 642 : *lex igitur vetus data est in timore quod significabant tonitrua et alia huiusmodi, quae facta sunt in datione veteris legis, ut dicitur Ex XIX, 16ss*

– *In ep. ad Hebr.* 12, n° 697 : *Ille enim ignis, ut dicitur Ex XIX, 18 erat corporalis, et ideo palpabilis et sensibilis, et etiam in certo loco, ut ad ipsum posset accedi*

– *In Matth.* 17, n° 1433 : *dicitur quod apparuit nubes caliginis*

Ex 24,12

– *ST* 1a2ae q. 102 a. 4 ad 6m : *dabo tibi duas tabulas lapideas et legem ac mandata quae scripsi, ut doceas filios Israel*

– *In ep. ad Rom.* 5, n° 462 : *idem*

– *ST* 3a q. 42 a. 4 obj. 2 : *idem*

Ex 24,17

– *SCG* 3, 53 : *tam Deus quam angeli in Sacra Scriptura in figuris igneis describuntur propter ignis claritatem*

4. *2R* 4, 32-37 : *Résurrection de morts par Élisée (9 mentions)*

– *ST* 2a2ae q. 1 a. 6 ad 1m : *filios, quod ad tactum ossium elisaei suscitatus est mortuus, et alia*

– *Sermones Attendite a falsis* (2.2 68) : *unde dicitur quod corpus elisaei mortuum prophetavit, eccl. 48,14*

– *Sermones Attendite a falsis* (2.2 72) : *interfecti mortuum projecerunt in sepulchrum elisaei mortui*

– *In Matth.* 17, n° 1467 : *quia meruisset mortuus, sed ad manifestationem sanctitatis Elisaei*

– *ST* 3a q. 53 a. 3 arg. : *in veteri testamento per eliam et elisaeum aliqui resuscitati*

– *In Matth.* 17, n° 1467 : *Israel, eiecerunt corpus mortuum iuxta eliseum, et revixit*

– *In ep. ad Rom.* 7, n° 524 : *et alia per eliseum, ut habetur IVReg 4,18*

– *In Iohannem* 11, n° 1511 : *orando posset excludere; sicut eliseus orando mortuum suscitavit*

– *In Iohannem* 15, n° 2054 : *quod christus suscitavit mortuos hoc et elias et eliseus fecerunt*

5. *2R* 2,11 : *Élie enlevé au ciel (9 mentions)*

– *In Matth.* 3, n° 259 : *Elias raptus est in caecum*

– *In Matth.* 16, n° 1371 : *raptus est Elia adhuc vivens*

– *In Matth.* 27, n° 2385

– *ST* 3a q. 39 a. s.c. 4

– *ST* 3a q. 49 a. 5 obj. 2 : *ante passionem Christi, Elias raptus est in caecum*

– *ST* 3a q. 45 a. 3 ad 2m : *Elias autem apparuit in proprio corpore, non quidem de caelo empyreo allatus, sed de aliquo eminenti loco, in quem fuerat in curru igneo raptus*

– *In Iohannem* 1, n° 231 ; 233

– *Collatio : Emitte spiritum [...] Hodie diximus*, Salamanca, Univ. 2187, 188ra : *Elias ascendit in caelum aliena virtute*

6. *3Regum* 18, 20-40 *(pour nous 1R* 18,20-40*)* : *Élie fait tomber le feu sur l'holocauste (8 mentions)*

- *In Matth* 6, n° 618; 11 n° 906; 12, n° 1022; 15, n° 1335; 21, n° 1701 : *Ut quid claudicatis in duas partes ? Si Dominus est Deus, sequimini eum*
- *In duo praec. car. exp.*, n° 1164 : idem
- *In Ps.* 17 : *idem*
- *In Iohannem* 5, n° 706

7. *4Regum* 5,1-19 : *Élisée envoie Naaman le Syrien guérir sa lèpre dans l'eau du Jourdain (7 mentions)*

- *In Iohannem* 1, n° 233 : *Sciat Prophetam esse in Israel [...] Naaman lavari fecit septies in Iordane*
- *In Matth.* 18, n° 1529 : *idem*
- *In Iohannem* 9, n° 1310 : *Unde potuisset dicere : Lutum solet magis excaecare, et multoties me ibidem lavi, et in nullo sum adiutus, sicut de Naaman legitur IVReg.*
- *In Matth.* 9, n° 778 : *tangeret manu sua locum leprae, et curaret me*
- *In Iohannem* 11, n° 473 : *Pater etsi rem grandem dixisset tibi Propheta, facere debuisses*
- *ST* 2a2ae q. 102 a. 1 : *idem*
- *In decem legis praec.* IV, 1254 : *idem*

BIBLIOGRAPHIE

Les sigles et abréviations sont tirées de S. M. Schwertner, *Theologische Realenzyklopädie : Abkürzungsverzeichnis*, Berlin-New York, 1994[2].

ÉDITIONS UTILISÉES DES ŒUVRES DE SAINT THOMAS D'AQUIN

Catena aurea in quatuor Evangelia, A. Guarienti (éd.), Roma, 1953, 2 vol.

Commentaria in libros Aristotelis De caelo et mundo, De generatione et corruptione et Meteorologicorum, éd. Léon., vol. 3, Roma, 1886, cité *In De caelo* 1, lect. 22, n° 8.

Commentaria in octo libros Physicorum Aristotelis, éd. Léon., vol. 2, Roma, 1884, cité *In Phys.* 8, lect. 3, n° 6.

Expositio Super Iob ad litteram, A. Dondaine (éd.), éd. Léonine, vol. 26, Roma, 1965, cité *In Iob* 39, éd. Léon., vol. 26, p. 212, lignes 326-330.

In duodecim libros Metaphysicorum Aristotelis expositio, M.-R Cathala et R. Spiazzi (éd.), Torino-Roma, 1950, cité *In Met.* 12, lect. 12, n° 2663.

In librum beati Dionysii De divinis Nominibus expositio, C. Pera et al. (éd.), Torino-Roma, 1950, cité *In De Div. Nom.* n° 155.

Opera omnia, S.E. Fretté et P. Maré (éd.), Paris, 1871-1880, 34 vol.

Opuscula, éd. Léon., vol. 40, Roma, 1969, cité *Contra errores Graecorum* 1, c. 30, dans *Opuscula*, vol. 40, éd. Léon., p. A 86, lignes 9-12; *De rationibus fidei* 7, éd. Léon., vol. 40, p. B 66-67; *De subst. sep.* 3, éd. Léon., vol. 40, p. D 47, lignes 61-68; *In primam decretalem*, éd. Léon., vol. 40, p. E 38, lignes 721-724.

Postilla super Psalmos, dans R. Busa (éd.), *S. Thomae Aquinatis Opera omnia ut sunt in Indice Thomistico...*, vol. 6, Stuttgart-Bad Cannstatt, 1980, cité *In Ps.* 3, 2 (p. 125).

Quaestiones de Quodlibet 1-12, éd. Léon., vol. 25, Roma-Paris, 1996, cité *Quodl.* 9 q. 1 a. 1.

Quaestiones disputatae de potentia, P. Bazzi *et al.* (éd.), Torino-Roma, [10]1965, cité *De pot.* q. 2 a. 1.

Quaestiones disputatae de veritate, éd. Léon., vol. 22, Roma, 1982, cité *De ver.* q. 1 a. 1.

Scriptum super libros Sententiarum, vol. 1-2, P. Mandonnet (éd.), Paris, 1929; vol. 3-4, M. F. Moos (éd.), Paris, 1933-1944, cité *In 2Sent* d. 1 q. 1 a. 1.

Sententia super Physicam, Maggiolo (éd.), Marietti, 1954, cité *In Phys.*

Summa Contra Gentiles sive de veritate catholicae fidei contra errores infidelium libri quatuor, éd. Léon., vol. 13-15, Roma, 1918, 1926, 1930, cité *SCG* 3, 25.

Summa theologiae, Studium dominicain (éd.), Ottawa, 5 vol., 1941-1945, cité *ST* 2a2ae q. 1 a. 1 (indique le corps de l'article).

Super epistolas S. Pauli lectura, R. Cai (éd.), 2 vol., Torino-Roma, [8]1953, cité *In ep. ad Rom.* 1, lect. 8, n° 150.

Super evangelium S. Ioannis lectura, R. Cai (éd.), Torino-Roma[5]1952, cité *In Iohannem* 21, lect. 2, n° 2598. Ce qui apparaît entre doubles crochets [[]] est la correction suggérée par le R. P. L. Reid, éditeur du commentaire, qui a aimablement mis à notre disposition son texte non encore publié.

Super evangelium S. Matthaei lectura, R. Cai (éd.), Torino-Roma[5]1951, cité *In Matth.* 8, lect. 3, n° 724.

TRADUCTIONS FRANÇAISES CITÉES DES ŒUVRES DE THOMAS D'AQUIN

BANDEL M., *Les substances séparées*, dans *Opuscules de saint Thomas d'Aquin*, vol. 3, Paris, 1984 (reprise, avec la même pagination, de la trad. par l'abbé Bandel, Vivès, vol. 2, Paris, 1857, p. 153-248).

BONINO S.-T., *De la vérité, question 2* (La science en Dieu), introduction, traduction et commentaire, « Vestigia », n° 17, Fribourg-Paris, 1996.

CHARLIER A., *Commentaire de la seconde Épître aux Corinthiens.* Introduction, traduction et notes, 2 vol., « Docteur Commun », n° 5-6, Paris, 1979.

ÉMERY G., *Les raisons de la foi. Les articles de la foi et les sacrements de l'Église*, introduction, traduction et annotation par G. Émery, « Sagesses chrétiennes », Paris, 1999.

PHILIPPE M.-D. (éd.), *Commentaire sur l'Évangile de Saint Jean*, 3 vol., Rimont, 1977, 1981, 1987.

ROGUET A.-M., *Somme théologique*, 4 vol., Paris, 1984-1986.

ŒUVRES ANCIENNES, MÉDIÉVALES ET SCOLASTIQUES

ALBERT LE GRAND, *Commentarii in I-II-III-IV Sententiarum*, dans *Opera omnia...cura ac labore*, A. Borgnet, 38 vol., Paris, 1890-1899, vol. 25-30.

– *De resurrectione*, W. Kübel (éd.), dans *Opera omnia*, édition de Köln, vol. 26, Aschendorf, 1958.

– *Super Dionysium De divinis nominibus*, P. Simon (éd.), dans *Opera omnia*, édition de Köln, vol. 37, 2, Aschendorf, 1972.

ALEXANDRE DE HALÈS, *Summa theologica*, Quaracchi (éd.), 6 vol., Firenze, 1924-1930.1948.

ARISTOTE, *Catégories*, dans *Organon*, traduction nouvelle et notes par J. Tricot, vol. 1, Paris, Vrin, 2004.

– *De l'âme*, traduction nouvelle et notes par J. Tricot, Paris, Vrin, 2003.

– *Éthique à Nicomaque*, introduction, traduction et commentaire par R. Gauthier et J.-Y. Jolif, 4 vol., Louvain-Paris, Peeters, 2002.

– *Métaphysique*, introduction, notes et index par J. Tricot, 2 vol., Paris, Vrin, 1966.

– *Physique*, texte établi et traduit par H. Carteron, 2 vol., Paris, Les Belles Lettres, 1952-1956.

– *Politique*, nouvelle traduction avec introduction, notes et index par J. Tricot, 2 vol., Paris, Vrin, 1962.

– *Traité du ciel*, traduction et notes par J. Tricot, Paris, Vrin, 1949.

AUGUSTIN, *La Cité de Dieu*, trad. de G. Combès, introduction et notes de G. Bardy, BAug 33-37, 5 vol., Paris, Desclée de Brouwer, 1959-1960.

– *La foi chrétienne (De vera religione, De utilitate credendi, De fide rerum quae non videntur, De fide et operibus)*, BAug 8, traduction, introductions et notes par J. Pegon, Paris, Desclée de Brouwer, 1951.

– *La Genèse au sens littéral*, traduction, introduction et notes par P. Agaësse et A. Solignac, BAug 48 et 49, 2 vol., Paris, Desclée de Brouwer, 1972.

– *Homélies sur l'évangile de saint Jean*, BAug 71-72-73A-73B-74A, trad. de F. Berrouard, 5 vol. parus à ce jour, Paris, Desclée de Brouwer, 1969-1993.

AVERROES, *Aristotelis metaphysicorum libri XIII...*, in *Aristotelis opera...cum Averrois Cordubensis variis in eosdem commentariis*, Venezia, 1562-1574.

AVICENNE, *Liber de philosophia prima sive Scientia divina*, Van Riet (éd.), 3 vol., Louvain, Peeters, Peeters, 1977-1983.

– *La métaphysique du Shifa*, introduction, traduction et notes par G.C. Anawati, 2 vol., « Études musulmanes », Paris, Vrin, 1978-1985

BERNARD DE CLAIRVAUX, *Sermones super Cantica Canticorum*, dans *Sancti Bernardi Opera*, Editiones Cistercienses, Roma, 1957, vol. 1 et 2.

BONAVENTURE, *Collationes de decem praeceptis*, dans *Opera omnia*, P.P. Collegii s. Bonaventurae (éd.), 10 vol., Claras Aquas, 1882-1902, vol. 5, p. 507-532.

– *Collationes de donis Spiritus Sancti*, dans *Opera omnia*, vol. 5, p. 457-503.

– *Collationes in Hexäemeron*, dans *Opera omnia*, vol. 5, p. 329-454.

– *Commentaria in quatuor libros Sententiarum magistri Petri Lombardi*, dans *Opera omnia*, vol. 1-4.

BOÈCE DE DACIE, *De aeternitate mundi*, N. Green-Pedersen (éd.), dans *Boethii Daci Opera*, vol. 6, partie II, « Corpus philosophorum danicorum medii aevi », n° 6, 2, Hauniae, 1976, p. 335-366.

– *Quaestiones super librum Topicorum*, III, q. 6, dans *Boethii Daci Opera*, vol. 6, partie 1, N. Green-Pedersen et J. Pinborg (éd.), « Corpus philosophorum danicorum medii aevi », n° 6, 1, Hauniae, 1976, p. 176-178.

– *Chartularium Universitatis Parisiensis*, H. Denifle et E. Chatelain (éd.), 4 vol., Paris, 1889-1897.

– *Ein Kommentar zur Physik des Aristoteles aus der Pariser Artistenfakültät um 1273*, édition et introduction par A. Zimmermann, Berlin, 1968.

– *Fontes Vitae S. Thomae Aquinatis notis historicis et criticis illustrati*, D. Prümmer et H. Laurent (éd.), Toulouse, s.d. (6 fasc., publiés à l'origine dans *RThom* de 1911 à 1937).

GUILLAUME D'AUXERRE, *Summa aurea*, J. Ribaillier (éd.), « Spicilegium bonaventurianum », n° 16 à 20, Paris-Grottaferrata, 1980-1987.

JEAN DAMASCÈNE, *De fide orthodoxa*, E.M. Buytaert (éd.), « Franciscan Institute Publications. Text Series », n° 8, St. Bonaventure (N.Y.)-Louvain-Paderborn, 1955.

LOTHAIRE DE SEGNI, *De sacro Altaris Mysterio* IV, 12, *PL* 217, 864.

– *Sermo* XIV *de tempore*, *PL* 217, 382.

PLATON, *Timée*, texte établi et traduit par A. Rivaud, dans *Œuvres complètes*, Paris, Les Belles Lettres, vol. 10, 1956.

PROCLUS, *Éléments de théologie*, traduction, introduction et notes par J. Trouillard, « Bibliothèque philosophique », Paris, Aubier, 1965.

PSEUDO-DIONYSIUS AREOPAGITA, *Corpus dionysiacum*, vol. 1 : *De divinis nominibus*, B.R. Suchla (éd.), « Patristische Texte und Studien », n° 33, Berlin-New York, 1990.

– *Corpus dionysiacum*, vol. 2 : *De coelesti hierarchia*, *De ecclesiastica hierarchia*, *De mystica theologia*, *Epistulae*, par G. Heil et A. M. Ritter (éd.), « Patristische Texte und Studien », n° 36, Berlin-New York, 1991.

PSEUDO-DENYS, *Œuvres complètes*, trad. de M. de Gandillac, « Bibliothèque philosophique », Paris, Aubier, 1943.

– *Questions sur la physique d'Aristote*, Ph. Delhaye (éd.), « Les Philosophes Belges », n° 15, Louvain, 1941, II, n° 16-19, p. 106-115 ; n° 23-24, p. 120-122.

SIGER DE BRABANT, *Écrits de logique, de morale et de physique*, édition critique et notes par B. Bazan, « Philosophes médiévaux », n° 14, Louvain, Nauwelaerts, 1974.

– *Quaestiones in tertium de anima, De anima intellectiva, De aeternitate mundi*, édition critique et notes par B. Bazan, « Philosophes médiévaux », n° 13, Louvain, Nauwelaerts, 1972.

– *Quaestiones super librum de causis*, édition critique et notes par A. Marlasca, « Philosophes médiévaux », n° 12, Louvain-Paris, Nauwelaerts, 1972.

– *Questions sur la Métaphysique*, édition critique et notes par C.A. Graiff, « Philosophes médiévaux », n° 1, Louvain, Nauwelaerts, 1948.

– *Ystoria sancti Thome de Aquino* de Guillaume de Tocco (1323), édition critique, introduction et notes par C. Le Brun-Gouanvic, « Studies and Texts », n° 127, Toronto, 1996.

OUVRAGES ET ARTICLES CONTEMPORAINS CITÉS

AGAËSSE P. et SOLIGNAC A., « Le double moment de la création et les « raisons causales », dans AUGUSTIN, *La Genèse au sens littéral*, BAug 48, p. 653-668.

– « L'homme formé du limon et les raisons causales », dans AUGUSTIN, *La Genèse au sens littéral*, BAug 48, p. 685-690.

ALFARO J., « Supernaturalitas fidei iuxta s. Thomam », *Gr.*, 44 (1963), p. 501-542 et 731-787.

AUBERT R., *Le problème de l'acte de foi*, Paris, Nauwelaerts, 1945.

BACKES J., *Die Christologie des heiligen Thomas und die griechischen Kirchenväter*, Paderborn, 1931.

BADAWI A., *Histoire de la philosophie en Islam*, 2 vol., Paris, Vrin, 1972.

BAEUMKER C., « Um Siger von Brabant », *PhJ*, 24 (1911), p. 369-381 et 517-519.

– « Zur Beurteilung Sigers von Brabant », *PhJ*, 24 (1911), p. 177-202.

BALDWIN John W., « The Intellectual Preparation for the Canon of 1215 against Ordeals », *Spec.*, 36 (1961), p. 613-636.

BARDY G. et THONNARD F.-J., « Le miracle dans la théologie augustinienne », dans *La Cité de Dieu*, BAug 37, p. 795-801.

BENOÎT XIV, *De servorum Dei beatificatione et beatorum canonizatione*, vol. 4 (*De miraculis*), Bologna, 1734-1738, chap. 8, 1.

BERCEVILLE G., « Les miracles comme motif de crédibilité chez Thomas d'Aquin », *MSR* 53 (1996), p. 51-64.

– *L'étonnante alliance. Évangile et miracles dans la Somme de théologie et les Commentaires du Nouveau Testament de saint Thomas d'Aquin*. Thèse présentée pour l'obtention du doctorat d'histoire des religions à l'Université de Paris-Sorbonne et pour l'obtention du doctorat en théologie à l'Institut catholique de Paris, 2 vol., septembre 1998.

– *Avant-propos*, dans THOMAS D'AQUIN, *Commentaire de l'épître aux Romains*, trad. et annotation par J.-É. Stroobant de Saint-Éloy, Paris, Le Cerf, 1999, p. 7-17.

BIANCHI L., *Censure et liberté intellectuelle à l'Université de Paris (XIIIe-XIVe siècles)*, Paris, Les Belles Lettres, 1999.

– *Il vescovo e i filosofi. La condanna parigina del 1277 e l'evoluzione dell'aristotelismo scolastico*, Bergamo, 1990.

BIFFI I., *I Misteri di Christo in Tommaso d'Aquino*, vol. 1, « Biblioteca di cultura medievale », n° 339, Milano, 1994.

BILLOT L., *De Ecclesiae Sacramentis*, vol. 1, Roma, 1914⁵.

– *De Verbo incarnato*, Roma, 1912⁵.

BLONDEL M., Note à l'art. « Miracle », dans A. Lalande, *Dictionnaire technique et critique de la philosophie*, Paris, 1968[10], p. 628-631.

– *Les premiers écrits de Maurice Blondel*, 2 vol., Paris, PUF, 1956.

BOGLIONI P., *Miracle et merveilleux chez Grégoire le Grand*, « Cahiers d'études médiévales », n° 1, Montréal, 1974.

BOUBLIK V., *L'azione divina « praeter ordinem naturae » secondo S. Tommaso d'Aquino*, « Cathedra sancti Thomae Pontificae Lateranense », n° 7, Roma, 1968.

BOUILLARD H., *Conversion et grâce chez S. Thomas d'Aquin. Étude historique*, « Théologie », n° 1, Paris, 1944.

BOUGEROL J.G., « Dossier pour l'étude des rapports entre S. Bonaventure et Aristote », *AHDLMA*, 40 (1973), p. 135-222

BRAGUE R., « Le destin de la "Pensée de la Pensée" des origines au début du Moyen Âge », dans *La question de Dieu selon Aristote et Hegel*, publié sous la dir. de T. de Koninck et G. Planty-Bonjour, Paris, PUF, 1991.

BUSA R. (éd.), *S. Thomae Aquinatis Opera omnia ut sunt in Indice Thomistico...*, 7 vol., Stuttgart-Bad Cannstatt, 1980.

CHENU M.-D., « Les commentaires sur la Bible », dans *Introduction à l'étude de saint Thomas d'Aquin*, Montréal-Paris, Institut d'études médiévales-Vrin, n° 11, 1954[2], p. 199-225.

– « La psychologie de la foi dans la théologie du XIIIe siècle », p. 180, dans *Étude d'histoire littéraire et doctrinale du XIIIe siècle*, 2e série, Paris-Ottawa, 1932, p. 163-191.

COURCELLE P., *Recherches sur les Confessions de S. Augustin*, Paris, De Boccard, 1950.

DEMAN T., « Le *Liber de Bona Fortuna* dans la théologie de Saint Thomas d'Aquin », *RSPhTh*, 17 (1928), p. 38-58.

DENZINGER H., *Symboles et définition de la foi catholique*, P. Hünermann et J. Hoffmann (éd.), Paris, Le Cerf, 1996, n° 375.

DEWAN L., « St. Thomas, Aristotle and Creation », *Dionysius*, 15 (1991), p. 81-90.

DHANIS E. « Qu'est-ce qu'un miracle ? », Gr., 40 (1959), p. 201-241.

DUIN J.J., *La doctrine de la providence dans les écrits de Siger de Brabant*, « Philosophes médiévaux », n° 3, Louvain, Nauwelaerts, 1954.

DUROUX P., *La psychologie de la foi chez S. Thomas d'Aquin*, Paris, Téqui, 1963.

ELDERS L., *Aristotle's Theology. A Commentary on Book Lambda of the Metaphysics*, Assen (Pays-Bas), 1972, p. 257-258.

ÉMERY G., *La Trinité créatrice. Trinité et création dans les commentaires aux Sentences de Thomas d'Aquin et de ses précurseurs Albert le Grand et Bonaventure*, Paris, Vrin, « Bibliothèque thomiste », n° 47, 1995.

FINANCE, J. (de), *Être et agir dans la philosophie de Saint Thomas*, Roma, 1945.

FLASCH K., *Auflärung im Mittelalter? Die Verurteilung von 1277. Das Dokument des Bischofs von Paris übersetzt und erklärt von K. FLASCH*, « Excerpta classica », n° 6, Mainz, 1989.

– *Einleitung*, dans *Dietrich von Freiberg, Opera omnia*, vol. 1, Hamburg, 1977, p. XIX-XXV.

FOLGHERA J.-D., « Le miracle d'après Saint Thomas d'Aquin », *RThom*, 4 (1904), p. 318-338.

GANDILLAC M. (de), *Œuvres complètes* du Pseudo-Denys, trad. de M. de Gandillac, Paris, Aubier, 1943.

GARDEIL A., « La vitalité de la vision divine et des actes surnaturels », *RThom* 31 (1926), p. 477-489, reproduit dans *La structure de l'âme et l'expérience mystique*, vol. 2, Paris, 1927, p. 307-325.

GAUTHIER R.-A., « Notes sur les débuts (1225-1240) du premier "averroïsme" », *RSPhTh*, 66 (1982), p. 321-374.

GILLON L.-B., « Aux origines de la "Puissance obédientielle" », *RThom* 47 (1947), p. 304-310.

– « Études critiques », *RThom* 46 (1946), p. 603-612.

GILSON É., *Avicenne et les origines de la notion de cause efficiente*, dans *Atti del XII Congresso Internazionale di Filosofia*, G.C. Sansoni, Firenze, 1961.

– *Dante et la philosophie*, Paris, Vrin, 1939.

– *L'esprit de la philosophie médiévale*, « Études de philosophie médiévale », n° 33, Paris, Vrin, 1944².

– *History of Christian Philosophy in the Middle Ages*, New York, 1955.

– *Jean Duns Scot. Introduction à ses positions fondamentales*, « Études de philosophie médiévale », n° 42, Paris, Vrin, 1952.

– « Notes pour l'histoire de la cause efficiente », *AHDLMA*, 29 (1962), p. 7-31.

– « Pourquoi saint Thomas a critiqué Augustin », *AHDLMA*, 1 (1926-1927), p. 5-127.

– *Le thomisme. Introduction à la philosophie de saint Thomas d'Aquin*, « Études de philosophie médiévale », n° 1, Paris, Vrin, 1944⁵.

GOODICH M., *Vita perfecta: the Ideal of Sainthood in the Thirteenth Century*, « Monographien sur Geschichte des Mittelalters », n° 25, Stuttgart, 1982.

GRABMANN M., *I divieti ecclesiastici di Aristotele sotto Innocenzo III e Gregorio IX*, Roma, 1941.

GWYNNE P., *Special Divine Action. Key Issues in the Contemporary Debate (1965-1995)*, « Tesi Gregoriana – Serie Teologia », n° 12, Roma, 1996.

HISSETTE R., *Enquête sur les 219 articles condamnés à Paris le 7 mars 1270*, « Philosophes médiévaux », n° 22, Louvain-Paris, Nauwelaerts, 1977.

– « L'implication de Thomas d'Aquin dans les censures parisiennes de 1277 », RThAM, 64, p. 3-31.

HORST U., *Die Gaben des Heiligen Geistes nach Thomas von Aquin*, « Veröffentlichungen des Grabmanns-Institutes zur Erforschung der mittel-alterlichen Theologie und Philosophie », n° 46, Berlin, 2001.

– *Evangelische Armut und Kirche : Thomas von Aquin und die Armutskontroversen des 13. und beginnenden 14. Jahrhunderts*, « Quellen und Forschungen zur Geschichte des Dominikanerordens. Neue Folge », n° 1, Berlin, 1992.

– *Die Gaben des Heiligen Geistes nach Thomas von Aquin*, « Veröffentlichungen des Grabmanns – Institutes zur Erforschung der mittelalterlichen Theologie und Philosophie », n° 46, Berlin, 2001.

HOVE A. (van), *La doctrine du miracle chez Saint Thomas et son accord avec les principes de la recherche scientifique*, Louvain, 1927.

HUGON É., *La causalité instrumentale dans l'ordre surnaturel*, Paris, 1924².

IMBACH R., « L'averroïsme latin du XIIIᵉ siècle », dans *Gli studi di filosofia medievale fra otto e novecento. Contributo a un bilancio storiografico. Atti del convegno internazionale Roma, 21-23 settembre 1989*, a cura di R. Imbach e A. Maieru, « Storia e Letteratura », n° 179, Roma, 1991, p. 191-208.

– « Metaphysik, Theologie und Politik. Zur Diskussion zwischen Nikolaus von Straßburg und Dietrich von Freiberg über die Abtrennbarkeit der Akzidentien », *ThPh*, 61 (1986), p. 359-395.

– « Notule sur le commentaire du *Liber de causis* de Siger de Brabant et ses rapports avec Thomas d'Aquin », *FZPhTh*, 43 (1996), p. 303-323.

– « Le traité de l'Eucharistie de Thomas d'Aquin et les averroïstes », *RSPhTh*, 77 (1993), p. 173-228.

JANSEN P., « Canonisation », dans *Dictionnaire historique de la papauté*, (sous la dir. de P. Levillain), Paris, Fayard, 1994, p. 270-273.

JOHNSON M.F., « Did St. Thomas attribute a Doctrine of Creation to Aristotle », *NSchol*, 63 (1989), p. 129-155.

JOLIVET R., *Essai sur les rapports entre la pensée grecque et la pensée chrétienne*, « Bibliothèque d'histoire de la philosophie », Paris, Vrin, 1955.

KAHN Ch. H., « The Place of the Prime Mover in Aristotle's Teleology », dans A. Gotthelf (éd.), *Aristotle on Nature and Living Things*, Pittsburgh, 1985.

KOCHER R., *Herausgeforderter Vorsehungsglaube. Die Lehre von der Vorsehung im Horizont der gegenwärtigen Theologie*, St. Ottilien, 1993.

KUKSEWICZ Z., *De Siger de Brabant à Jacques de Plaisance. La théorie de l'intellect chez les averroïstes latins des XIIIe et XIVe siècles* (Institut de philosophie et de sociologie de l'académie polonaise des sciences), Wroclaw-Varsovie-Cracovie, 1968.

LABOURDETTE M., « La vie théologale selon saint Thomas : l'objet de la foi », *RThom*, 58 (1958), p. 597-622.

LANGEVIN G., « *Capax Dei* ». *La créature intellectuelle et l'intimité de Dieu*, Bruges-« Studia. Recherches de philosophie et de théologie publiées par les facultés S.J. de Montréal », n° 20, Paris, 1966.

LAPORTA J., *La destinée de la nature humaine selon Thomas d'Aquin*, Paris, 1965.

LATOURELLE R., *Miracles de Jésus et théologie du miracle*, « Recherches, Nouvelle Série », n° 8, Paris-Montréal, 1986.

– *Du prodige au miracle*, Montréal, 1995.

LINSEMANN T., *Die Magie bei Thomas von Aquin*, « Veröffentlichungen des Grabmanns – Institutes zur Erforschung der mittelalterlichen Theologie und Philosophie », n° 44, Berlin, 2000.

LITT T., *Les corps célestes dans l'univers de saint Thomas d'Aquin*, « Philosophes médiévaux », n° 7, Louvain-Paris, 1963.

LONG R.J. (éd.), *Philosophy and the God of Abraham*, « Papers in Mediaeval Studies », n° 12, Toronto, 1991.

LONG S.A., « Obediential Potency, Human Knowledge, and the Natural Desire for God », *IPQ*, 145 (mars 1997), p. 45-63.

LUBAC H. de, *Exégèse médiévale. Les quatre sens de l'Écriture*, vol. 4/2, 2, « Théologie », n° 59, Paris, 1964.

– *Le mystère du surnaturel*, Paris, 1965.

MANDONNET P., *La canonisation de saint Thomas d'Aquin, 1317-1323*, dans *Mélanges thomistes*, publiés par les Dominicains de la Province de France à l'occasion du VIe centenaire de la canonisation de S. Thomas d'Aquin, « Bibliothèque thomiste », n° 3, Le Saulchoir-Kain, 1923, p. 1-48.

– *Siger de Brabant et l'averroïsme latin au XIIIe siècle*, « Les Philosophes belges », n° 6-7, Louvain, 1911 [2].

MONDEN L., *Le miracle, signe de salut*, [s.l.], « Museum Lessianum. Section théologique », n° 54, 1960.

NARCISSE G., *Les raisons de Dieu. Argument de convenance et Esthétique théologique selon saint Thomas d'Aquin et Hans Urs von Balthasar*, « Studia Friburgensia », n° 83, Fribourg, 1997.

NARDI B., « Note per una storia dell'averroismo latino », *Rivista di storia dell filosofia*, 2 (1947), p. 134-140 et 197-220 ; 3 (1948), p. 120-122 ; 4 (1949), p. 1-12.

NICOLAS J.-H., « Chronique de théologie », *RThom* 48 (1948), p. 538-591.

– « Chronique de théologie », *RThom* 54 (1954), p. 166-194.

– « La permission du péché », *RThom* 60 (1960), p. 5-37.

NIEWÖHNER N. et STURLESE L., *Averroismus im Mittelalter und in der Renaissance*, Zürich, 1994.

O'BREARTUIN L.S., *The Theology of Miracles. The Finality of Miracles according to St. Thomas*, Teresianum, Roma, 1970.

O'ROURKE F., *Pseudo-Dionysius and the Metaphysics of Aquinas*, « Studien und Texte zur Geistesgeschichte des Mittelalters », n° 32, Leiden-New York-Köln, 1992.

OWENS J., *The Doctrine of Being in the Aristotelian Metaphysics. A Study in the Greek Background of Mediaeval Thought*, Toronto, [3]1978.

PEARSON P., *Creation through Instruments in Thomas' Sentence Commentary*, dans R.J. Long (éd.) *Philosophy and the God of Abraham*, « Papers in Mediaeval Studies », n° 12, Toronto, 1991, p. 147-160.

PICHÉ D., *La condamnation parisienne de 1277*, Paris, Vrin, 1999.

PINCKAERS S., « L'instinct et l'Esprit au cœur de l'éthique chrétienne », *Novitas et Veritas vitae. Aux sources du renouveau de la morale chrétienne, Mélanges offerts au Professeur Servais Pinckaers, à l'occasion de son 65e anniversaire*, C.-J. Pinto de Oliveira (éd.), Fribourg, 1991, p. 213-223.

PINES S., *Some distinctive metaphysical conceptions in Themistius' Commentary on Book Lambda and their place in the history of philosophy*, dans J. Wiesner (éd.), *Aristoteles Werk und Wirkung, Paul Moraux gewidmet*, 2 vol., Berlin-New York, 1987, p. 171-204.

PUTALLAZ F.-X. et IMBACH R., *Profession : philosophe. Siger de Brabant*, « Initiations au Moyen Âge », Paris, 1997.

RAHNER K., *Die Hominisation als theologische Frage*, dans P. Overhage et K. Rahner, *Das Problem der Hominisation. Über den biologischen Ursprung des Menschen*, « Quaestiones Disputatae », n° 12/13, Freiburg, 1965 [3].

– *Traité fondamental de la foi. Introduction au concept du christianisme*, trad. par G. Jarczyk, Paris, 1983.

ROLAND-GOSSELIN M.-D., « Béatitude et désir naturel d'après S. Thomas d'Aquin », *RThom* 18 (1929), p. 193-222.

ROSS W.D., *Aristotle's Metaphysics*, 2 vol., Oxford, 1958.

SACCHI M.E., « Utrum Deus cognoscat alia a se : la teoria de Aristoteles sobre el conocimiento divino del mundo y la exegesis de s. Tomas de Aquino », *Div.*, 26 (1982), p. 123-161.

SCHILLEBEECKX E., « L'instinct de la foi selon S. Thomas d'Aquin », *RSPhTh*, 48 (1964), p. 377-408.

SECKLER M., *Instinkt und Glaubenswille nach Thomas von Aquin*, Mainz, 1961.

SERTILLANGES A.-D., *L'idée de création et ses retentissements en philosophie*, Paris, 1945.

SCHENK R., *Omnis Christi actio nostra est instructio. The Deeds and Sayings of Jesus as Revelation in the View of Aquinas*, *in* L. ELDERS (Hrsg.), *La doctrine de la révélation divine de saint Thomas*, « Studi Tomistici », n° 37, Roma, 1990, p. 104-131.

SIGAL P.-A., *L'homme et le miracle dans la France médiévale (XIe-XIIe siècle)*, « Histoire », Paris, 1985.

STEENBERGHEN F. van, *Maître Siger de Brabant*, « Philosophes médiévaux », n° 21, Louvain-Paris, 1977.

– *La philosophie au XIIIe siècle*, « Philosophes médiévaux », n° 9, Louvain, 1966.

– *Siger de Brabant d'après ses œuvres inédites*, 2 vol., « Les Philosophes belges », n° 12-13, Louvain, 1931-1942.

– *Thomas Aquinas and Radical Aristotelianism*, Washington, 1980.

THOMAS K., *Religion and the Decline of Magic. Studies in Beliefs in Sixteenth and Seventeenth Century England*, London, 1978.

TORRELL J.-P., *Le Christ en ses mystères. La vie et l'œuvre de Jésus selon saint Thomas d'Aquin*, 2 vol., « Jésus et Jésus Christ », n° 78 et 79, Paris, 1999.

– *Initiation à saint Thomas d'Aquin. Sa personne et son œuvre*, « Vestigia », n° 3, Fribourg-Paris, Université de Fribourg-Le Cerf, 1993.

– *Saint Thomas d'Aquin, maître spirituel*, Fribourg-Paris, Université de Fribours-Le Cerf, 1996.

TSCHIPKE Th., *Die Menschen Christi als Heilsorgan der Gottheit unter besonderer Berücksichtigung der Lehre des hl. Thomas von Aquin*, Freiburg im Breisgau, 1940.

VAUCHEZ A., *La sainteté en Occident aux derniers siècles du Moyen Âge d'après les procès de canonisation et les documents hagiographiques*, « Befar », n° 241, Roma, 1981.

VIGNAUX P., art. « Nominalisme », dans *Dict. de théol. cath.*, col. 764 ss.

VOOGHT P. (de), « Les miracles dans la vie de Saint Augustin », *RThAM*, 1939, p. 5-16.

– « La notion philosophique du miracle selon S. Augustin », *RThAM*, 1938, p. 317-343.

– « La théologie du miracle selon Saint Augustin », *RThAM*, 1939, p. 197-222.

WALGRAVE J.H., « Instinctus Spiritus Sancti. en proeve tot Thomas-interpretatie », *EThL*, 45 (1969), p. 417-431.

WALLACE W.A., *Aquinas and Newton on the Causality of Nature and of God: The Medieval and Modern Problematic*, dans *Philosophy and the God of Abraham Philosophy and the God of Abraham*, R.J. Long (éd.), « Papers in Mediaeval Studies », n° 12, Toronto, 1991, p. 255-279.

WARD B., *Miracles in the Medieval Mind: Theory, Record and Event, 1000-1215*, Philadelphia, 1982.

WEISSMAHR B., « Bemerkungen zur Frage der Möglichkeit eines nicht durch Geschöpfe vermittelten göttlichen Wirkens in der Welt », *ZKT*, 96 (1974), p. 426-430.

– *Gottes Wirken in der Welt. Ein Diskussionsbeitrag zur Frage der Evolution und des Wunders*, « Frankfurter Theologische Studien », n° 15, Frankfurt am Main, 1973.

– « Kann Gott die Auferstehung durch innerweltliche Kräfte bewirkt haben ? », *ZKTh*, 100(1978), p. 441-469.

– *Philosophische Gotteslehre*, « Grundkurs Philosophie », n° 5, Stuttgart-Berlin-Köln-Mainz, 1983.

WIELOCKX R., *Autour du procès de Thomas d'Aquin*, dans A. Zimmermann (éd.), *Thomas von Aquin. Werk und Wirkung im Licht neuerer Forschungen*, Berlin-New York, 1988, p. 413-438.

WIPPEL J.F., « The Condamnation of 1270 and 1277 at Paris », *JMRS*, 7 (1977), p. 69-201.

– « Thomas Aquinas and the Condamnation of 1277 », *MSM*, 72, 1995, p. 233-272.

WOODWARD K. L., *Comment l'Église fait les saints*, Paris, Grasset, 1992, (trad. fr. Nicole Ménant).

ZIMMERMANN A. (éd.), *Thomas von Aquin. Werk und Wirkung im Licht neuerer Forschungen*, Berlin-New York, 1988, p. 413-438.

– *Die Quaestionen des Siger von Brabant zur Physik des Aristoteles*, Phil. Diss., Köln, 1956.

– *Xenia thomistica a plurimis... praeparata...*, S. Szabo (éd.), 3 vol., Roma, 1925.

TABLE DES MATIÈRES

Imprimerie de la Manutention à Mayenne - Octobre 2005 – N° 303-05
Dépôt légal : 4e trimestre 2005
Imprimé en France